① ②

① 明太祖朱元璋像

朱元璋是明朝开国皇帝。画像中朱元璋头戴乌纱翼善冠，身穿龙袍，姿貌雄伟。画像原为清宫南薰殿旧藏，今藏台北"故宫博物院"。

② 《皇明祖训》书影

《皇明祖训》是朱元璋留下的教育后代子孙所要遵守的训诫，始纂于洪武二年（1369），至洪武六年（1373）书成，初名《祖训录》，后屡加修订，洪武二十八年（1395）重定，更名《皇明祖训》。《皇明祖训》中对不设宰相、维护亲藩体制做了严格规定。

③《永乐大典》书影

《永乐大典》是朱棣统治期间朝廷组织修撰的一部类书,初名《文献大成》,重修后改名《永乐大典》,有22937卷(其中凡例和目录60卷),11095册,约3.7亿字,汇集图书七八千种,"用韵以统字,用字以系事"。今存不到800卷。

④《明宣宗行乐图》(局部)

明朝进入洪熙(1425)、宣德(1426—1435)年间,经济发展,政尚宽平,史称"洪宣之治"。宣德年间,大学士杨士奇、杨荣,尚书蹇义、夏原吉等均老成宽厚。胡濙在宣德初任礼部尚书,为皇帝所倚重,从此执掌礼部二十余年。图为明宣宗在宫中投壶游戏。

⑤成化皇帝《一团和气图》

成化皇帝朱见深性格宽和,即使宫中太监犯错也很少惩处,政治上也很少兴起大狱。任用机敏而且善于侦缉的汪直,可以看作成化皇帝希望借此补强自己统治能力的一种措施。《一团和气图》提倡儒佛道共存,但从中隐约可以见到成化皇帝的性情。故宫博物院藏。

⑥锦衣卫印

锦衣卫建于洪武十五年(1382),掌护卫、侦缉。永乐年间成立东厂,成化年间成立西厂,由宫中太监提督,常抽调锦衣卫校尉办事。此印11.5厘米见方,通高4厘米,木质,成化十四年(1478)制。中国国家博物馆藏。

⑦《落霞孤鹜图》
唐伯虎擅长画山水、人物、花鸟，尤以画山水、仕女著称。《落霞孤鹜图》是其山水画代表作之一，精致清雅。

⑧王阳明手迹
王阳明在思想和事功上的成就，过于光芒夺目，以至于遮盖了他在书法上的造诣。稍后的书法家徐渭说王阳明的字"翩翩然凤翥而龙蟠"。

⑨严嵩像
严嵩，字惟中，号分宜，江西袁州府分宜县人，嘉靖朝内阁首辅大学士。他一意媚上，专擅国政达二十年之久，晚年为明世宗朱厚熜疏远，抄家去职，两年后去世。

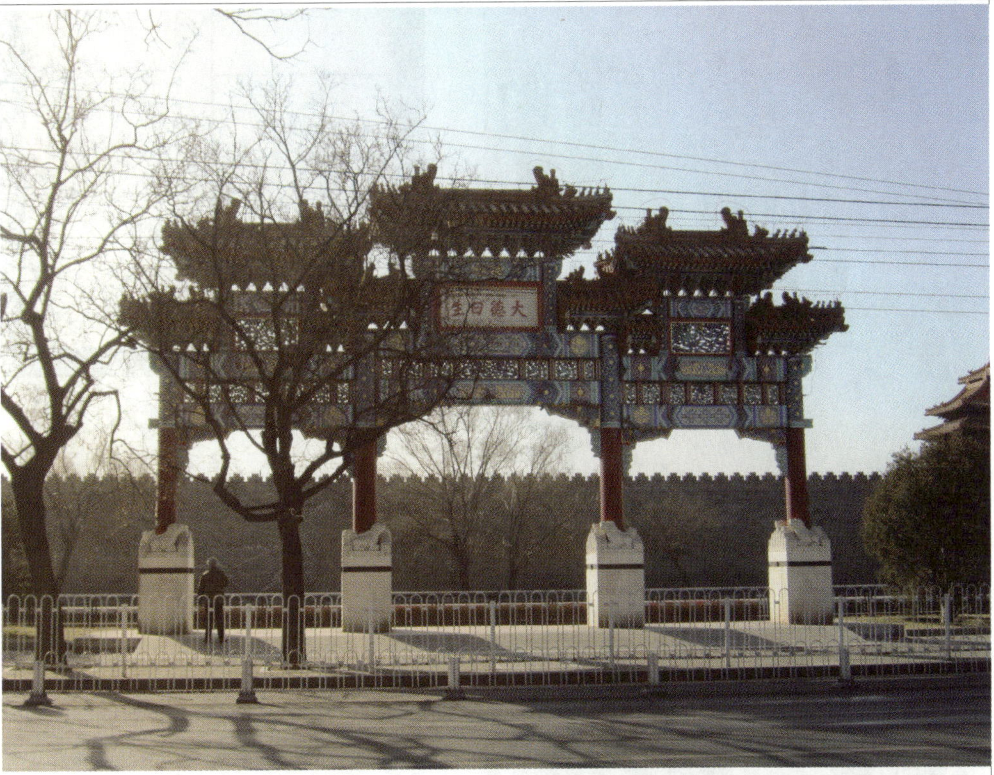

⑩

⑪

⑩大高玄殿门楼
明世宗朱厚熜迷信道教，不但在宫中斋醮，而且于嘉靖二十一年（1542）开始在宫城西北建皇家道庙大高玄殿。殿宇占地1.3万平方米，总建筑面积约5300平方米。图为大高玄殿门楼。

⑪《万历起居注》书影
张居正当国期间，恢复了记录帝王言行的起居注制度。保存至今的明代起居注有《万历起居注》《泰昌天启起居注》，均为抄本；现有南炳文先生辑校本。

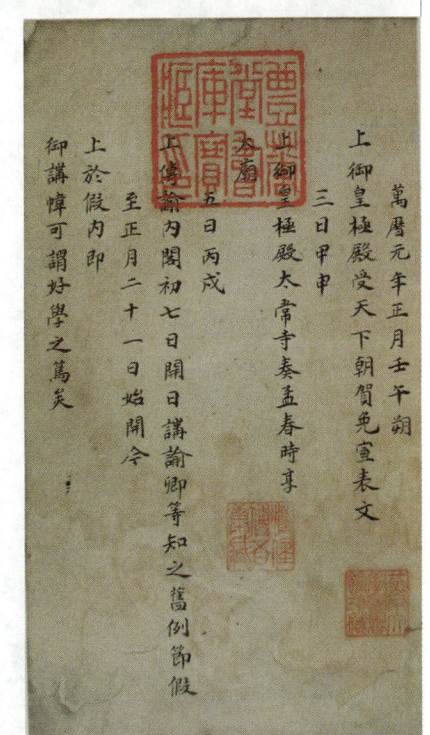

⑫ 《帝鉴图说》书影
张居正出任内阁首辅大学士时，皇帝年仅十岁，尚在初步接受儒学教育的阶段。张居正为了更好地培养"帝德"，在隆庆六年（1572）编写了此书。内容分两部分：第一部分以"圣贤芳规"为总题，收录历史明君的事例，以为轨范；第二部分以"狂愚覆辙"为总题，收录历代昏君的事例，以为警诫。

⑬ 袁崇焕石刻像拓片
袁崇焕，字元素，广东东莞人，晚明著名的军事将领。袁崇焕是清军入关前的主要对手之一。崇祯三年（1630），崇祯皇帝中皇太极反间计误杀袁崇焕，自毁长城。崇祯帝的独断专行，让大臣不再敢有所担当。图为民国六年（1917）所刻的袁崇焕石刻画像拓片，长90厘米，宽27厘米。此刻石在北京东城区龙潭湖公园内。

⑭ 努尔哈赤率兵攻宁远图
《满洲实录》为清太宗皇太极所修，又名《清太祖实录战迹图》，成于天聪九年（1635），描绘满洲起源传说以及明万历十一年（1583）努尔哈赤起兵征战的事迹图，附以满、汉文图说。图为努尔哈赤率兵攻宁远的图景。

⑮ 东林旧迹
钱谦益早年曾参加东林书院的讲学，为官后与东林人士往来密切，在崇祯年间更被视为后起的东林领袖，然而也因有"结党"之嫌未能入内阁。图为无锡东林书院的牌楼。

攻宁远
太祖率兵

探明

他们的明朝

陈时龙 著

华文出版社
SINO-CULTURE PRESS

图书在版编目（CIP）数据

探明：他们的明朝 / 陈时龙著. --北京：华文出版社，2019.5
（华文通史）
ISBN 978－7－5075－5100－6

Ⅰ.①探… Ⅱ.①陈… Ⅲ.①中国历史—明代—通俗读物 Ⅳ.①K248.09

中国版本图书馆 CIP 数据核字（2019）第 058635 号

探明：他们的明朝
TANMING：TAMEN DE MINGCHAO

著　　　者：	陈时龙
策　　　划：	宋志军
责任编辑：	刘超平　邹镇明
封面题字：	苏　刚
出版发行：	华文出版社
地　　　址：	北京市西城区广外大街 305 号 8 区 2 号楼
邮政编码：	100055
网　　　址：	http：//www.hwcbs.com.cn
投稿邮箱：	hwcbs@126.com
电　　　话：	总编室 010－58336239　责任编辑 010－58336222
发行部 010－58336270
经　　　销：	新华书店
印　　　刷：	三河市祥宏印务有限公司
开　　　本：	710mm×1000mm　1/16
印　　　张：	18.625
字　　　数：	225 千字
版　　　次：	2019 年 5 月第 1 版
印　　　次：	2019 年 5 月第 1 次印刷
标准书号：	ISBN 978－7－5075－5100－6
定　　　价：	49.80 元

版权所有　侵权必究

序
PREFACE

　　要用传记的方式来完成对一个古代王朝的描摹，通常是以帝王为主角来串联。这也是中国历代正史中"本纪"的写法。"本纪"写帝王，却又不只是写帝王，而是要把他在位的那个时代的政治、经济和社会的全貌一并托出，简略而巨微咸备。至于帝王以下的将相大臣以及更普通的人物，即便侥幸进入正史的列传，也不过在正史中占小小的篇幅。进入二十世纪以后，这种相传两千年的纪传体的历史叙述法，因为传记文学的进入而极大地改变了。从此，为历史人物作传，不再像年谱那样局限于其一己之生平，而往往要从其生平见其所处的时代。在朱东润先生的《陈子龙及其时代》中，只做过小官的小人物陈子龙成了晚明清初数十年历史叙述的核心。当然，人们或可以说那不过是明清以来年谱编纂发达后又受到白话文学影响而出现的新现象，虽冠以"时代"之名，毕竟还只是围绕一个人的生平在写，不过偶有拓展、以小见大罢了。之后的历史传记，大概也不出这样的范围。然后，便又有了二十世纪八十年代黄仁宇先生的《万历十五年》。《万历十五年》是畅销书，也是学术书，虽然直到今天还有学者撰文质疑其中的观点。然而，在对人物特征与时代局限性的认识上，《万历十五年》是严谨的也是有启发性的。更有意思的是，它开启了一种集合若干历史人物的生平来诠释一个时代的写法。

本书选择了十个人物，依次为朱元璋、朱棣、胡濙、汪直、唐寅、王阳明、严嵩、张居正、袁崇焕、钱谦益。自然，他们中大多数人都是明朝重要的君臣（包括内臣汪直），唐寅除外。朱元璋是明朝的建立者与明代制度的创设者。他或许是中国历史上出身最低微的皇帝，比"亭长"刘邦的出身还要低微。因为出身低微，全无凭借，只能靠自己的能力打天下，所以后世的人也就认为历代皇帝之中朱元璋发迹最"正"，毫无篡夺嫌疑。也正因为赤手空拳不断积累的权威，朱元璋才能建立起一个极端专制的政治体制。他的极端专制体现为，相对皇帝而言，公卿大臣跟平民一样，都是无差别的被统治者。这令人印象深刻的事实，背后绝对有个人的权威与权术，并不只是一套政治制度所能保障的。朱元璋倒是想用制度来保证这种专制的威权，但也只成功了一半。一部《皇明训录》，目的就是要让朱家的专制皇权代代延续。然而，子孙后代表面上株守而不敢逾越，暗地里却迫于形势，不得不频频地偷梁换柱。其第一位继承人建文帝想对祖父时代的政治风气做些改变，却被叔父朱棣的"靖难之役"打断了。靖难之役改变的不仅是帝系，还有制度。篡位起家的朱棣，自然要着意提防别的藩王复制自己的行为，从此对藩王万般防范，剥夺其领兵打仗的权力和参与政治的权利，减少王府护卫军的数量，甚至对藩王出城都有诸多限制，更别说轻易进京了。最终，明代藩王与宗室变成一个政治上完全没有作为的寄生阶级。这自然与朱元璋念念不忘的要由藩王来拱卫朝廷的祖训不符。顺带着，"靖难"起家的武臣也不再像明初开国功臣那样在政治中起到重要作用。相反，一批低级文官通过到文渊阁办事而获得皇帝信任，在政治生活中越来越活跃，从此开启了明代的内阁制度。这其实也是对朱元璋不设丞相之制的弥补乃至反动。背负着篡逆的污名，朱棣后半生一直为构建自己的合法性而努力，不惜干戈劳碌，在外政上征安南、下西洋，在内政上疏浚运河、迁都北京，在文化上编《永乐大典》《性理大全》《五经四书大全》，均属浩大工程。这样有着强烈个人色彩的王朝的外向性，曲终人散后，再也不能维持多久。

永乐朝盛大辉煌的舞台幕后，又有隐秘的一面。第三个人物胡濙，是从永乐至天顺间历仕六朝的重臣，然而却并不为我们今天的人所熟知。在永乐朝，胡濙据说承担了为皇帝四处打探建文帝下落的任务。永乐朝终结，进入洪熙、宣德朝，胡濙走向前台，渐渐地与蹇义、杨士奇、杨荣等人构成宣德皇帝朱瞻基的辅政集团，不过其声名远不及后来的"三杨"。在此之后，胡濙又经历了土木堡之变后的帝位更换，经历了南宫之变与英宗复辟。胡濙的一生，若隐若现，既可关照十五世纪前中期的宏大叙事，又可揭示明代政治运行中诡秘的一面，而与杨士奇等人代表的馆阁风流、雍容气度恰成反衬。

政治的两面性还不仅于此。第四个人物汪直，是明代宦官干政、特务政治的缩影。善于易容和侦缉的汪直的出现，尽管只是一个偶然，却也是永乐年间以来太监权力不断上升、特务政治不断被机构化的结果，同时也是士大夫群体在与宦官进行权力斗争时不断妥协与曲全的后果。成化、弘治两朝，表面上两个皇帝都很宽容，尤其是弘治帝，很符合儒家的理想君主模式，事实上两人却都十分地倚重"侦缉之风"。想来这是专制统治所必需的，但却恰好与史家盛赞的"弘治中兴"形成反衬。

明朝经历过初期动荡和中期趋稳后，一切开始变得有条不紊，一切也会变得烂熟。这一时期的平稳，会开始形成一系列制度的瓶颈（如科举竞争的加剧）和思想界的平庸。因此，对于十五世纪末十六世纪初的明人来说，能够逃避平庸和不被烂熟的制度裹挟，才会是出彩的人生。这段时间的政治人物，多显乏味。因此，笔墨主要集中在两个非政治人物——唐伯虎与王阳明——的身上。尽管他们不可避免地也都卷入过政治，如唐伯虎卷进过科场案，王阳明更直接参与了平定朱宸濠叛乱等重大政治事件，但他们的声誉不在政治，而在社会。王阳明与唐伯虎的别号比他们的名字王守仁、唐寅听来更让人们熟悉自然、容易接受，就证明了这一点。作为吴四家之一的画家唐伯虎，代表了商品经济发达后另一种封建文人的形态。他可以远离科举与政治，去拥抱市场与俗世。王阳明同样是社会产物，当然他的思想更能导引社会。阳明哲学最吸引普罗大众的地方，乃在于它为每个人提供了自我存在感。但在以圣人自视的嘉靖皇帝看来，这一点恰恰最讨厌。于是，王阳明只能远离政治，远离京城，做一个活跃在普通读书人中间的圣人，而社会也接受他。最终在席卷半个中国、延续几十年的阳明学风潮的感染下，政治也不得不重新对他的贡献进行认定，让王阳明从祀孔庙，进入孔子以下的儒家道统的序列。

　　对于明代后期，叙述主线依然是政治史，焦点则在君臣关系。严嵩作为奸臣、贪官的形象一直深入人心，其贪腐自然也无法否认。但是，嘉靖一朝首辅与皇帝的关系，较之正德以前的君臣相得，已经有了重大的变化，而变化的契机则是在嘉靖初年的大礼议。在大礼议之后，新进诸臣如张璁等人完全笼罩在皇权的威慑之下，进退无体，"相"权（阁权）已完全沦为皇权的附庸。所以，终嘉靖一朝，进入内阁诸臣，前期以议礼进，后期以议庙进，或以撰写青词而进，绝无体面可言。严嵩专权十余年，却始终不过是活在嘉靖皇帝的阴影下。他的一生，折射出皇权与相权的关系。相比严嵩在伺候皇帝时的谨小慎微，张居正在处理君臣关系上颇为失败。明人评价他"工于谋国，拙于谋身"。其实张居正未必拙于谋身，只不过摄政十年之中，威权赫赫，总会于不经意间把这种威严传染到跟小皇帝交往的场合中。他不经意，小皇帝却很介意。张居正死后，皇帝泄愤似的抄了他的家，从此挫败了大臣们谋国的勇气。在君主专制体制下，君臣关系乃是政治权力的唯一来源，为国效力只有是在作为效命君上的附属物的时候才有意义。进入晚明的最后几十年，君臣关系越来越紧张，而党争、边事衰朽使这种关系越来越仓促而无力修复。袁崇焕生逢明清易代战争初起的阶段，其一生见证了明与清军事力量的此消彼长，而其悲惨的被磔的命运则折射了崇祯帝刚愎自用的性格。崇祯的猜疑之性，导致了明末君臣关系的彻底解体。这一点，充分体现在崇祯二年（1629）皇帝就钱谦益入阁一事与大臣们的辩论中。不讲道理、胡搅蛮缠、专断，才做了两年皇帝的朱由检似乎被皇权扭曲了。然而，皇权可以挑战公论，却不足以挽回人心。明清两朝的皇帝都讨厌钱谦益，给他很不光彩的评语，或称他结党，或贬他"贰臣"，但这些却都无妨于钱谦益在明末清初作为文学领袖的声誉，绛云楼藏书与名妓柳如是固然刻画了晚明官僚富庶奢侈的生活，却也让我们认识到政治评价之外还有一种社会评价，其宽松、宽容且另有旨趣。

在思考以上十个明朝人物兼及明朝的政治史后，有几点小的体会。其一，政治制度设计决定一个王朝的基本性格，但无论制度设计得多完美，却不可能一成不变，而必须随时代变化。其二，政治史是我们理解一个王朝的主要线索，但无论政治表象多么正常，背后总会有其隐秘的一面，既不易为时人所知，也很容易湮没在史籍中。其三，君臣关系是解释获得政治权力的关键，是诠释帝制时代政治史要考虑的重要因素，因为君权是权力的唯一来源，但是君权又不足以改变一切；臣僚对君权的消极反抗，可能给王朝带来致命的破坏。其四，在政治之外，毕竟还有独立的社会。至少在明代，无论国家如何强大，社会终归是一个相对独立的存在，留有一定的空间，有不完全等同于政治评判的价值判断。这是我写完这本书后对于明代历史的一些浅薄的理解。

目录 Contents

朱元璋：大明王朝的缔造者

一、从僧钵到皇权：朱元璋的奋斗史 / 003

 1. 有了自己的班底 / 004

 2. 有了稳定的根据地 / 005

 3. 高筑墙、广积粮和根据地建设 / 008

 4. 清晰一贯的军事战略 / 010

 5. 表面看是"天运"，根本上是"人心" / 012

二、皇权与"家天下" / 015

 1. 皇帝成了自己的丞相 / 015

 2. 杀功臣：清除所有"潜在"威胁 / 020

 3. 封建诸子：共同"拱卫"大明天下 / 025

三、重典治吏与士大夫的集体失语 / 030

    1. 与官僚机构为敌 / 031

    2. 监视和恐怖加剧的年代 / 033

    3. 寰中士夫不为君用之法 / 036

朱棣：大视野与帝国想象

一、继承祖制还是突破？ / 042

    1. 从反对削藩到变相削藩 / 043

    2. 设内阁代行相权 / 046

    3. 委任宦官参与政治 / 049

二、篡夺阴影下的突围之一：文治 / 051

    1. "奉天靖难"的构筑 / 052

    2. 改《实录》：皇位继承的"合法性构建" / 053

    3. 修《大典》和《大全》：笼络文士与粉饰太平 / 057

三、篡夺阴影下的突围之二：用事功支撑起"大帝"的形象 / 060

    1. 多角度的外交：塑造天下共主形象 / 061

    2. 军事征伐：以扩张证明实力 / 063

    3. 北京为天下之中：朱棣的帝国想象 / 065

胡濙：模糊的身影与诡秘的政治

一、高明的暗访者：作耳目，治心病 / 072

    1. 从前朝进士到新朝宠臣 / 072

2. 皇帝的暗哨与民意的传声筒 / 074

　　3. 将"大疑"默为消融 / 076

二、处君臣父子间，小报告有大智慧 / 078

　　1. 使命的荣耀和危险 / 078

　　2. 胡濙的对策：密疏可对天日 / 080

三、从幕后走向前台：被忽视的辅政重臣 / 082

　　1. 承平时的基石 / 083

　　2. 关键时刻的"老臣" / 085

四、天有二日时，需要怎样的"生存法则" / 086

　　1. 故主情谊 / 087

　　2. 易储时的沉默 / 089

　　3. 置身事外的无奈 / 090

汪直：明朝特务政治的缩影

一、权力之源：皇帝的需要与信任 / 095

　　1. 皇帝亲近身边人 / 096

　　2. 皇帝需要一个能互补的心腹 / 098

二、西厂：不仅仅是皇帝的耳目 / 100

　　1. 在妖异的氛围中登场 / 100

　　2. 不受限的权力会变味 / 102

三、西厂与文官集团的博弈 / 104

  1. 西厂对文官政治的挑战 / 104
  2. 西厂的胜利 / 108

四、远离皇帝的西厂不能存在 / 110

  1. 忘本：远离权力的中心 / 111
  2. 被权力抛弃 / 113

唐寅：另一种文人形态

一、从文人必经的科举路解脱 / 118

  1. 竞争加剧时，科举弊案生 / 118
  2. 功名似乎唾手可得 / 120
  3. 梦断科场案 / 122

二、还有别的路可走吗？ / 125

  1. 都市繁华与文化消费 / 125
  2. 在文人画与职业画之间游走 / 127
  3. 成为"有素养的职业画家" / 129

三、风流而兼道学：心学潮流影响下的士人 / 131

  1. 大节不亏，心持正道 / 132
  2. 小事不拘，任真风流 / 134

王阳明：自我与社会

一、王阳明的个性与成圣之志 / 139
　　1. 要做"乐"的学问 / 140
　　2. 做天下第一等事 / 142

二、政治挫折与王阳明心学的形成 / 144
　　1. 政治挫折与人生转向 / 145
　　2. 勘透生死的龙场悟道 / 146
　　3. "知行合一"与"心即理" / 149

三、思想传播的两翼：事功与讲学 / 150
　　1. 事功成就学术 / 151
　　2. 思想的完善与传播 / 153

四、思潮激荡百年 / 156
　　1. 提倡"邪说"却从祀了孔庙 / 156
　　2. 背离了正统却收获了社会 / 158
　　3. 解放自我同时却破坏了秩序 / 160

严嵩：在皇权的阴影下

一、走出钤山堂：声誉是无形的资产 / 165
　　1. "钤山堂养望" / 166
　　2. 得委重任 / 168

二、被扫荡的士风：堕落成为多数人的选择 / 170

　　1. 皇权碾压文官政府 / 171
　　2. 皇权大张，士风颓靡 / 172

三、官阶向上灵魂向下：走向权力中心 / 175

　　1. 迎合帝心初获赏识 / 175
　　2. 以皇帝称心如意为办事宗旨 / 177

四、焦点只有一个：获取权力、巩固权力、寻租权力 / 179

　　1. 青词宰相 / 179
　　2. 党同伐异巩固地位 / 181

五、恶劣的先例：清算前首辅和自己被清算 / 184

　　1. 得宠与清算夏言 / 185
　　2. 败由失宠 / 187

张居正：被扑灭的"希望之光"

一、通向巅峰之路 / 193

　　1. 嘉靖遗诏 / 193
　　2. 内阁中的新人 / 198
　　3. 六年的隐忍与等候 / 201

二、张居正时代：以集权推动改革 / 204

　　1. 新首辅和他的内阁 / 204

2. 考成法与政治改革 / 207
  3. 清丈田亩与一条鞭法 / 210
  4. 边防的整顿 / 212

三、清算张居正：也清算掉了帝国中兴的希望 / 214
  1. 张居正之死与皇帝亲政 / 214
  2. 墙倒众人推——倒张居正运动 / 217
  3. 抄家 / 220
  4. "世间已无张居正" / 224

袁崇焕：督师之死与君臣解体

一、名将的崛起 / 230
  1. 当努尔哈赤遇上袁崇焕 / 231
  2. 孤城抗后金 / 233

二、名将的隐退 / 236
  1. 关内外军事尽付袁崇焕 / 237
  2. 偶然的胜利可以复制吗？ / 239
  3. 庙堂掣肘与名将隐退 / 241

三、名将的悲剧 / 243
  1. "五年平辽"：致命的许诺 / 244
  2. 督师的三桩死罪 / 246
  3. 主上有好杀之"德" / 249

钱谦益：在党争与国难的旋涡中

一、东林党：钱谦益的政治标签 / 255
    1. 东林书院与东林党 / 256
    2.《东林点将录》的"浪子燕青" / 257

二、阁讼与崇祯帝对党争的猜忌 / 260
    1. 卷入政治旋涡的中心 / 260
    2. "有党"和"无党" / 262

三、国破复出：失节 / 265
    1. 诗酒风流还能延续多久？ / 265
    2. "以门户荐非门户" / 266

四、做不成遗民，却成了"贰臣" / 268
    1. 果真是"生难死易"吗？ / 268
    2. 在降臣与遗民之间徘徊 / 270

朱元璋

大明王朝的缔造者

朱元璋履历表

姓名	朱元璋
曾用名	原名重八，又名兴宗
字号	字国瑞
庙号	太祖
籍贯与出生地	祖籍句容（今江苏句容），出生于濠州钟离县（今安徽凤阳）太平乡孤庄村
家庭出身	出身赤贫家庭，父亲朱世珍
生卒年及所处时代	1328—1398，元末明初人，大明王朝的建立者
生平履历	元文宗天历元年（1328）农历九月十八日（公历10月21日）出生
	元至正十二年（1352），到濠州投奔郭子兴义军，成为郭子兴的一名亲兵，并娶了郭子兴的养女马氏（即后来的马皇后），军中称"朱公子"
	元至正十六年（1356），占领元集庆路，改名应天府（今江苏南京），建立起稳固的根据地，称"吴国公"
	1367年，在应天府称吴王，改元，称"吴元年"
	1368年，朱元璋在应天府即皇帝位，国号"大明"，年号"洪武"
	洪武三年（1370），分封诸子为王
	洪武十三年（1380），朱元璋杀左丞相胡惟庸，改组中央机构：废丞相，权分六部；废大都督府，权分五军都督府，并严令此后不得议置丞相
	洪武二十六年（1393），朱元璋杀大将军蓝玉
	洪武三十一年（1398）农历五月初十（公历6月24日）逝世

如果要在1368—1644年的明朝选择一个最著名的人物，自然非朱元璋莫属。在这位大明王朝的开创者身上，历史与传说纠缠。他出身赤贫，少年时曾作为小行童和游方僧四处游荡，却通过二十余年的奋斗建成了大明王朝。作为明朝的开创者和主要的制度设计者，朱元璋生前面临的最重要问题，就是如何永葆其朱氏王朝的稳固。分封诸子、废丞相、实施"胡、蓝党案"屠戮功臣、颁行《祖训录》，这些措施的目的都是保证朱姓天下绵延永续。而且，从效果来看，虽然像分封诸子这样的政策是失败的，但总体的制度设计却是成功的。明朝276年的历史中，除了少数几次宗室叛乱和偶尔爆发的农民起义之外，皇权几乎很少受到挑战。孟森先生在《明清史讲义》中起笔写道："明祖有国，当元尽紊法度之后，一切准古酌今，扫除更始，所定制度，遂奠二百数十年之国基。"开国后，朱元璋屠戮功臣株连之广，惩治贪官之严酷，也都是人们常谈的话题。在这里，我们想要尝试回答的问题是：朱元璋何以能够建立大明王朝？朱元璋的制度设计有何利弊？朱元璋的统治风格对于明王朝有什么样的影响？

一、从僧钵到皇权：朱元璋的奋斗史

朱元璋早年做过僧人，可以说是一个不名一文的平民，却最终做了皇帝。正是从这种身份反差的角度言，近代明清史的开创者孟森先生才说朱元璋在中国历史上"得国最正"。然而，一介平民为什么能在豪杰如林的元末击败诸多强有力的对手成为一国之君？朱元璋的成功到底靠的是什么？《明史纪事本末》的作者清初学者谷应泰在总结朱元璋的胜利缘由时说："虽曰天运，盖亦有人事焉。"这种"人事"指的是个人的努力。谷应泰甚至说朱元璋兼具"仁、义、礼、智、勇"五种美德。清修《明史》对朱元璋的评价也相当高，说他有"聪明神武之资,济世安民之志","武定祸乱,文致太平"。无论是《明史纪事本末》还是官修的《明史》,都是在明朝灭亡后成书的,似不必像明代当朝的史著那样去刻意地谀美太祖,因此他们的评价就说明,相较于同时并起的诸雄,朱元璋确有过人之处。从1352年参加农民起义军,到1368年登基建立大明王朝,朱元璋一步一个脚印,走得既扎实又稳定,而他不同凡响的志向也决定了他的队伍的进步性。

1. 有了自己的班底

1352年,二十五岁的朱元璋投奔濠州的郭子兴红巾军。这成为他事业的起点。他在郭子兴军中地位迅速上升。据说,郭子兴最初感觉朱元璋面相很奇伟,便将他留在身边作为自己的亲兵。朱元璋真实的长相到现在人们也说不清楚。留存下来的朱元璋画像呈现为截然不同的两类:一类极俊伟的,一类极丑怪的。不过,无论哪种,显然都不同于常人。似乎在乱世之间,人们识人鉴人时更重视相貌。同时的徐寿辉,据说因状貌"奇"而被白莲教首领彭莹玉、邹普胜等人推为领袖。看来,相貌也成了朱元璋事业起步的一个重要条件。不过,朱元璋很快证明他不仅有副奇伟的皮囊,他用才能回报了郭子兴的信任。他作战勇敢,且有勇有谋,"战辄胜",曾经以三百人之众收降定远张家堡三千民兵。几个月后,朱元璋娶郭子兴的义女马氏为妻,马氏即后来的马皇后。马皇后虽是一般人家出身的女子,然而"有智鉴,好书史",略通文字,是朱元璋早期的秘书和帮手。朱元璋凡事需要记录,均由马氏负责并且提醒,"仓卒未尝忘"。她利用自己的义女身份,小心地伺候郭子兴的妻子,消弭郭子兴对朱元璋偶或有之的疑忌。1353年,朱元璋受命回乡募兵,得七百人,升任镇抚,从此独领一军。汤和、徐达等开国元勋就在这七百人之中。回顾朱元璋的早年经历,明末学者钱谦益曾感叹地说:"数月而馆甥,期年而别将。"这是指朱元璋几个月便成了郭子兴的女婿,一年后便自领一军成为别将,而这样的赏识与奇遇自然将他与一般战士区别开来,所谓"脱真龙于鱼服",事业发展从此步入快轨。

1353年,曾做过元朝政府小吏的李善长投奔朱元璋,替他掌管文书工作。李善长对朱元璋说,汉高祖刘邦起自布衣百姓,但因为知人善任,不嗜杀人,五年便成就帝业,建议他向汉高祖学习,收人心,成大事。郭子兴想调李善长到自己身边,被李善长拒绝,他表示更愿意为朱元璋工作。实际上到朱元璋渡江之前,后来夺取天下的核心班底已经形成。1355年,朱元璋受郭子兴之命率张天祐等将领向南攻打和州(今安徽和县)。身负统军之责,朱元璋却资望尚不能服众。和州城议事,向无纪律的将领们骄傲地抢占座位,而朱元璋只能身居末座。然而,朱元璋议事时"剖决如流",让诸将佩服不已。议事决定诸将分工甃城,限期三天。三日后,朱元璋所甃之城完工,而诸将多不能按期完成。朱元璋乃出示郭子兴命令说:"我奉命总兵,诸公受命甃城,限期内未能完工,军法应如何惩处?"这一下子拿住了将领们的要害,他们都惶恐地向朱元璋谢罪。此一事可见朱元璋不仅有能力,而且有心机、有谋略。随着朱元璋的威信越来越高,投奔他的人也越来越多。

朱元璋的队伍不断地壮大。之前与郭子兴一同起事的赵均用、孙德崖所部,亦多归朱元璋。例如,赵均用的部将薛显在赵均用死后即以其所镇守的泗州来归。1355年3月,郭子兴病故,其长子之前已死;1355年9月,郭子兴次子郭天叙在攻打南京的战斗中战死;几年后,郭子兴的第三个儿子郭天爵因失职怨望被处死。从此,原来郭子兴的部队便完全归于朱元璋麾下。

2. 有了稳定的根据地

1356年,朱元璋攻下元朝集庆路(今江苏南京),改名应天府。雄心勃勃的朱元璋希望自己的政权能够发展,成为一个"顺应天命"

的王朝。南京是朱元璋占领的第一个大城市。在中国南部的城市中，还没有哪个城市像南京那样更具帝王之气。三国时代吴国，东晋，南北朝的宋、齐、梁、陈四朝，南唐的李煜父子，都曾定都于此。这些王朝虽然都逃不脱短暂灭亡的命运，却给南京城累积下了精神上的财富。元代的南京依然是东南重镇，与扬州、杭州构成江南地区防卫最森严的地方，以确保运河南端富庶地区向京师供应税粮。对于朱元璋来说更有意义的是：南京周边浙东、徽南等地区的元朝势力虽不足以平叛，却能自保，在元末红巾军起义浪潮中还没有受到重大的冲击，在1355年以前一直未受到猛烈的战火洗礼，所以相对富庶和安定。占据南京，意味着朱元璋从此离开了荒芜的、吃不饱饭的淮河流域，意味着他将会在江南有稳定的根据地，将会有稳定的税源。从形势上说，南京北临长江，而江北有韩林儿的红巾军为掩护，与元朝大军形成缓冲，也能减轻朱元璋军队的压力。

最早建议朱元璋渡江攻占南京的人是冯国用，即明朝开国元勋宋国公冯胜的兄长。1353年，朱元璋率军攻略定远。在妙高山，相貌"都雅"的冯国用身穿儒服来到朱元璋军中。他对朱元璋说："书生向您建策，六个字，'有德昌，有势强'。"清初学者查继佐认为，冯国用的六个字比后来宋濂等人"不嗜杀人"的建议更重要。接着，冯国用对"德"和"势"做了进一步解释：德就是要倡行仁义，救民于水火；势就是要占领一个重要城市。他说："建康龙蟠虎踞，帝王都会。其帅懦不任，急取之。"他还警告说，如果不这样做，则是"可以强而不强，可以昌而不昌"，将失去发展机会。在此建议下，朱元璋将战略发展方向指向了长江以南的南京，并在1355年从安徽和州（今安徽和县）渡江，迅速先占领了南京上游的太平府（今安徽马鞍山）。攻占太平府的第二天，朱元璋召见此时隐居在家的太平府儒士陶安，向他请教说："吾欲取金陵，何如？"陶安回答："金陵古帝王之都，取而有之，抚形胜以临四方，何向不克？"这也坚定了朱元璋进取南京的信心。1356年，朱元璋攻入南京。入城之日，他带徐达等人登上城墙，周览城郭，感慨说："金陵险固，古所谓长江天堑，真形胜地也。仓廪实，人民足，吾今有之，诸公又能同心协力，以相左右，何功不成？"言语间对南京的形势也颇为满意。

朱元璋以南京为根据地进行版图扩张。他首先加固了上游太平府、池州府的防守，遏止西面的陈友谅东进，在下游则迅速攻占镇江、常州、太湖北岸的江阴、太湖南岸的长兴，并且命耿炳文守长兴，吴良、吴祯兄弟守江阴，汤和守常州，李文忠守建德，以遏止东面的张士诚西进。江阴在长江南岸，正当张士诚沿江西上的要冲，"枕大江，扼南北襟喉"。吴良在江阴十年，"枕戈达旦，训将练兵，常如寇至，……封疆宴然"，开国后封"江阴侯"。长兴在太湖西岸，往西可以进入广德州，由广德可进入徽州和宣城，是朱元璋守土门户，同样也是张士诚的必争之地。耿炳文"拒守凡十年，以寡御众，大小数十战，战无不胜，士诚迄不得逞"，成为遏止张士诚西进的大功臣，开国后以功封"长兴侯"，其功劳在功臣榜上甚至"附大将军（徐）达为一等"。《明史》称："吴良守江阴，耿炳文守长兴，而吴人不得肆其志，缔造之基，其力为多。"在稳定了对张士诚的防守后，朱元璋倾全力向南发展，逐渐将浙东、徽南纳入自己的版图。清初地理学家顾祖禹在谈论朱元璋的早期版图扩张时指出，朱元璋急于取徽南和浙东，是因为各种势力对江南瓜分已定，只剩下很小的地盘，一旦再被陈友谅、张士诚、方国珍瓜分，南京便再无防守纵深。相反，抢占徽南和浙东，相当于在张士诚、陈友谅、方国珍、陈友定等势力集团的中间打下了一根楔子，而从此"东南之势分，而窥伺之隙多，根本之备疏"，为之后的发展埋下了伏笔。顾祖禹感叹这是真正的"上兵伐谋"。到1363年前后，朱元璋所控制的范围，相当于今天江苏的一部分、长江以南的整个安徽以及浙江的内陆部分，拥有人口达到780万，也完成了与张士诚、陈友谅对整个长江中下游地区的瓜分。

3. 高筑墙、广积粮和根据地建设

朱元璋在扩张版图的同时注意加强根据地建设。他奉行稳步进取的策略，所占之地尽心经营，不使其易手。从早期和州氅城看，朱元璋早年已很重视城守，但是真正让他把根据地建设提到理论认识的高度，则是儒士朱升。朱升，字允升，世称枫林先生，徽州休宁人，通经术，元末举乡荐，曾任池州学正，乱世之际隐居于徽州石门。1357年，朱元璋攻下徽州，亲临石门，向朱升请教治国之策。朱升的回答概括起来是九个字，即"高筑墙，广积粮，缓称王"。朱元璋十分赞同，将朱升召入帷幄，作为其核心谋士。据说凡有征伐，朱元璋都会先期让朱升占上一卦；在写给朱升的书信中，朱元璋也总是客气地称朱升为"允升宗长"，以其同姓朱氏之故。朱升的三策，对于朱元璋成就帝业关系巨大，从军事、经济、政治三个方面为之后的大发展打下了基础。高筑墙谈军事上的城守，为乱世间生存之第一着；粮食是军队的保证，无粮则无军。在元末群雄并起之际，粮食的供应实际上成为元末众多起事诸雄第一要解决的问题。孟森先生说："高筑墙，则非流转飘忽之劫盗；广积粮，则非妨农旷土随地因粮之饥军，必如此而后可以救离乱。"至于缓称王，则主要是有政治上的积极意义，因为但凡急于称帝称王的人不免都会给人篡夺的印象，不该是一个像朱元璋那样的以拯救黎民于水火之中的伟大人物所应有的。

朱元璋很快将广积粮的政策付诸实施，在境内积极恢复农业生产。他创设营田司以修水利，鼓励军士屯田。1358年3月，朱元璋任命康茂才为营田使时说："比因兵乱，堤防颓圮，民废耕耨，故设营田司，以修筑堤防，专掌水利。今军务繁殷，用度为急。理财之道，莫先于农。春作方兴，虑旱潦不时，有妨农事，故命尔任此职，分巡各处，俾高无患旱，卑不病潦，务在蓄泄得宜。"可见，营田使康茂

才的主要职责是修缮水利设施,保证农业生产,使军需得到稳定的供应。孟森先生对朱元璋营田之事大加赞赏,说这非但是"倡乱之群雄所未暇,即元之行省又何尝念及此也",做了政府应该做而没有做的事情。朱元璋在每个新征服的地区都设法建立地方政府,征集当地的儒士或有才能的人任官,让他们管理老百姓并恢复生产。

恢复生产、稳定经济的政策不止一端。1358年,朱元璋设立管理民兵万户府,说:"古者寓兵于农,有事则战,无事则耕,暇则讲武。今兵争之际,当因时制宜,所定郡县,民间武勇之材,宜精加简拔,编辑为户,立民兵万户府领之。俾农时则耕,闲则练习,有事则用之。……如此,则民无坐食之弊,国无不练之兵,以战则胜,以守则固,庶几寓兵于农之意也。"朱元璋想让武勇之士闲时可以耕作,战时拿起武器打仗,既保证兵源,也保证军粮供应。他从战略的高度重视粮食生产。1364年,朱元璋与孔克仁讨论形势时说:"自元运既隳,连年战争,加以饥馑疾疫,十室九虚,天厌于上,人困于下。……我欲以两淮、江南诸郡归附之民,各于近城耕种,练则为兵,耕则为农,兵农兼资,进可以取,退可以守。仍于两淮之间馈运可通之处,积粮以俟。兵足食足,观时而动,以图中原。"在这段话中,朱元璋充分认识到元末连年战争和饥荒对人民带来的伤害,认识到人们对战乱的厌恶、对社会稳定的渴望,提出以恢复生产、兵农合一的策略来解决这一根本性的矛盾。为了增加军费,朱元璋还利用徽南、浙东一带产茶的优势,在1361年设立茶法:凡产茶郡县,官给茶引,商人每贩茶一百斤给官府输钱二百,方许出境贸易,又实行盐法,设立盐法局,令商人贩盐,二十取一,以资军饷。朱元璋的措施起到了一定的效果。到1360年,他命令取消军队直接征粮于民的"寨粮"之制,说明朱元璋的军队到那时已有相对稳定的粮食供应。

4. 清晰一贯的军事战略

然而，削平诸雄和北伐，归根结底要依靠的是不断的军事胜利。军事胜利背后的原因可能很复杂，但清晰一贯的军事战略可以说是根本，而战略的提出往往有赖于读书人。朱元璋出身贫民，但创业阶段却很重视读书人，也很注意吸纳儒士的建议。在朱元璋的谋士中，最著名的当数刘基。刘基，字伯温，浙江青田人，元至顺间举进士，任高安丞、江浙儒学副提举，博通经史，于书无所不窥，尤精象纬之学。1360年，刘基应征来到南京。朱元璋咨以形势，刘基陈时务十八策，其中最核心的是对战略形势的分析。刘基对朱元璋说："我有两敌，陈友谅居西，张士诚居东。友谅包饶、信，跨荆、襄，几天下半；而士诚仅有边海地，南不过会稽，北不过淮扬，首鼠窜伏，阴欲背元，阳则附之，此守虏耳，无能为也。友谅劫君而胁其下，下皆乖怨；性剽悍轻死，不难以其国尝人之锋，然实数战民疲；下乖则不欢，民疲则不附，故汉易取也。夫攫兽先猛，擒贼先强，今日之计，莫若先伐汉。汉地广大，得汉，天下之形成矣。"刘基分析了陈友谅、张士诚两人的性格和势力，而最终确立了先取陈友谅、后取张士诚的争雄战略。

自今天看来，"先取陈友谅、后取张士诚"的战略似乎平常，然而处身于当时的形势之中，能够提出这样的战略却反映出朱元璋集团独特的眼光。朱元璋入据南京后，他的扩张主要是向东向南，直接与张士诚频繁发生战事。故而孟森先生说："以兵力言，陈悍于张；以战事言，张繁于陈。常情必悉力于张矣。"朱元璋与刘基却反人之常情，不先对付势力稍弱、交战频仍的张士诚，而主张擒贼先擒强，先解决气势汹汹的陈友谅，颇能彰显朱元璋君臣的气魄。陈、张二人性格上的差异也成为制定军事战略的出发点：先打张士诚，锐于拓土的陈友谅必定乘虚而入，自己腹背受敌；先攻打陈友谅，满足于守土的张士诚未必会与陈友谅合兵，后顾之忧稍缓。在此战略下，朱元璋对张士诚取守势,开始向西不断蚕食陈友谅在江西一带的地盘。后来事实证明,即便给张士诚机会,他也未必会善于利用。1359年南京城附近的龙江之役,朱元璋一面与陈友谅恶斗,一面又要担心"二寇合,吾首尾受敌",但张士诚"兵竟不出"。1363年,朱元璋先是率军往江北安丰解救韩林儿,击败张士诚部将吕珍,回师南京,向西解南昌之围,在鄱阳湖与陈友谅决战。当朱元璋、陈友谅决战之际,南京虽然有徐达镇守,但兵力相对空虚,张士诚在新败之余竟然毫无再斗之志,再一次放任机会白白地错过。明人高岱评论说,鄱阳湖之战时,从兵家之策言,张士诚毫无疑问应该响应陈友谅,"如约夹攻",反而"悠悠宴安",这岂是可以成大事之人!于是,1363年8月的鄱阳湖之战从此成为三大势力升降的分水岭。此役陈友谅中流矢死,彻底失败。次年,朱元璋亲率大军攻下武昌,其版图从南京延伸到长江中游的武昌一带,而张士诚仍局促在跨越长江、临近东海的一隅之地,强弱之势判然。

鼎立格局既已打破,孱弱的一方从此只能静待被兼并的命运。更何况,朱元璋从来都强调稳扎稳打,不会给张士诚任何机会。对张士诚,朱元璋主张先剪其枝叶,再除主干,其具体实施则是"先取通、泰诸郡县,剪士诚肘翼,然后专取浙西"。当朱元璋准备对浙西发动总攻时,张士诚只控制着苏州、湖州、杭州一带。1366年,朱元璋与诸将议征张士诚。常遇春主张直捣苏州,说:"逐枭者必覆其巢,去鼠者必熏其穴。此行宜直捣姑苏,姑苏既破,其余诸郡,可不劳而下矣。"朱元璋表示反对,说:"不然。士诚起盐贩,与湖州张天骐、杭州潘原明等皆强梗之徒,相为手中。天骐辈惧俱毙,必并力救之。今不分其势而遽攻姑苏,若天骐出湖州,原明出杭州,援兵四合,难以取胜。莫若出兵,先攻湖州,使其疲于奔命,羽翼既披,然后移兵姑苏,取之必矣。"他提出先破除苏州城防守的侧翼——湖州和杭州,在这一战争过程中削弱和疲累敌人,再围攻苏州。后来,苏州城从合围到城下之日，历时278天。如果不是先翦其枝翼，而大军久围苏州，师老城下，杭州、湖州的张士诚军队再回援，被动的就会是朱元璋的部队。1367年9月，苏州城破，张士诚自缢未死，被俘，先是绝食求死，最终自缢而死。临死前，张士诚见朱元璋，不肯仰视，说："天日照尔不照我。"至死之时，张士诚仍然以为朱元璋的成功是偶然。然而，揆之朱元璋的军事战略，人事毕竟多一些。

结束对张士诚的战事后，朱元璋的眼光投向了全国：一面北伐，一面南征福建、两广。在这一过程中，其军事战略依然有儒士的身影。那位精通天文、地理、卜筮之学却不愿意做官的宁海隐士叶兑，曾给朱元璋写了一封信，分析天下大势，"列一纲三目，言天下大计"，其中关键在取天下之"规模次第"："今之规模，宜北绝李察罕，南并张九四，抚温、台，取闽、越，定都建康，拓地江、广，进则越两淮以北征。"朱元璋的战略大概依此而行，先后平定浙东方国珍、福建陈友定、广东何真，再向湖广、四川进军，同时进行北伐，"削平天下，规模次第略如（叶）兑言"。就是征福建的陆路和水路并进的战术，也是叶兑"三目"中已经提到的。南征的同时进行北伐。1367年，朱元璋与将领们讨论北伐战略。常遇春又主张直接攻打元大都。朱元璋说："元建都百年，城守必固。若如卿言，悬师深入，不能即破，顿于坚城之下，馈饷不继，援兵四集，进不得战，退无所据，非我利也。吾欲先取山东，撤其屏蔽；旋师河南，断其羽翼；拔潼关而守之，据其户槛。天下形势入我掌握，然后进兵元都，则彼势孤援绝，不战可克。既克其都，鼓行而西，则云中、九原以及关、陇，可席卷而下也。"后来战事发展均在朱元璋的预料之中。洪武元年（1368）八月，明军攻入大都，元顺帝北走，完成了新旧王朝的更替。

5. 表面看是"天运"，根本上是"人心"

洪武元年正月初四，朱元璋在应天登基称帝，建立大明王朝。

《登极诏》中说:"自宋运告终,帝命真人于沙漠,入中国为天下主。其君父子及孙百有余年,今运亦终。"朱元璋接着在诏书中历叙自己的起事经历,意谓元朝的天运已终,将转移到自己身上。换言之,帝王总要强调自己的成功是天命。然而,平心而论,朱元璋的成功表面上看是天运,实际上背后是人事,而最突出的是人心向背。其子朱棣谈论太祖取天下事说:"帝王之兴,虽有天命,亦须修德行仁以承之。"这虽然是谀美,但却也是大实话。

在元末乱世,攻城杀人成了常态。青军在扬州杀人为食,至城下之日,仅剩居民十八户,可见乱世平民之惨状。但是,朱元璋的军队一贯强调军纪,要求保境安民。从领军那一刻起,朱元璋就重视严肃军纪以收人心。1355年在和州,朱元璋在上马台前见到一个小孩独自一人在玩耍,会说话,还不懂得害怕。朱元璋便问他:"你父亲在哪里?"孩子说:"我父亲在为你们喂马。"朱元璋又问:"你母亲呢?"孩子说:"我母亲也在官府,跟父亲不敢相认,以兄妹相称。我不敢进去,只能在门口等。"这种夫妻母子离散之惨,唤起了朱元璋的同情心,"闻之恻然"。他立即召集部下说:"我听说诸军自滁州来,多掳人妻女,民间夫妻多离散。军无纪律,何以安众?凡军中所得妇女,当悉还之。"第二天,他命令将城中男子与军中所掳的妇女集中到州治,男子在门前等候,女子们从州治中走出,凡属夫妇均可相认回家。《明史》于此记云:"搜军中所掠妇女纵还家,民大悦。"朱元璋"军无纪律,何以安众"一语,表明他已经认识到军队的功能不仅仅是打仗,更重要的是安民。这样的做法,改变了一般乱世中起兵的盗匪形象。渡江后,朱元璋屡次强调军纪。1355年,朱元璋攻占太平。城破前夕,李善长提前拟好禁止军士抢夺的榜文,城下之时即刻张贴于通衢大道,严禁剽掠。有一个士兵违反命令,立即被斩首示众,有力地遏制了士兵抢劫平民的行为。1356年攻下集庆路,朱元璋颁布安民告示,声称:"我来为民除乱耳!其安堵如故。"一时间，南京城老百姓大喜。之后，朱元璋略定江南，"所过不杀，收召才隽，由是人心日附"。1358年，朱元璋攻下浙江婺州（今浙江金华），入城后禁军士剽掠，下令禁酒，发粮赈民。1362年，陈友谅镇守江西龙兴（今江西南昌）的将领胡廷瑞向朱元璋投降，朱元璋入城，即谕父老说："陈氏据此，军旅百需之供，尔民甚苦之。今我悉去其弊，军需供亿，俱不以相累。"鄱阳湖大战，陈友谅败后恼羞成怒，尽杀所俘，而朱元璋则下令"但获彼军，皆勿杀"，并且主动将俘虏释放。战事结束后，朱元璋俘获了五万人，据宋濂说"不戮一人"。

在朱元璋的影响下，其领军将领多不妄杀。他曾诫谕诸将说："汝等行军，非必略地攻城而已，要在削平祸乱，以安民生。凡遇敌则战，若所经之处及城下之日，勿妄杀人，勿夺民财，勿毁民居，勿废农具，勿杀耕牛，勿掠人子女，民间或有遗弃孤幼在营，父母亲戚来求者即还之。"他还对诸将说："克城以武，安民以仁。我听到将领们攻下城池而不妄杀，便喜不自胜，为将之人能不妄杀，也是为自己的子孙积福啊！"在朱元璋早期的军事行动中，徐达与常遇春二人战功不相上下，但常遇春不听徐达劝告，在九华山一夜坑杀陈友谅降军两千余人，让朱元璋深感不快，从此以徐达节制诸将。徐达治军亦以军纪严肃闻名。《明史》称徐达严戢部伍，"所平大都二，省会三，郡邑百数，闾井宴然，民不苦兵"。1356年，徐达率领军队攻下南京东北面的镇江，"号令明肃，城中宴然"，"民不知有兵"。1366年，朱元璋派徐达、常遇春等二十万大军攻打张士诚老巢平江路，临行前誓师："城下之日，毋杀掠，毋毁庐舍，毋发丘垄。"按照这一指示，徐达在平江城破之日下令，每个士兵身上悬挂一个小木牌，牌上写着："掠民财者死，毁民居者死，离营二十里者死。"在严肃军纪的保证下，明军进入围困近一年的平江城之时并未实施报复性杀戮，"吴人安堵如故"，以至于平江城的百姓说："早知如此，奈何久抗王师!"1368年,徐达攻下元大都,"封府库图籍,守宫门,禁士卒侵暴",一时间"吏民安居,市不易肆"。朱元璋的另一位将领胡大海尝自称:"我武人,不知书,惟不杀人,不掠妇女,不焚庐舍。"因此,胡大海的军队"远近争附"。另一名将领耿再成,持军甚严,"士卒出入民间,蔬果无所捐",不敢轻摘农家一蔬一果。在元末大乱之中,朱元璋及手下将领能以安民为己任,使兵不扰民,对于渴望和平与稳定的百姓而言有极大的号召力。这样看来,朱元璋的胜利表面上看是天命,实际上是人心向背。天命只不过是旗帜,更是胜利者的布告。

二、皇权与"家天下"

1368年,大明开国。像所有的王朝开创者一样,朱元璋继续通过不断的军事胜利来稳固版图,同时积极地恢复生产,稳定社会,使社会重现生机。军事上,洪武一朝,明军始终对踞守草原上的北元势力进行压迫,在东北面隔断其与朝鲜、女真的通道,在西北切断其右翼,大明劲旅从南方中路出击,反复扫荡,打击残存的蒙古军事贵族。经济上,明朝重建了国家对人口和土地的控制,编纂黄册、鱼鳞图册,以保证赋役征收。政治上,朱元璋的主要精力则在于加强皇权。尽管保证皇权不受挑战是每个王朝建立者最重视的事情,朱元璋在加强皇权方面的作为却最突出,也因此使明清君主专制达于高峰。强化皇权的标志性事件有三,分别是废丞相、杀功臣、分封诸子。

1. 皇帝成了自己的丞相

明初建国,虽然标榜制度上要向汉唐学习,实际上却多取材于元朝的制度。军户制、匠籍制、行省三司制、宗室分功制,都能见到元制的影子。明初最核心的政治制度中书省制度也是继承元代而来的。

中书省权力集中在左、右丞相之手。1367年，朱元璋称吴王，李善长、徐达任左、右相国。洪武元年，李善长、徐达改称左、右丞相，左丞相地位高于右丞相。李善长和徐达都是朱元璋建国过程中功勋卓绝的人物。徐达领兵四出征战，是朱元璋攻城略地的大将军，其功勋自不待言。吏员出身的李善长，在朱元璋尚未南渡时已经归顺，为朱元璋掌管文书，在此后数十年间的文牍往来和政权建设中功勋卓著，资历深厚，且能"调和诸将"。因此，两人是文武众臣中的核心人物，出任丞相毫无异议。然而，由于经常在北部防边，徐达在朝时间不多，因此洪武初年丞相之权基本上由李善长掌控，之后由继任的汪广洋、胡惟庸等人掌控。

　　明初的皇权与相权，也是有矛盾的。尽管人们认为洪武十三年（1380）朱元璋废丞相之举是基于其人苛刻之本性，但明初相权事实上也挑战了皇权，是一种体制性的矛盾。相权对皇权的挑战表现在两个方面：其一，相权的存在培植了一个皇权之下别人无可超越和挑战的实权人物；其二，相权的存在过滤了皇帝所应该知道和了解的信息。我们先来看李善长执政时期。《明史·李善长传》载："李善长，字百室，定远人。……善长外宽和，内多忮刻。参议李饮冰、杨希圣稍侵善长权，即按其罪奏黜之。与中丞刘基争法而诟。基不自安，请告归。……贵富极，意稍骄，帝始微厌之。"可见，不仅是作为部属的李饮冰、杨希圣不能挑战李善长的权力，即便是作为中书省的并行机构御史台的官员刘基，也不能对丞相李善长起到任何监督作用。在这样的权力结构中，李善长的权力仅次于皇帝，不免贵极而骄。只是这时候的皇权与相权冲突尚不明显，李善长虽然引起了朱元璋的不快，但也只是让他在洪武四年（1371）以疾致仕，取而代之以汪广洋、胡惟庸一帮相对卑微的文臣。以文臣代勋臣，表明朱元璋担心勋臣借体制性的权力进一步膨胀。但是，事实证明，即便是改用一些相对更容易控制的文官，相权对皇权的挑战依然存在，胡惟庸便是例证。

胡惟庸在擅权和蒙蔽皇帝方面较李善长有过之而无不及。《明史·胡惟庸传》载："胡惟庸，定远人。……自杨宪诛，帝以惟庸为才，宠任之。惟庸亦自励，尝以曲谨当上意，宠遇日盛，独相数岁。生杀黜陟，或不奏径行。内外诸司上封事，必先取阅，害己者辄匿不以闻。……十二年九月，占城来贡，惟庸等不以闻。中官出见之，入奏，帝怒，敕责省臣。惟庸及广洋顿首谢罪，而微委其咎于礼部，部臣又委之中书（省）。帝益怒。"从这段记载可见，胡惟庸不但有生杀黜陟之权，而且在某种程度上限制了皇帝对政事的知情权。作为中书省的下属，分理庶事的六部要听命于中书省丞相，造成各种政事的处理与皇帝之间隔着中书省这一机构及中书省丞相这一掌权大臣。中书省一方面代表皇帝处理政务，另一方面却也可以蒙蔽皇帝，这是朱元璋不可忍受的。朱元璋始终认为元朝灭亡的责任主要在官吏，而如果没有一套很好的制度让皇帝及时体察民情，就很容易受到官吏蒙蔽。为此，废丞相之前，朱元璋已是动作频频。洪武九年（1376）各省废行中书省，改设布政使司、按察使司、都指挥使司，分掌行政、刑狱和军事，各自直属中央。洪武十年，"喉舌之司"通政司设立，专司章奏。可见，洪武十三年杀胡惟庸虽然只是偶然，但废丞相的谋划却在朱元璋的头脑里大概已经酝酿了很久。杀胡惟庸，只是让朱元璋找到一个废丞相制度的借口。

关于胡惟庸，人们熟悉刘基、徐达在胡惟庸任相前的种种评价。刘基是朱元璋的帷幄谋臣，曾评价胡惟庸说："小犊耳，将偾辕而破犁。"意思是说胡惟庸不过是一只小牛犊而已，如果让其任事迟早会把辕掀翻，把犁打破。忠诚豁达的徐达对胡惟庸的态度则是"薄其人"，他不大瞧得起胡惟庸，而且经常说胡惟庸不能胜任丞相之职。然而，从洪武六年（1373）至洪武十三年，胡惟庸负责中书省事务长达八年之久，成为明初除徐达之外任职时间最长的丞相。在清修《明史》中，胡惟庸也与严嵩等人并肩于"奸臣"之列！其实，奸臣的擅权,何尝不是帝王纵容的结果!朱元璋对胡惟庸最初极为信任,理由是胡惟庸能力强。当然,胡惟庸能得到重用,还有几个原因。首先,胡惟庸是李善长的同乡,同属安徽定远人,两人关系很好,胡惟庸的侄女还嫁给了李善长的侄子。因此,虽然是从很小的地方官起步,但是到大明开国之时,胡惟庸已经升任太常寺卿,然后又因为李善长的推荐升任中书省参知政事,逐步进入中枢机构。其次,胡惟庸确实有才能。在李善长变相被逐之后,朱元璋先后试用汪广洋、杨宪等人,但这些人缺乏掌控中书省的能力。《明史》记载,朱元璋"以惟庸为才"。洪武六年六月,胡惟庸成为中书省右丞相,不久升为左丞相。朱元璋在其升胡惟庸为左丞相的诏书中还夸赞胡惟庸"举直错枉,精勤不怠"。不过,能臣胡惟庸的最终下场却是因擅权而被诛,且在多年后还被加以"通倭""谋逆"的罪名。人臣无外交,染上"通倭"的罪名,即使不"谋逆",也难免死罪,所以"通倭"便成为有明一代除去政敌的最好借口。吴晗先生《胡惟庸党案考》说:"胡惟庸的本身品格,据明人诸书所记,是一个枭猾阴险、专权树党的人。以明太祖这样一个十足地自私惨刻的怪杰,自然是不能相处在一起。"在长久掌握中书省权力之后,胡惟庸也堕入富贵而骄的循环中,"生杀黜陟,不奏径行"。内外各衙门奏疏经中书省,胡惟庸一旦发现不利于己便私自扣押,不给朱元璋上报。刘基那样开罪胡惟庸的高级官员,也遭到了胡惟庸的毒手。阿谀奉承的人开始纷纷奔走于胡惟庸门下,向他贡献名马和珍好。一些无耻官员甚至向胡惟庸献祥瑞,说胡家祖宅中长出了石笋,祖坟上火光烛天。胡惟庸则也刻意结纳一些有罪而遭惩罚的勋臣,密相往来,供自己驱使。这些事情后来都成了胡惟庸被诛的罪状。相权真的威胁到了皇权。从李善长到胡惟庸,朱元璋逐渐认识到,中书省代表的丞相制度其实是君主高度专权的障碍。开国之初仿元制而设中书省,对朱元璋来说更像是一种权宜之策,而一旦政权稳定,自己于治国理政深有心得,丞相制度的废除也就是时间上的问题。专制发展到极致,丞相制度便到了终点。

废除中书省和丞相之后,原来中书省的权力分划到了六部。自此以后,皇帝之下不再设置一个统揽全局的行政层级,而是由六部分管行政权,都察院管监察,五军都督府分掌全国各地的军事卫所,彼此不相统属,共同对皇帝负责。后来,朱元璋在《皇明祖训》中强调废丞相的目的说:"我朝罢丞相,设五府、六部、都察院、通政司、大理寺等衙门,分理天下庶务,彼此颉颃,不敢相压,事皆朝廷总之,所以稳当!"所谓"事皆朝廷总之",就是一切政务都由皇帝总揽,一切权力集中于皇帝之手。不过,废丞相满足了朱元璋的支配欲,却也给他带来巨大压力。没了丞相,皇帝的决策压力大大增加。洪武十七年(1384),一位名叫张文辅的官员向皇帝报告说:"自九月十四日至二十一日,八日之间,内外诸司奏札凡一千六百六十,计三千三百九十一事。"如果平均计算,八天之中,朱元璋每天要阅读的奏章达到207份,处理政事423桩。对此,朱元璋只能自己宽慰自己说:"我是在代替上天管理万物,日理万机,不辞辛劳。"没有丞相,皇帝要自己一个人管理庞大的国家,可以说皇帝成了自己的宰相。相权对皇权的威胁尽管不复存在了,但相权的缺失对于皇权的压力在后来却一直持续着。他的那些精力、支配欲望稍逊的子孙们,果真有能力并且有兴趣事事躬亲,像一个丞相一样操劳?所以,终明之世,丞相的制度或官职虽然不复存在,但是,为了弥补相权的缺失,内阁大学士的地位开始提高,太监的作用也重新活跃。这样造成的结果是,在一个懦弱的君主的治下,没有丞相不但使政治运作效率大大降低,而一个奸佞的大学士或专擅的宦官,其危害似乎也不亚于一位权相的危害。朱元璋处心积虑、几近偏激的废相,不过是按下葫芦起了瓢。从此,子孙们成日里为蜂拥而至的奏疏无限烦恼。这大概便是朱元璋废丞相制度的代价!

2. 杀功臣：清除所有"潜在"威胁

朱元璋屠戮功臣始于洪武七年（1374）。这一年的六月，身兼"大都督府都督佥事""北平行省参知政事""燕府左相"数职的淮安侯华云龙应召从北平回南京，途中却莫名其妙地死亡。《明太祖实录》暧昧地记载了一句说："未至而卒。"后来有人推测，华云龙之死是因为他擅用元帝留在北平的"宫中旧物"而被朱元璋赐死。华云龙之死，不过是朱元璋牛刀小试而已。洪武八年（1375），在朱元璋的授意下，胡惟庸毒杀刘基。

大规模的屠戮发生在洪武十三年胡惟庸案后。洪武十三年诛杀中书省左丞相胡惟庸的罪状包括：毒死刘基、阻隔占城贡使、私给文官以没官妇女、枉法挠政、朋比为奸。当时与胡惟庸一同被杀的，只有御史大夫陈宁、御史中丞涂节，当时并没有扩大屠杀范围，只是就事论事。然而，杀胡惟庸、废丞相，只是方便朱元璋直接操控政柄，而大量勋臣贵族的存在依然让朱元璋感受到威胁。于是，洪武十九年（1386），胡惟庸案重新被翻出来，罪名变成了"通倭谋逆"，而且还牵涉李善长的弟弟李存义，功臣陆仲亨、唐胜宗、费聚、赵庸等人。正如吴晗先生所说，"胡案初起时，胡氏的罪状只是擅权植党，这条文拿来杀胡惟庸有余，要用以牵蔓诸勋臣宿将却未免小题大做"，所以要扩大屠杀的范围，"在事实上有替他制造罪状的必要"。"通倭谋逆"这样的借口，足够让朱元璋高举屠刀。这一次，朱元璋成功坐诛了三万余人，其中开国第一功臣李善长一门七十余人被杀，李善长本人也在洪武二十三年（1390）自缢身亡。被诛杀者中，侯一级的功臣就有二十多人。其实，胡惟庸党案中被杀的功臣，多属于冤死，并没有真正通同胡惟庸谋反的证据。这在明朝后来的人看来是一清二楚的。例如，汝南侯梅思祖逝于洪武十五年（1382），到洪武二十三年追论梅思祖为胡惟庸党，"灭其家"，惩罚可谓非常严厉。然而，一百多年之后，嘉靖元年（1522），朝廷反而命立傅友德、梅思祖、金朝兴庙于云南，额曰"报功"。这充分说明，世迁论定之后，梅思祖不足以称为"胡党"，而灭其家的惩处则更过分。胡惟庸被杀时，一同牵连其中的功臣如唐胜宗等人在当时仍未见疑于朱元璋。唐胜宗在洪武十四年（1381）平定浙东山寇叶丁香，又平定江西安福的寇乱，十五年巡视陕西督屯田，十六年（1383）镇辽东时甚至还因贯彻朱元璋"勿通高丽"之旨而得到赐敕褒美。可见，朱元璋在胡惟庸被杀后对功臣仍然任用如故，初未有疑，这只能说明以"胡党"的名义杀功臣另有目的。

人们或可解释说开国功臣多行不法之事，而朱元璋为立法建制而不得不举起屠刀。清代官修《明史》就偶尔有这样的辩护。然而，开国功臣所行多不法尽管是事实，但功臣之存没却不是以行事守法或不法为标准。明初功臣中最不守法度的汤和，最终却可以颐养天年。大封功臣之时，朱元璋就说："御史大夫汤和，与朕同里闬，结发相从，屡建功劳，然嗜酒妄杀，不由法度。"汤和晚年中风，行动不便，主动请求致仕，回乡养老。朱元璋很高兴，派人在家乡临濠府为汤和修建豪宅。与此对立的典型，则是魏国公徐达。徐达开国功高，明朝建立后又不辞辛苦，屡佩大将军印镇守北方，为人谨慎、忠心耿耿，在朱元璋面前总是"恭谨"得像不会说话。朱元璋邀徐达到自己的旧邸饮酒。徐达不胜酒力，又不敢不喝，不一会儿便醉了。朱元璋命人将徐达抬到旧邸的寝宫安睡。徐达酒醒之后，趋赴阶下，叩头连称死罪。谨慎如此，徐达也未能完全消除朱元璋的猜忌。洪武十八年（1385），徐达患"背疽"之病。病情稍有好转，朱元璋便下了一道敕书慰劳徐达，说："迩者将军有疮疾，朕初闻之，于心恐焉。今喜疾愈，特遣将军子谕朕意，将军其悦且安，故敕。"欣慰只是表面，随敕书赏赐一道蒸鹅。患疮者就忌吃鹅肉，以鹅肉性发，而朱元璋却偏要赏蒸鹅。数十年追随朱元璋出生入死的徐达，焉能不知朱元璋的心思，当着使臣的面流着眼泪把鹅肉吃下，不久便死了。可见，功臣保身的秘诀不在于你是否谨慎或者忠心，而在于你是否还有威胁到皇帝的威望和能力。郭英的弟弟郭德成，性嗜酒。朱元璋想让他做官。郭德成说："臣性耽曲蘖，庸暗不能事事。位高禄重，必任职司，事不治，上殆杀我。人生贵适意，但多得钱，饮醇酒足矣，余非所望。"所以，这位只爱钱和酒而不愿任官的功臣家族成员，在"党事起，坐死者相属"的情形下，"竟得免"，保存了性命。可见，功臣之死或不死，不在其守法或无法，只在其对于皇权有没有潜在的威胁。

为了加强皇帝的权力，朱元璋偶尔也对自己的亲人下手。开国之前，其侄子朱文正被鞭死就是一例。洪武十七年，朱元璋的外甥李文忠也可疑地死去。李文忠（1339—1384），字思本，小字保儿，十二岁母亲去世，后其父李贞携至朱元璋军中，被朱元璋收为养子，屡立战功，洪武三年明朝对北元的应昌（今内蒙古赤峰市克什克腾旗西北达里诺尔湖西南）大捷即在其指挥下取得，而李文忠也在那年被封为曹国公。李文忠文武双全，《明史》云："文忠器量沉宏，人莫测其际。临阵踔厉风发，遇大敌益壮。颇好学问，常师事金华范祖幹、胡翰，通晓经义，为诗歌雄骏可观。"因此，李文忠一向为朱元璋所倚重。洪武十二年（1379），李文忠掌大都督府事，兼领国子监事，达到其权力顶峰。然而，李文忠政见大概与朱元璋相异。他曾经劝朱元璋"少诛僇"，宽刑少杀，劝朱元璋不要任用太多的宦官，还不顾朱元璋列下若干不征之国的对外政策，请求"征日本"，以此"积忤旨"，被朱元璋谴责。李文忠"家故多客"，喜欢招揽才华之士。蓄养门客大概也给他带来了祸端。洪武十六年（1383）冬，四十五岁的李文忠患病，朱元璋亲自上门看望，留下淮安侯华中"护医药"。次年三月，李文忠便死了。《明史》说："帝疑（华）中毒之，贬中爵，放其家属于建昌卫，诸医并妻子皆斩。"以朱元璋之苛刻，倘若真怀疑华中毒死了李文忠，会仅仅是对华中施以削爵的惩罚，而只拿一群无辜的医生们泄愤吗？因此，最大的可能便是，李文忠之死或是得到朱元璋的授意或默许。

然而，明初多事，缺不了征战的将领。将领们有新战功，就会得到新封爵。当旧日功臣纷纷倒下时，蓝玉这样的将领则通过屡立战功而加官晋爵，封侯封公。蓝玉是常遇春的内弟，隶常遇春帐下，临敌勇敢，所向皆捷，由管军镇抚积功升到大都督府佥事。明朝建立后，蓝玉先后随傅友德、徐达、沐英等人伐蜀、北征、征云南。洪武十二年，蓝玉封永昌侯。洪武二十年（1387），蓝玉率军击败盘踞辽东的元将哈纳出，取代冯胜成为大将军，次年又率军征北元，深入捕鱼儿海，俘获北元皇帝次子地保奴、妃子、公主以下百余人，官属三千人，男女七万七千余人，马驼牛羊十五万余。这次大捷，使蓝玉晋爵为公。然而，蓝玉虽有大将之才，却欠德行。蓝玉在俘获北元皇帝后妃之后，"私元主妃"，使妃子羞惭自缢。朱元璋知道后很生气，原欲封蓝玉为梁国公，改封为凉国公。蓝玉为此郁郁不乐，侍宴时语气傲慢。其在军中，私自黜陟将校，进止自专。两年后，朱元璋跟学士刘三吾等谈到蓝玉的不法行径时还说："逆贼蓝玉，越礼犯分，床帐护膝，皆饰金龙，又铸金爵以为饮器，家奴至于数百，马坊廊坊悉用九五间数。"蓝玉这些行为触怒了朱元璋。如果说朱元璋自信能够控制那些专横跋扈的功臣，或许还能相信从洪武初年就开始协助处理政事的太子朱标有控制那些功臣的能力，那么1392年太子朱标的逝世，也就会加重那位日感年迈的朱元璋对蓝玉的猜忌。于是，洪武二十六年，蓝玉以谋反之罪被处死，被牵连被诛之人达1.5万人，列名《逆臣录》中的人包括1位公、13位侯、2位伯。同时以党连坐者，仅都督则有黄辂等十余人，多半是蓝玉的偏裨将领。蓝玉之案后，一时"勇力武健之士芟夷殆尽，罕有存者"。

利用胡、蓝二案，朱元璋共诛杀4万余人，公、侯、伯被杀近40人。蓝玉案后，屠戮仍在继续。宋国公冯胜稍后被诛杀。《明史·王弼传》云："二十五年，（王弼）从冯胜、傅友德练军山西、河南。明年同召还，先后赐死。"永平侯谢成也在洪武二十七年（1394）"坐事死，没其田宅"。可见，大部分功臣逃不了被清洗的厄运，"元功宿将相继尽矣"，侥幸保全的功臣仅有汤和、耿炳文等数人。虽然清修《明史》极力为朱元璋屠戮功臣辩护，称勋臣们"僭肆"而为朱元璋所嫉。《明史》卷一百三十二朱亮祖等人的传记后的赞语中说："治天下不可以无法，而草昧之时法尚疏，承平之日法渐密，固事势使然。论者每致慨于鸟尽弓藏，谓出于英主之猜谋，殊非通达治体之言也。夫当天下大定，势如磐石之安，指麾万里，奔走恐后，复何所疑忌而芟薙之不遗余力哉？亦以介胄之士桀骜难驯，乘其锋锐，皆能竖尺寸于疆场，迨身处富贵，志满气溢，近之则以骄恣启危机，远之则以怨望扞文网。人主不能废法而曲全之，亦出于不得已，而非以剪除为私计也。"换言之，清修《明史》以为明初功臣之覆亡皆咎由自取，这体现了正史常有的为尊者讳或者为皇帝讳的倾向。即便如此，清修《明史》偶尔也渗漏出一些对胡蓝党案批评的语气。《明史》卷一百三十一顾时等人传记的赞语说："诸将当草昧之际，上观天命，委心明主，战胜功取，克建殊勋，皆一时之智勇也。及海内宁谧，乃名隶党籍，或追论，或身坐，鲜有能自全者。圭裳之锡固足酬功，而砺带之盟不克再世，亦可慨矣夫。"这无疑在说，功固然是以封爵的方式酬偿了，但与国永乐、共享爵位的承诺，却不过一二世即告了结，这难道不正是"可与共患难、不可共富贵"吗？这也确实令人感慨！

　　不过，朱元璋杀功臣，加强了皇权，排除潜在的对皇权的威胁，但所造成的后果同样也很严重。朱元璋一死，他的孙子建文帝即位，面对的不是权臣专擅，而是藩国诸王的傲慢无礼。建文帝所能依靠的，只是一班文弱书生，以及老迈的耿炳文、年少的李景隆等人。以这样的朝廷班底，如何能抵御虎狼之年的反叛者朱棣？后来的史家感慨道：如果冯胜、蓝玉尚在，燕王焉敢反叛？

3. 封建诸子：共同"拱卫"大明天下

朱元璋《祖训录》的编纂始于洪武二年（1369），最终核定和颁行则到了朱元璋统治的晚年，即洪武二十八年（1395）。年近七旬的朱元璋对身后世界做了细密的安排。在这些安排中，朝廷出现"奸臣"的时候朱姓诸王可以奉密诏"靖难"，成了他反复训诫的话题。清人在编撰《四库全书》的时候也说，朱元璋的《祖训录》念念不忘其"亲藩体制"。诸子分封，是朱元璋治国的一项重要政策。

帝王优待自己的子孙符合人的本性，也符合儒家学说"亲亲"的原理。当然，帝王优待自己的后裔的方式多样：或将皇室诸子优养于京城，或分封于外地为王。分封之制，也即人们常说的"封建"之制，与秦汉以来的郡县制是背道而驰的，而且也被汉代的七国之乱、西晋的八王之乱证明是不利于中央集权的。朱元璋要加强皇权，却又对封建之制感兴趣，这是为什么呢？推本朱元璋实施封建的原因，大概有两方面：一是农民出身的朱元璋本身就有很强的家天下思想；二是受到了元朝宗王出镇制度的影响。然而，朱元璋难道就想不到有时候"祸起萧墙"可能比来自外部的攻击更具有毁灭性？汉景帝时期以吴王刘濞为首的七国公开反叛朝廷的"七国之乱"，朱元璋是怎么理解的？洪武元年十一月，朱元璋刚做皇帝不久，来到文楼，问侍立身边的太子朱标说："最近跟儒臣们学习经书、史书，讲了些什么？"十三岁的朱标回答："昨天讲的是《汉书》里'七国之乱'的事情。"朱元璋问："这件事上谁对谁错呀？"太子说："七国做得不对。"朱元璋说："这是老师的偏见。应该说，汉景帝误听了晁错的建议，轻易削夺各国土地，从而激起七国之变；但是，讲官如果跟你的弟弟们讲呢，就要说藩王们应该上尊天子，替国家分忧，做好国家的藩辅才对。"晁错建议削藩固然是引发叛变的导火索，但汉朝的人们也知道,地方政权尾大不掉,则"削亦叛,不削亦叛"。藩国与中央朝廷之间的矛盾,是体制的矛盾,而不是某些大臣的削藩建议引起的,也不取决于藩国诸王与皇帝的亲疏关系。这种矛盾在汉朝初年能爆发,在明朝初期同样也可能爆发,而且会引发更为惨烈的后果。但是,十三岁的太子带着弟弟们一起上学,一起在马皇后的悉心照料下成长,让朱元璋产生了错觉,以为自己的家庭将永远血浓于水,亲情无限。

诸子分封制度确立于洪武三年。这一年,朱元璋将年龄较大的几个儿子分别分封到北方的西安、大同、北平、开封等地。秦王朱樉、晋王朱㭎、燕王朱棣非但承担着驻守北部边境重点城市的任务,还经常要领兵出征,成了所谓的"塞王"。此后,从边疆到内地重要的城市如青州府、开封府、成都府、长沙府,均封子为王。有意思的是,福建、两广等沿海省份均没有分封亲王。分封表现为一种极狭隘的家天下模式。亲王在受封之地基本上不受法律的约束,并且享受极优厚的俸禄,拥有高出任何一位官民的崇高地位。《皇明祖训》规定:"凡朝臣奉使至王府,或因使经过见王,并行四拜礼,虽三公、大将军亦必四拜,王坐受之。若使臣道路本经王国,故意迂回躲避,不行朝王者,斩。"更严重的是,分封各地的亲王拥有自己的军队——王府护卫军。这些军队的数量,从三千至一万九千人不等。这其实也构成了后来朱棣篡夺皇位的基础。不仅如此,北部诸王如秦、晋、燕王因为经常带兵与蒙古各部进行战争,从而使边疆的卫所部队虽然名义上不由亲王支配,但实际上像燕王朱棣就在北平附近的卫所军队中享有很高的威望。王崇武先生指出,朱棣反叛朝廷时北平附近各卫所的守军纷纷投降的原因,就在于他们多半已习惯于在燕王的指挥下作战,视燕王为他们当然的领袖。这对于中央集权而言,是致命的威胁。明人郑晓在其《吾学编》则谈到秦王朱樉在西北边境久享威名:"(朱樉)严毅英武,上委以关西兵事,得专赏罚,岁秋巡边,大将皆听节制。"本来，朱元璋为王府设"护卫"，为国家设"都司卫所"，用意在"彼此防范"。然而，亲王的崇高地位，以及他们在某些时候"合法"的军事领导权，使得国家的军事体系对他们的约束变得极其微弱。可以想象，这么一种"宗藩"体制，会对中央集权造成多大的威胁。

问题很早就开始出现。朱元璋还没死，次子秦王朱樉已露出桀骜不驯的态度，以致洪武二十四年（1391）朱元璋不得不将他召回南京，并派太子朱标前往西安，名为北巡，实际上是检查朱樉在西安的不法之事。朱标生性仁慈，回京后主动为朱樉辩解，此事方了。三子朱棡在大同也是胡作非为，甚至有人举报说朱棡"有异谋"。后来，太子朱标北巡，息事宁人，将朱棡带回南京，训饬了一番。桀骜不驯的藩王不止秦、晋二王，周王、齐王、潭王、鲁王等人据说也是常"将所封军民一概凌辱"。为此，在洪武二十年，朱元璋亲自编纂《纪非录》一书，备载诸王种种过失，同时列举汉唐藩王失德而受罚的事例，以警示诸王。在这些记录下来的明代藩王罪行中，有"嫌本处女子脚大，又差人于苏杭收买女子的"，有"于军民家抬取寡妇入宫"的，有擅将省级及府州县官员听候发放而妨碍地方官员办事的，有"皮鞭一千下打死典簿"的，有令人杀害自己父亲的，有令宫中老妇自吞粪便的，有强夺僧寺财物的。分封在南阳的唐王朱桱，在南阳城中修建王府山，自山上俯瞰城中，凡城中有嫁娶，则掠夺民女，享受"初夜权"，久之遂形成南阳"夜娶"之婚俗。靖江王朱守谦，初封广西靖江，"阴贼险狠，狎比小人"，后来改封云南，"复奢纵淫佚，掠杀不辜"。种种丑态，备见诸王之淫纵。这说明，朱元璋一手策划的分封制度，其实在他统治时期就已经受到了挑战。但是，朱元璋只将这类事情当"家事"处理。任何朝臣要对此类事情做出评论，则会有极难堪的下场。

叶伯巨是明初批评分封制的第一个牺牲品。他本是浙江宁海人，后在国子监读书,被授予训导一职,去山西太原南面的平遥县做学官。洪武九年,星象出现异常,朱元璋认为这是上天对他的警告,装模作样地下诏求言,恳请臣民们对他进行"批评"。据说颇"通经术"的叶伯巨对于如何在专制皇帝的威权下明哲保身还缺乏准确理解,竟然上书直接批评皇帝。他在上书中说:"臣观当今之事,太过者三。"第一件,叶伯巨认为是"分封太侈"。叶伯巨指出,现在诸王封地庞大,宫室规模也就比皇帝差那么一点点儿,而且手上还有不少的护卫队,数代之后,恐怕会出事情。接下来,叶伯巨以汉景帝时"七国之乱"和西晋末年的"八王之乱"为例,说:"七国难道不是与汉景帝同一祖宗吗?八王不也都是晋武帝的子孙吗?分封造成的规制紊乱,是祸患的根源。现在,诸王都还没有到自己的封地,可以适当地削减他们的封地,减少他们的护卫军。"应该说,叶伯巨对明初分封制的理解并不准确,因为明初受封的诸王有封地而无国土,有军事权但无行政权,当然可能有部分的司法权与人事权,但与汉代之封国相比还是完全不同的。叶伯巨在奏疏最后,委婉地请求朱元璋降低分封诸王的地位及势力。饶是如此,朱元璋看了之后还是大怒,骂道:"小子间吾骨肉。速逮来,吾将手射之。"于是,叶伯巨被从北方山西的平遥县抓了过来,最后死在南京的刑部大牢中。叶伯巨的死,在于他触及了他不该触及的帝王"家事"。

两三年后,长大成人的皇子们,纷纷离开南京,奔赴各自的封地。他们的宫室,早已由当地的文臣武将督修完好。燕王朱棣的燕王府,是由淮安侯华云龙在元代皇宫的基础上修缮而成,更为逾制。各个王国的宫城外,"立宗庙、社稷等坛",俨然是一个具体而微的小朝廷。后来的事实证明,叶伯巨是很有"卓识"的。朱元璋第四子朱棣最终篡夺了嫡长孙朱允炆的皇位,并展开一系列的屠杀,戕伤了明朝国脉。叶伯巨预测"尾大不掉"的危险可能在"数世之后"。但是,太子朱标的早逝,使政变提前到了二世、三世之间。明人论及朱标之死时,感慨地说:"如果朱标不死,那么以朱标之仁义,就不会削藩;不会削藩,就不会激变诸王,就不会有靖难之役。"以朱标早早确立的长兄和皇太子的尊崇地位,自然能消除诸王对皇位的觊觎。所以,皇太子之死,相当于在中央朝廷与分封诸王的平衡间,从朝廷的一侧突然撤走了一个重要的砝码。平衡被打破,规矩就得重定。为此,朱元璋命令修改诸王朝见东宫的礼节,因为当时储养于东宫的皇位继承人——皇太孙朱允炆,在辈分上比诸王要低一辈。为此,朱元璋定下了这么一套礼仪:在朝廷正式场合,诸王拜东宫;在后殿,诸王与东宫叙家人之礼。即便是这样一种迁就诸王的礼节,据说当时诸王多不太高兴。到这个时候,皇位继承人的尊贵相对降格,也就难保诸王对皇位不起觊觎之心了。退一万步说,封建之制下,即便朱标不死且正常即位,朱标的后人是否又能有足够的统治力?

　　为了让子孙世代和睦,朱元璋着实煞费苦心。诸王之子多半会到南京宫中读书,与朱允炆相处。像靖江王朱守谦之子来南京,朱元璋也会命令他去各个王国转转,拜见一下那些从祖父,以期达到"亲亲"的目的。然而,正如后来的事实证明,即便朱棣之子朱高炽自小与建文帝朱允炆一起学习,感情很好,然而靖难之役中,朱高炽该守城就守城,该表态就表态,完全站在父亲朱棣的立场上,而这也是一种"亲亲"的表现啊!朱元璋也许真没想到,亲情永远是一个相对有限的圈子,一个以核心家庭为中心向外扩散的圈子。所有的朱姓子孙,虽然会共同尊奉他这个老祖宗,但彼此之间却会越来越疏离,越来越陌生。朱元璋笃从于儒家"亲亲"之义,却未得儒家"亲亲"之精髓——由己及人。当自身根本利益受到威胁的时候,谁还能再顾及遥不可及的血缘亲情?朱元璋为他所设计的亲情游戏制定了一系列的规则,并且详细地刊载于他的《祖训录》中。但是,规则也同样可以被曲解。《祖训录》说,如果朝廷有奸臣,亲王们可以在接到皇帝密诏后统兵征讨。然而,"奸臣"如何判定?密诏何人得见?正是这条规则，成为后来朱棣起兵反叛的理由。朱棣可以大言不惭地说：我这样做，是要清除朝廷的奸臣乱党，故名"靖难"。建文四年（1402），朱棣从金川门攻入南京，宫中大火，建文帝不知去向。亲情游戏以一种极端的方式告终。清初有一首诗，前四句是这么写的："靖难师来孰闭门，孝陵云树黯销魂。忠臣已尽神孙死，却建浮图说报恩。"封建诸子的制度，背离了藩屏国脉的初衷，却演变成子孙间的相残，难怪孝陵的云树要黯然了！

三、重典治吏与士大夫的集体失语

朱元璋以重典御臣下，是一个久远的话题。为什么要用重典？重典之下会造成什么样的局面？关于朱元璋的重典治国，或有不同的理解。一种意见认为，朱元璋之用重典，是惩治官吏，而非针对平民百姓。例如，孟森先生就说："太祖（朱元璋）之好用峻法，于约束勋贵官吏极严，实未尝滥及平民，且多惟恐虐民。"另一种意见，如尚钺先生，则认为明初重典是针对全体臣民的。朱元璋之用重典，源于其对元朝末年官吏贪腐的认识。贫民出身的朱元璋对胥吏之害有切肤之痛。他认为一旦政事由吏员们掌控，"吏变为奸"，议受赃私，密谋科敛，虐害百姓，而官吏害民的严重性甚至可以上升为一个王朝的存亡问题，元朝的灭亡正源于吏治腐败。1364年，明朝建立前，朱元璋曾对儒臣们说："秦以暴虐宠任邪佞之士，故天下叛之。汉高起自布衣，能以宽大驾驭群雄，遂为天下主。今天下之势则不然，元之号令纪纲已废弛矣，故豪杰所在蜂起，然皆不修法度以明军政，此其所以无成也。"他认为，元朝灭亡源于元朝号令纪纲的废弛。他这段话，倒颇讲究辩证法。朱元璋本来是极为欣赏汉高祖刘邦的。他曾经对刘邦、李世民做过一番比较，认为刘邦不好的地方在于猜忌功臣，而李世民不好的地方则在于经常"自矜、自恕",放任自己的过错。但是,他认为此时却不应该学刘邦的宽大。刘邦取天下,是因为秦法的严刑峻法让百姓们不得不反;而元朝与秦朝相比则恰好相反,不是严刑峻法,而是法纪松弛。因此,一旦建立新朝,只能反其道而行之,一改元朝无法无天的态势,所以要用重典。但是,重典其实也不仅仅是针对官吏。没有节制的权力滥用在洪武时代常常会殃及一般的读书人,而平民亦常身受池鱼之殃。

1. 与官僚机构为敌

朱元璋是一个有经验的统治者,因为他有三十余年的奋斗经历。但是,他也是一个苛察的统治者,是一个过于自信的统治者。他在《祖训录》中告诉子孙们,要以法治国,切勿"法外用刑",但唯独自己可以"法外用刑",是因为自己"亲理天下庶务,人情善恶真伪无不涉历","创业之初备尝艰苦,阅人既多,历事亦熟,比之生长深宫之主未谙世故及僻处山林之士自矜己长者,甚相远矣,……人之情伪,亦颇知之"。这种矛盾的陈述,透露出开国之主极强的自负。在朱元璋的统治术中,参度人情的善恶真伪是他实施奖惩的一个重要前提。然而,以人情善恶为标准法外用刑,就难免有偏重之嫌。

在朱元璋的官僚机构中,大致包括以下几部分人:一是皇亲国戚;二是军功贵族;三是元末留下进入新朝的官吏;四是新进的人才。前两类相对来说属于少数,后两类大概构成官僚机构的主体。无论是出于惯性,还是经验,从元朝入明的官吏们,必然会沿袭元朝以来的统治习惯。新进的人才,在治理经验上,又难免也要向有经验的人学习。所以,明初"明承元制"的特性还是很明显的,而一些为朱元璋所仇视的管理弊病,也同样传承下来了。不幸的是,朱元璋这位平民出身的皇帝,在与官僚机构打交道的过程中总是带着紧张和仇视的情绪,因为他对于元代以来官吏的贪腐有切肤的痛感,对其运行机制又缺乏同情之理解。洪武朝中最有名的两桩案件——空印案与郭桓案，则可以说是皇权与整个官僚机构为敌。

空印案发生在洪武九年。按照规定，每年各布政司与府州县都要派人到户部报告地方财政收支的账目。在户部与各地的财政收支核对中难免会有数字上的误差，或者难免有人为造成的错误。于是，从各地到南京来的官吏往往带上事先盖好了衙门印信的空白的报销册，一旦原报销册有问题被户部驳回，可以在南京就地修改。这本是公开的秘密，方便可行，且省去来来往往旅途的麻烦。然而，当朱元璋发现这一秘密后大怒，说："如此欺瞒我！"他断定其中必然有腐败行径，下令：各地方衙门的长官主印的一律处死，副手杖一百然后充军。各部尚书一时也多被处死。当时，有位名叫郑士利的人上书说，空印册是权宜之策，并不是官吏刻意用来虐害老百姓，也不是用来故意欺骗朝廷，且国家立法，必先明示天下，而后才可以依法究治。但是从开国以来，并没有不准空印报销册的律文和规定，而各地政府相沿旧习，也一直以来并不认为这是一种罪行，现在却要为此大开杀戒。而且，国家培养人才不易，做到知府、知州这样的官职都是几十年磨炼出来的，如今却要像割草一样割掉。朱元璋收到奏疏后，怀疑郑士利受人指使，后来一直查不出后台，于是将郑士利罚作匠役。然而，朱元璋的惩罚措施却丝毫不差地施行了，各地官员被杀不少，"内外官员坐累过半"。洪武十八年，户部侍郎郭桓与各地官吏协同舞弊，侵吞朝廷税粮。这起案件证据凿然，郭桓自是该死，但一时被杀的官吏达几万人，追赃破产的地主家庭更是不计其数，整个案子有扩大化的嫌疑。

两件大案过后，士大夫们的精气神彻底地被朱元璋的淫威摧垮。朱元璋授官很任意，而官员一旦不称职就会受到严厉的惩罚。他在《皇明祖训》中谈用人说："凡人之奸良，固为难识。惟授之以职，使临事试之，勤比较而谨察之，奸良见矣。若知其良而不能用，知其奸而不能去，则误国自此始。"因此，洪武一朝的官吏，常常到任时间不长就触犯了法网，能够任满的官员很少。朱元璋在洪武十九年的《大诰续编》中就说："自开国以来，惟两浙、江西、两广、福建所设有司官，未尝任满一人。"十九年内，五省的官员均不能任满，这难道只是官员的问题吗？轻易地试用，稍有过错即加严惩，何尝不是在戕害人才呢？用朱元璋的话来说："十年灯窗之苦，不数月一时尽丧！"

2. 监视和恐怖加剧的年代

朱元璋是一个很多疑的人。尽管在他的时代，还没有像后来东厂、西厂那样的专门由宦官负责的特务机构，但他对臣僚的监视却从未放松。有一次，监察御史庞清被朱元璋召见，来迟了。朱元璋问他为什么迟到。庞清说刚送自己的父亲还乡。朱元璋立即派人追上他的父亲，检视他父亲的行李，见里面只有几贯铜钱。听到汇报后，朱元璋对庞清说："你可真是清啊。"庞清回家后出得一身冷汗。徐学聚《国朝典汇》记载朱元璋有一个名叫杜安道的"整容匠"，有次在给朱元璋修完指甲后，将指甲的残屑用纸包起来，塞到怀里。朱元璋问："将何处去？"杜安道回答说："圣体之遗，岂敢狼藉，将归谨藏之。"朱元璋道："你还想骗我？我之前的指甲、趾甲在哪儿呢？"杜安道："见藏奉在家。"朱元璋便派人去他家中搜查，结果从他家佛阁中找到朱元璋的指甲，以朱漆匣子封装，香烛供奉。见是如此，朱元璋才转而大喜，即命杜安道为太常卿。这两件事情，可以看到朱元璋多疑的性格。据说，群臣们每天在私宅里的动静，也经常让朱元璋探得个清清楚楚。官员钱宰在家里写了一首打油诗："四鼓冬冬起着衣，午门朝见尚嫌迟。"第二天，朱元璋对钱宰说："昨日作的好诗。不过，我并没有'嫌'啊，改作'忧'如何？"朱元璋似乎特别喜欢突然到官员家中去，大概有搞突击检查的意思，连一般的小官也不免。明人张怡《玉光剑气集》就谈到朱元璋突然来到一位名叫罗复林的翰林编修家中，罗复林正好在粉刷墙壁，情急之下没顾得多想，连声高呼让自己的妻子抱着小板凳出来让朱元璋坐。朱元璋鼓励所有人对官员履行监督责任。为加强对官员的监督，他鼓励平民联名举报有嫌疑的官员。在《大诰》"民陈有司贤否第三十六"条中，他规定："自布政司至于府州县官吏，若非朝廷号令，私下巧立各色，害民取财，许境内诸耆宿人等，遍处乡村市井，连名赴京状奏，备陈有司不才，明指实迹，以凭议罪。"在"耆民奏有司善恶第四十五"条中则规定："乡里年高有德人等或百人，或五六十人，或三五百人，或千余人，岁终议赴京师面奏本境为民患者几人，造民福者几人。"如果有人"邀截阻当"，就会受到枭首的严惩。

除了随时罹触法网而被杀的生命威胁外，士大夫在朱元璋那里也很少能获得尊严。曾在元末做过官的士大夫，入明后常因此遭遇朱元璋嘲笑。有一次，朱元璋退朝，在武英殿侧室里静坐，听外面有橐橐的脚步声，便问："外边是谁？"那人回答："老臣魏其。"朱元璋一听魏其自称"老臣"，火就上来了，说了一句："我还以为是文天祥呢！"一句话，把曾在元朝任官的魏其吓得汗流浃背。还有一次，朱元璋命小太监到翰林院，看谁在院里值班。小太监到翰林院，正好危素当班，对小太监说："老臣危素。"小太监回来，把危素原话向朱元璋禀报。朱元璋默然不语。第二天，他就命令危素前往余阙的庙里上香。余阙和危素都曾经在元朝做过官，余阙忠于元朝而死，而危素却在明朝政府中任官。朱元璋这样做，明显是要折辱危素。

在监视、折辱的同时，往往还伴随着残酷的刑罚。地方官有贪污或者其他虐民之举，会被杀头。福建兴化府的一位名叫何得时的吏员，父亲死了该回家守制，因为隐瞒不报被凌迟处死。酷刑也开始花样翻新，肉刑也加以恢复，"挑筋去指"、剁手刖脚、剥皮实草、秤竿、抽肠，不一而足。有一次，朱元璋选宫女，得知熊宣使有一个青春年少的妹妹，命取入宫中。员外郎张来硕谏道："熊氏已许配给了参议杨希胜，取之于理未当。"朱元璋很生气，说："哪有这样给君王进谏的？"命人将张来硕的牙齿敲碎。后来，杨希胜倒是娶了熊氏，只是因为与另外一位名叫李饮冰的官员"弄权不法"，受到了极惨的处罚，被施以"黥面""劓鼻"的酷刑。不知这样的肉刑，是出于朱元璋对臣僚"弄权不法"的愤恨，还是未能如愿纳熊氏入宫的嫉妒！

恐怖和猜疑的气氛笼罩在洪武朝的朝廷之上，也弥漫于宫内宫外。官员们每天出门上朝时都要跟自己的家人诀别，到晚上安全回来时则相庆又多活了一天。骁骑指挥郭德成是郭英的弟弟，其妹侍奉内宫，因而可以出入宫禁。有一次，郭德成入宫。朱元璋赐他黄金二锭，并且说："第归，勿宣出。"意思是让郭德成不要声张。郭德成出宫门时，佯醉脱靴，把金子露了出来。有人问郭德成说为什么故意这样。郭德成回答说："九阍严密如此，藏金而出，非窃耶？且吾妹伴宫闱，吾出入无间，安知上不以此相试？"郭德成是谨慎的，也是聪明的。试想，宫廷禁密如此，藏金而出，防守宫门的人必受连累！此次藏金而出如果成功，朱元璋或许会想，郭德成入宫大概会从妹妹那里得到不少的宫中物件吧！换个角度看，臣僚对皇帝多疑的性格揣摩得如此贴近，自我保护得如此严谨，也是整个朝廷的悲哀。

处于这样的一种统治阴影中，士大夫们既没有隐私，也没有体面，更没有安全保障，怎么能尽心尽力地事君呢？正因为洪武年间的气氛太肃杀，人们便不免要将明初对官员的惩治之巨与唐朝武则天时代任用酷吏相比较。刑部尚书王峕性情较为宽和，"凡奏刑名，增减情辞，故行出入"，其实是想使法网不致过密。与朱元璋同出淮西虹县（今安徽泗县）的唐铎与朱元璋最早是朋友，"始友及臣"，时任监察御史，则深知朱元璋苛刻的性格，要据实勾问并向朱元璋汇报。王峕就对唐铎说："你入我罪，久后少不得请公入瓮。""请君入瓮"故事的主人公是唐代武则天时代的酷吏周兴。王峕的话，是警告唐铎不要一味罗织法网困人，以免将来自己落得像周兴一样的下场，自作自受。王凯言语间"径引（武）则天故事"，说明他对于朱元璋时代肃杀的气氛是不满的。朱元璋对王凯极为恼怒，说他"上侮朝廷"。其实，就恐怖的气氛而言，朱元璋时代较武则天时代大概有过之而无不及。《剑桥中国明代史》形容1383—1392年为"监视和恐怖加剧的年代"，是不为过的！

3. 寰中士夫不为君用之法

在无常的杀戮与折辱面前，士大夫还有逃避的自由吗？完全没有。朱元璋说得非常明白了："寰中士夫不为君用，是外其教者，诛其身而没其家，不为之过。"朱元璋的逻辑是，既然士大夫不愿为君主所用，就没有在这世间存在的必要了。朱元璋还为自己这样极暴力的逻辑提供了相应的论证。他说："父母但能生其身体而已，其保命在君。虽父母之命，非君亦不能自生。"也就是说，一个人的身体是父母所生，但他之所以可以在世上存在，靠的却是君主所提供的秩序和保护，甚至连他父母的生命也是得到君主的庇护而得以延续。在经历了元末多年的动乱之后，一个稳定的社会确实是生民之福。朱元璋实现了社会秩序的恢复，认为自己拯生民于水火，士大夫何以敢不思报恩呢？有这样的一种哲学，是把自己视为救世主，而百姓尽皆草芥，自然会视"水可载舟、亦可覆舟"的民本思想于不顾。据说朱元璋在读到《孟子》"君视民如草芥，民视君如寇仇"一语时勃然大怒，要刘三吾对《孟子》进行删减，做出了一本《孟子节文》。朱元璋可以草菅人命，民却既不能视君主为仇人，甚至像隐士一样回避都不可以。

苛察、微薄的俸禄、无处不在的法网，使明初士人非常不乐出仕为官。明人叶盛《封吏部考功清吏司主事赵君墓表》记载："（赵）璘，始学为儒，授徒于家。洪武中君生甫再期，父被征为山东单县治农官，惴惴畏法，寻以事至金陵，遂投籍宿卫中以自晦，数年卒。"

赵璘被征为官，却又因为害怕当官触碰法网，而宁愿改变自己的户籍成为军户。叶伯巨在给朱元璋的上书中说得很清楚。他说："古之为士者以登仕为荣，以罢职为辱。今之为士者，以溷迹无闻为福，以受玷不录为幸，以屯田工役为必获之罪，以鞭笞捶楚为寻常之辱。"士人以不闻名于朝廷为福，可见士人是多么不乐仕进。然而，明初人不乐仕进的记载很多，但更多的记载是不得不应征赴任的记载。洪武年间征辟天下贤才，被征的人多选择逃避。朱元璋则采取更残酷的手段，逼迫被征者必须供朝廷驱使，"有司敦迫上道，如捕重囚"。苏州儒士姚叔闰、王叔谔以儒者举于朝，二人"因循破调，不行赴京以就官位"，"事觉枭令"，被砍了头。不赴征会死，赴征可能得祸，便是当时的事实。福建同安人刘驷在洪武十五年被征入朝，临行时，他的父亲刘宝抱其入怀，"痛啮其臂"，说："呜呼，自今以后吾不得见汝矣！"儿子被征入朝做官，对于父亲来说竟然像是生死诀别。数年之后，刘驷果真因为在奏疏中不称"臣"而称"我"这样些小的文字之误获罪，被贬谪到云南，父亲刘宝听闻之后反喜，说："若遭贬，吾儿得生矣。"做官意味着奔往死路，贬谪反而得生，这便是洪武一朝官场的悖论。解缙在《大庖室封事》中批评朱元璋说："建不为君用之法，所谓取之尽锱铢；置朋党倚法之条，所谓用之如泥沙。"这对朱元璋的人才政策可谓一语中的。

　　常言道，水清无鱼。在一种没有任何个人空间的体制中，人的积极性无从谈起。这种苛察，确实制造了明初比较清明的吏治。明初的清官循吏特别多，不像晚明时代，出一两个海瑞之类如凤毛麟角。但是，士大夫们的日子太难熬。所以明朝的人就感慨说，洪武朝的士人们不乐为朝廷所用，但又畏祸不敢隐遁，大概是之前士人们欠下的债，要在这一朝全部还清吧！一些性格倔强的士大夫开始以别样的方式反抗，但反抗的结局是受到更残酷的镇压。曾秉正，曾经是朱元璋信任的一个大臣，在多次受辱被黜还乡时，一赌气，声称自己没钱还乡（可能也真是没钱还乡），将自己四岁的小女儿卖了。朱元璋听说此事，做得更绝，将曾秉正阉了，说："曾秉正能卖自己的女儿，就不配再有后代。"反抗的结果，注定失败。

苛察、不容分辩、法外用刑，这便是朱元璋对士大夫们的态度。面对朱元璋，没有讨价还价，只有绝对服从。于是，在绝对服从的表象下，便有消极的反抗。他统治下的官僚机构面对如此强势的雄猜之主，常感觉祸福难测，变数过多。因此，朱元璋统治时代的吏治看似清明，但在吏治清明的背后却是官僚集团的集体不作为和失语。士大夫们便集体以"无为"来对抗朱元璋的"有为"。朱元璋很早就发现了这一问题。1367年，朱元璋说："忠于国家的人，遇事必言。近来我说什么，百官但唯诺而已。这哪里是人臣事君之道啊？"但做臣的人也有自己的推辞。洪武九年，侍臣就说了："陛下聪明天纵，孜孜为治，事无缺失，群臣非不欲言，但无可言者。"意思是说：您朱元璋天生聪明，又吃得苦，认真做事，哪里会有什么闪失啊！不是我们不说，实在是没有什么可说的啊！在一种极度专制形成的盛世中，群臣们闪烁的目光、卑屈的语态，构筑了一个无声的世界。这是一种"具有压抑性的社会秩序"。汉学家卜正民在其名篇《纵乐的困惑：明代的商业与文化》一书中引用晚明歙县知县张涛的比喻，将包括洪武时代在内的明初比喻成"冬季"，而冬季是"安详和静谧的"，不过这种静谧与秩序的生成，是"三分之一的世外桃源、三分之二的严刑峻法"。

朱元璋的一种统治艺术，对他所追求的"长治久安"是否有利？在接下来的一场南北之间的内战中，朝廷军队被来自北方的"叛军"频频击败，而大部分人都以其为帝王家事而甘心做一个旁观者。朱元璋对功臣的屠戮，虽然消弭了异姓对朱氏王朝的威胁，但却也削弱了朝廷对地方藩王的控制能力；他对于臣民近乎残酷的控制，则削弱了臣民的担当精神。于是，一个懦弱的皇帝，被一个雄心勃勃的藩王赶下了台。那位皇帝以其悲剧性下场而在明史中很著名，即建文帝。那位雄心勃勃的藩王登基之后，成了后来的明成祖永乐皇帝，则以喜欢大工程和构筑宏大的帝国事业而彪炳于明史。

参考文献

吴晗：《朱元璋传》，北京：生活·读书·新知三联书店，1965年。
孙正容：《朱元璋系年要录》，杭州：浙江人民出版社，1983年。
黄冕堂、刘锋：《朱元璋评传》，南京：南京大学出版社，2011年。

朱棣

大视野与帝国想象

朱棣履历表

姓名	朱棣
庙号	太宗、成祖
籍贯与出生地	祖籍句容,出生于应天府(今江苏南京)
家庭出身	明太祖朱元璋第四子,自称母亲为高皇后,学者多怀疑其母为碽妃
生卒年及所处时代	1360—1424,明朝第三位帝王
生平履历	洪武三年(1370),封为燕王,藩邸在北平(今北京)
	洪武九年(1376),纳徐达之女为妃
	洪武十三年(1380),之国北平
	建文元年(1399),以"奉天靖难"旗号反叛朝廷,挑战其侄朱允炆
	建文四年(1402),朱棣攻陷南京,登基称帝。建文帝朱允炆不知所终
	永乐三年(1405),派郑和下西洋。后来郑和受命七下西洋
	永乐四年(1406),派张辅率军进攻安南,次年将安南并入中国版图,改名交趾,设交趾布政使司
	永乐八年(1410),朱棣北伐,在斡难河击败蒙古鞑靼部之阿鲁台。此后,朱棣屡次兴兵征伐蒙古各部:永乐十二年(1414)打败瓦剌部;永乐二十年(1422)至永乐二十二年(1424)又三次与阿鲁台的鞑靼部作战。朱棣与蒙古的战争,明朝人称为"五出三犁"
	永乐十九年(1421),正式迁都北京
	永乐二十二年,北征返回途中,病逝于榆木川

1399年，燕王朱棣公开反叛朝廷。反叛的理由或借口，便是建文帝违反了祖制，背离了太祖所定下的祖训。从某种角度来看，这些指责是符合事实的。建文帝肯定与他的祖父朱元璋的政见不完全相同。幼弱的建文帝自小生活在深宫之中，而围绕在他身边的人物也大部分是儒臣，他的年号"建文"与祖父的"洪武"在词义上也似乎相反，这多少反映了他希望在祖父严酷的政治风气之后，代之以一种雍容儒雅的气息。武将的地位也在下降，黄子澄、方孝孺等一帮儒臣得到重用。以礼治国被强调，而不再是太祖的重典治国了，如禁止以朱元璋所定《大诰》来断案。甚至，官职的设置也在发生改变，增设或更换了一些更"古典"的称谓，如在六部的尚书与侍郎之间加入"侍中"一职，不少官职按照《周礼》改名。当然，最重要的是建文帝开始试图削夺藩王的权力。在他即位半年之内，他连续削夺了周、齐、湘、代、岷五位藩王，试图改变"亲藩"体制，进一步强化中央集权。总之，一切在改变，似乎离明太祖朱元璋的设计越来越远了。在建文帝羽翼未丰、统治未稳的情形下，这样做的直接后果便是引起了藩王的反抗。明人朱鹭在《建文书法》一书中精辟地指出："建文亡国二大端，削亲藩、更祖制而已。"于是，建文一朝的四年，也就与燕王朱棣的"靖难之役"相始终，而最终以朱棣取胜结束。然而，进入南京登上帝位的朱棣，是否又决意完全地恢复和遵循祖制呢？接下来的永乐一朝，又将如何打上朱棣的个人印迹呢？

一、继承祖制还是突破？

朱棣登上帝位，表面上要恢复旧制，相关的措施也不少。之所以要恢复旧制，是因为"靖难"的旗号就是要保护和延续朱元璋所设的祖制。胜利之后不恢复祖制，则所谓的"靖难"则师出无名了。例如，朱棣登基之后，吏部奉命将大量官职重新改回为太祖洪武时期的官名，其职官的额数设计也全恢复旧制。当时的吏部尚书蹇义就留下了一部详细的奉诏恢复洪武旧制而上呈的造册文书——《吏部四司条例》，详细记载如何把建文朝官守恢复到洪武时代的模样。然而，另一方面，事实证明，恢复祖制只是朱棣打出的旗号，他在胜利之后的治国行政，其实与太祖的国策越行越远。

这样说不是要指责朱棣。与其说祖制是要求人们世代遵循，倒不如说祖制终归会被突破，因为任何一种制度都不会适应任何时代。从洪武朝到永乐朝，明代的政治制度发生了根本性的改变。

1. 从反对削藩到变相削藩

建文帝的削藩没有解决问题，反而导致了自己的覆亡。朱棣打着反对削藩、维护祖制的旗号上位，但最后却不得不为皇权的稳固而着手第二轮削藩。

建文朝已成历史，但其削藩的路线却为朱棣所延续。不过，对于朱棣来说，削藩的压力更大。在发动靖难之役时，燕王代表着藩王们的利益。那些被削夺的、即将被削夺的或者害怕被削夺的藩王们，都欢欣鼓舞地盼望着燕王把朝廷推翻。据说在燕王与朝廷的决斗中，到最后唯一站在朝廷利益上的只有分封在四川成都的蜀王朱椿。那位受建文帝重用的谷王朱橞，还是带头打开金川门迎接燕王进入南京的人。投桃报李，朱棣进入南京后，也很快恢复了被建文帝削夺的周、齐、代、岷四王的爵位。藩王们也都梦想着继续享有当初的尊崇与权力。因此，在朱棣登基后的一段时间内，他给藩王带来了一个暂时的盛世。

但是，如果要加强皇权和中央集权，对藩王的优礼就不可能永远持续下去。作为皇室宗长的朱棣，在亲身体验过以藩王的身份挑落建文朝廷之后，还真的会像他的父亲那样再给弟侄们挑战中央的权力吗？其实，在以藩王的身份掀落朝廷的靖难之役成功的一刹那，从朱棣登上宝座的那一刻起，藩王在朱棣的脑海中应该就不再是站在自己身后的支持的力量，而是随时可能再次燃爆的火药桶。他以他的亲身经历深刻地理解了削藩的必要性。

但是，朱棣是一个成熟的政治家，所以他不会像建文帝那样在政权未稳的情况下就开始着手处理如此复杂而敏感的问题。他采取的是渐进的、稳健的"削藩"方式，严格来说实际上是"弱藩"而不是"削藩"，也就是仍然留给藩王们绝对的体面与尊崇，但暗地里却削弱他们的政治实力和军事实力。要保证藩王的体面，就是要让藩王的地位始终凌驾于群臣之上。兵部尚书忠诚伯茹瑺路过长沙，因为不谒见谷王朱橞，被人弹劾为违背祖制。朱棣没有向着茹瑺。于是，茹瑺自知难免一死，便服毒自杀，其时为永乐七年（1409）。这也可以看到，在永乐初年，在藩王与大臣的权衡间，朱棣更重视藩王。人们分析说，这说明永乐朝廷的政治文化是"重藩王礼"的。

表面上朱棣给了藩王们一定的优待，但是暗中的防范与抑制却从一开始就已经着手进行。削藩与节制藩王权力的伏笔在永乐初年就已经埋下。永乐元年（1403），朱棣命令有司说："自今王府非得朝命，不许擅役一军一民及敛一钱一物，听从者有罚。"这样的一道命令，等于是授予地方有司抗衡王府的权力。在"削藩"问题上，朱棣首先要做的就是从军事上解决藩王挑战中央的能力。他先是改变了原先在北部边疆一带的藩王拥有巨大军事权力而拥兵自重的局面。分封在西安和大同的秦、晋第一代藩王已经去世，继任的是朱棣的子侄辈，所以不用客气。相反，他还借机加以警告。永乐元年，秦王朱尚炳入朝，路过潼关时恰逢夜间闭门。秦王命人叩关，镇守潼关的指挥使姚镇按照朝廷夜间不得开启城门的规矩拒绝开门，竟使朱尚炳露宿于潼关之外。入南京后，朱尚炳对朱棣哭诉此事，但朱棣未予理睬。不久，姚镇入京，朱棣却再问起此事。姚镇说："潼关，国家重地也，臣止知陛下，非知秦王。"身处朝廷与亲王之间时，做臣子的态度应当如何，姚镇是非常清楚的。姚镇这样一种"止知陛下"而不知藩王的态度，正是朱棣所要的。因此，朱棣非常高兴地说，像姚镇这样的人就是国家的"锁钥之臣"，赐钞以褒奖。这无异在抑制之前人们对藩王无原则的尊崇。而且，秦、晋二王虽仍在北方，却再无受命节制沿边军士进行对外作战的机会了。相反，他们的护卫部队后来不断地被抽调去防边，且久假不归，化整为零，军事实力不断地在下降。对原先在北疆的其他"塞王"，如原来镇守大宁的宁王、镇守宣府的谷王、镇守广宁的辽王，则分别改封到内地的南昌、长沙和荆州。封国在开原的韩王、沈阳的沈王，由于尚未之国，则分别改封平凉和潞州。如此一来，朱棣尽徙东北诸王，渐失太祖经营东北之原意。而且，为了削弱藩王，在改封的同时已行削弱之实。1402年九月，朱棣敕辽王植："贤弟以辽地荒远，经涉海洋，馈运为难，固请改国荆州，且以广宁重镇，就留三护卫于彼，以益边防。欲于荆州别给一卫，备使令，……勉从所请。"从这道敕谕看，改封后的辽王，其护卫军数量从三卫变成了一卫。虽然仍然是好地方，也有护卫军，但较之当初塞外的劲矢肥马铁骑，军事实力大为削弱。永乐元年，宁王朱权之国南昌。朱棣放弃大宁的理由，表面上是"大宁兵戈之后，民物凋耗"。然而，所谓凋零，又能比元末明初之未重建之时更凋零？所以，背后的原因只是不便明说罢了。然而如此一来，太祖以诸王镇守北疆的国策无形中被放弃了。

其次，朱棣加紧对藩王的约束。对屡行不法的周王、齐王、谷王，朱棣进行直接的惩戒。周王朱橚是明太祖朱元璋的第五子，也是朱棣一母同胞的弟弟。在永乐初年，他也是皇室中除朱棣外辈分和尊位最高的一位。而且，他在洪武年间也多次参与边境的军事活动，有一定的军事才能，因此一度是朱棣的重点防范对象。永乐七年五月，北巡至北京的朱棣密敕南京监国的太子朱高炽说："比伊王来言，前经汴梁，见周王出语忿恨，心不可测，尔宜加意防慎。"可见，朱棣对于藩王的防范心理从未解除。后来，在默会皇兄心理之后，周王朱橚改弦易辙，转而沉湎于诗词歌赋和药物学，编辑过《救荒本草》等书。齐王朱榑生性凶暴，建文朝曾被革去爵位，在朱棣即位后恢复爵位，仍然分封于山东青州府。然而，回到青州府后的朱榑举止更无人臣之礼。他命令王府护卫军据守青州府城，不让守吏登城，并且将想要告发他的守吏李拱等人杀害灭口。永乐四年（1406）五月，朱榑入朝，廷臣当面弹劾他。朱榑竟然暴怒说："奸臣喋喋，又欲效建文时耶？会尽斩此辈。"这大概触动了朱棣。如果此时还有所谓的"奸臣"需要朱榑来斩，自己岂非将来的"建文"！于是，朱榑被囚禁，同年八月被废为庶人。谷王朱橞自恃开南京的金川门有功，改封长沙后心怀不满，终日招降纳叛，收留亡命之徒，修造战舰弓弩。王府长史对他进行规劝，竟被他磔杀。蜀王朱椿之子朱悦燇逃匿谷府，朱橞便诡称朱悦燇就是遁迹的建文帝，用以号召人心，反对朱棣。永乐十四年（1416），蜀王朱椿告发此事。朱棣将朱橞召入朝中，次年正月废黜，禁锢终身。

可见，朱棣恢复祖制的前提，是要继续维护和加强皇权。之后的洪熙、宣德等朝，对藩王的约束和管控日趋严密。不利于中央集权的祖制，被后代新君们剥离得只剩下了形式。另一方面，藩王完全被剥夺了参与政治的权力，使得庞大的朱姓宗室成为坐享其成、无所事事的一个阶层，到十六世纪后对国家财政构成了重大的负担，成了一个始终无法切除的赘疣。

2. 设内阁代行相权

朱元璋对政治体制最深刻的改变就是废除了延续一千多年的丞相制度，并对后世复设丞相一职做了严格的防范。他的孙子建文帝不敢在这一问题上违反祖制，尽管他将朝政的处置寄托在方孝孺、黄子澄等人身上。作为翰林学士的方孝孺，在建文朝起着辅政的重大作用。这一方面是方孝孺与建文帝之间密切的关系所致，而也可能是延续了自洪武朝末年以来翰林院官员承制顾问的功能。朱棣一样，也没有改变不设丞相的祖制，但却以翰林院官员入阁的方式开启了明代的内阁制度。

朱棣登基不久，命令七名品级相对较低的文官进入翰林院，以翰林院官员的身份替他出谋划策，备顾问。这七名文官分别是解缙（34岁）、黄淮（36岁）、胡广（33岁）、胡俨（43岁）、杨荣（32岁）、杨士奇（37岁）、金幼孜（35岁）。七人年龄都不大，岁数最大的胡俨在永乐二年（1404）改任国子监祭酒，而其他六人基本上未再改任其他官职。实际上，正是朱棣本人要求内阁学士们久于其职，以便更好地起到辅政的作用。他明确要求吏部不要将内阁学士们改任他职。因此，除了解缙在永乐五年（1407）失宠、黄淮曾因太子的关系在永乐朝后期坐了十年牢外，余下的四人始终活跃在内阁中枢。胡广在永乐十六年（1418）逝世，但黄淮、金幼孜活到了宣德年间，杨荣和杨士奇则活到了正统年间。在内阁时间最长的，如杨士奇，历经永乐、洪熙、宣德、正统四朝，在内阁中四十余年。

内阁大学士们入阁时很年轻，到朱棣晚年时均不超过六十岁，更兼出入宫禁，伴随皇帝，了解很多机密重事，也就越来越成为皇帝离不开的左右手。朱棣更是一度将内阁群体一分为二：杨荣、金幼孜二人追随朱棣巡视北京和北征，协助朱棣处理军国重事；杨士奇、黄淮则留在南京协助太子监国。由于永乐朝后期皇帝与太子间的微妙关系，黄淮曾受十年牢狱之灾，杨士奇也一度入狱，但因此他们却与太子朱高炽结下了深厚的个人感情。杨荣、金幼孜两人在北征途中教育皇太孙朱瞻基，也与朱瞻基结下了个人感情。可见，长期身处于机密枢要之地，为内阁学士们不断赢得了地位与荣誉，而漫长的伴随君主、太子、太孙的经历和丰富的政治经验、年龄的优势，是永乐年间内阁大学士地位不断上升的关键。永乐初，阁臣地位不及六部尚书，但是皇帝对他们的赏赐有时会跟尚书相同。《明史·解缙传》记载："永乐二年，皇太子立，进缙翰林学士兼右春坊大学士。帝尝召缙等曰：'尔七人朝夕左右，朕嘉尔勤慎，时言之宫中。恒情，慎初易，保终难，原共勉焉。'因各赐五品服，命七人命妇朝皇后于柔仪殿，后劳赐备至。又以立春日赐缙等金绮衣，与尚书埒。缙等入谢，帝曰：'代言之司，机密所系，且旦夕侍朕，裨益不在尚书下也。'"在朱棣看来，内阁大学士职涉机密，在政治生活中的作用不下于六部尚书，因此对他们给以与尚书相等的赏赐，他们的夫人也被皇后请入宫中做客。到洪熙、宣德年间，杨士奇等人在内阁大学士的位置上都是数朝的老臣，且不断地加官晋爵也使他们的品秩超越了六部尚书。到宣德年间，内阁获得代皇帝在奏疏上票拟意见的权力——票拟权，使得内阁在政务处理方面进入中枢位置获得了制度上的保证。从此，内阁不仅可以备参考，而且实际上可以控制决策的过程，从而获得了至少部分的"相权"。

从严格意义上说，朱棣设内阁并没有突破朱元璋不设丞相的祖制，内阁大学士也从来没有被正式地确认具有丞相的地位与权力。但是，内阁在明代中后期代行了大部分相权却是不争的事实，明代中后期的内阁大学士也都俗称为"相"。《明史》于解缙诸人传后赞云："明初罢丞相，分事权于六部。成祖始命儒臣直文渊阁，预机务。沿及仁、宣，而阁权日重，实行丞相事。"他们没有丞相的名分，但有丞相的职权，无相之名，却有相之实。《明史》卷一百九《宰辅年表一》中说，明代内阁大学士"偃然汉唐宰辅，特不居丞相名耳"！所以，朱棣设内阁之举，以及他对于内阁大学士的宠任，包括他让内阁大学士继续辅导太子、太孙的安排，客观上都为内阁成为潜在的"相"做了铺垫。

3. 委任宦官参与政治

朱棣也开创了明代的宦官政治。在太祖时代，朱元璋鉴于汉唐宦官乱政的教训，对宦官干政严加打压，禁止宦官"典兵预政"，甚至在宫中铸铁牌，颁示各司，以示警告，下令"内臣预政者必诛"。太祖对这些"刑余"之人的职能定位仅仅是"备洒扫"而已。当然，事实上明太祖也任用宦官，如让宦官"传命四方"。在这种背景下，内臣也频繁出使，不仅有宦官独行，也有与文臣共同出使的例子。只是，洪武朝的宦官在太祖的严格管驭下，从不敢干窃权力，对于正常的行政、军事制度影响很小。建文帝据说驭内臣更严，曾下诏说，内臣"出外稍不法，许有司械闻"。

然而，朱棣的经验不同。燕王府中不少宦官在靖难之役立下战功，如郑和、小名"狗儿"的王彦均立下军功，以军功得幸。从某种意义上来说，这批王府宦官与丘福等原来的王府护卫军将领一样，是朱棣夺取政权的最核心力量。他们虽然不能封公封侯，所受到的宠信却是相同的。另外，建文帝身边的宦官们在燕王逼近江北时多逃入燕王军中，向朱棣提供情报，使朱棣对于朝中虚实一清二楚，也算是为燕王靖难立下功劳。当然，酬报只是原因之一。更深层次的原因大概还在于皇帝需要绝对信任的部下。朱棣以藩王起兵夺取帝位，即位后既要镇压建文旧臣的反抗，又要监视藩王，则势必要加强对军队的掌握。自朱元璋以来，皇帝一贯视宦官为自己的家奴，对于他们较之对外朝的士大夫有更多的信任。因此，朱棣公开任用一批从起兵有功的宦官担任要职，掌握军队，了解各地动向，遂有监军、镇守太监之名目。于是，永乐朝的宦官开始干预政治，先是带兵，或被派往出使远洋，或监军；之后是派出去镇守各地；再然后则是为皇帝打探消息，设置东厂以行使特殊监视任务。《明史·宦官传》说："盖明世宦官出使、专征、监军、分镇、刺臣民隐事诸大权，皆自永乐间始。"这虽然有些过度透过于永乐一朝了，但是以宦官专征、监军、镇守等影响地方行政和军事的做法，确实始于朱棣。

宦官出使者中最有名的是郑和。郑和本姓马，字三保，昆阳（今云南晋宁）人，洪武朝入宫，供职于北平燕王府。成年的郑和"身长九尺，腰大十围，四岳峻而鼻小"，"齿若编贝"，"声音洪亮"。人们还用"博辨机敏""谦恭谨密""知兵习战"等词赞誉郑和。英俊的仪表以及机敏的性格，使郑和很快得到朱棣的重视。洪武末年，1393年到1397年，郑和已经开始跟随燕王对蒙古作战。在靖难之役中，郑和又立下了赫赫战功。《明史·郑和传》记载，郑和"从燕王起兵靖难，出入战阵，多建奇功"。作为回报，郑和在永乐二年升为内官监太监，赐姓郑，成为永乐皇帝朱棣最信任的宦官之一。一年后，郑和受命远航西洋，开启七下西洋的伟业。此外，出使的宦官还有不少。宦官王进在永乐三年（1405）曾出使日本；晚年居中用事的宦官黄俨，曾出使朝鲜；司礼监少监侯显，曾多次出使西域。宦官监军者中，常为人所知的是马骐。他在永乐朝征安南时在丰城侯李彬的军队中担任监军，后来在安南每年办理贡物时大肆贪渎，贻害一方，而朱棣却不闻不问。北部各镇部队中负责火器的神机营，也一般由太监掌控。此外，受命监京营的王安、出外镇守的王彦、出镇甘肃的马靖，也都是朱棣宠信的太监。御马监少监海寿，是朱棣晚年身边最亲信的太监。在朱棣于榆木川驾崩后、洪熙元年（1425）五月仁宗皇帝驾崩之后的空档期内，海寿两次负责驰报太子，在当时的政治中发挥了重要作用。永乐十八年（1420），朱棣设立东厂，也交由宦官掌控。这意味着从此一个宦官控制的机构可以正式地对士民进行监视。

宦官在永乐朝政中起到如此广泛而重要的作用，是祖制所不许的，是朱元璋所不愿意看到的。不幸的是，对于禁止宦官干政的祖制的突破所带来的后果和流毒，越来越恶劣。跟朱棣政见不同的洪熙皇帝朱高炽尽管推翻了朱棣的很多做法，但却像他的父亲一样继续重用宦官，设置镇守中官，派宦官采买。宣宗朱瞻基延续了重用宦官的政策。除保留父亲时代留下的守备太监与镇守太监——如继续让太监郑和、王景弘守备南京——之外，宣宗往各地尤其是边镇派遣太监镇守的做法则更为普遍，如云仙镇守云南，山寿镇守交阯，郭敬镇守大同，王安镇守甘肃，亦失哈镇守辽东。除了往边镇与内地十三布政司派遣长期镇守的太监之外，太监还往往临时参与重要军政事务，甚至在皇帝离开京城时与公侯大臣一齐承担留守的重担。当皇帝不愿勤政时，他会将参照内阁大学士票拟以朱笔批阅奏章的任务交给司礼监太监代行，从而使内阁大学士的"票拟"权从属于司礼监太监代行批红之权。这直接导致了明代第一位篡权乱政的司礼监太监王振的出现，而王振的乱权使他有足够的影响力让年轻的英宗皇帝冒险亲征，直接导致了后来的土木堡之变，给明王朝带来了一次巨大的灾难，这或许是朱棣始料未及的。

二、篡夺阴影下的突围之一：文治

朱棣以军事手段夺取帝位，"篡夺"的阴影始终笼罩着他。"奉天靖难"的旗帜打了四年，虽然侥幸成功，但其难以自圆其说大概没有人比朱棣更清楚。以惨无人道的手段把忠于建文帝的诸臣当作叛逆和奸臣诛杀，倒是顺着"靖难"的逻辑了。就像朱棣在永乐初年任命的都察院都御史陈瑛诛杀建文忠臣时所说的，"不以叛逆处此辈，则吾等为无名"。屠杀前后达十余年，直到永乐十一年（1413）才"解建文诸臣禁令"。然而，问题是，靖难之役不只是诛杀了几个"奸臣"，而是把皇帝也烧死了或至少是弄得下落不明了，自己再顺理成章地做了皇帝，这又到底是"靖难"还是篡位呢？在当时民间，尤其在江、浙等南方地区，同情建文帝的大有人在。临海人高贲亨在《东湖樵夫传》中记载了当地一名樵夫,鬻薪于东湖之上,当人们告诉他说:"燕王为天子矣。"樵夫说:"真的吗?那当今皇上在哪儿呢?"别人告诉他建文帝已死,樵夫随即便投水而死,以示不齿于生活在朱棣的新政权下。此故事本身未必真实,但其所反映出的永乐初年民间的不合作精神却是真实的。这样的舆情民意,朱棣不会不知道。在其统治的数十年中,篡夺的阴影其实犹如原罪一般始终伴随着他。对于合法性的迫切追求,是永乐皇帝的最大心结,我们也可以此窥测到他一系列做法背后的心理动机。因此,如何走出篡夺的阴影,是他此后数十年努力的方向。

1. "奉天靖难"的构筑

历史是胜利者书写的,胜利者也可以篡改历史。让忠于建文朝的人停止他们的反抗并不是最难的,起码还有屠刀可以让人闭口、缩手;真正困难的是身后的名声,因为篡夺者的标签可不是想抹就能抹去的,史家之笔、后人之口,应该如何逃避?对于朱棣而言,要摆脱篡夺的阴影,证明自己所取得的皇位的合法性,最迫切的是要按照自己的立场来撰写和修改历史记载。欲灭其国,先亡其史。为了证实自己靖难的合法性,朱棣不仅革除了建文朝四年的年号,以莫名其妙的洪武三十二年、三十三年、三十四年和三十五年来取代建文元年(1399)到四年的纪年,还销毁了大量的建文时代的档案,编纂了《奉天靖难记》,又几次修改了建文帝编纂的《明太祖实录》。

建文的年号既已被革除,1402年6月朱棣即位以后的半年,则仍然用洪武三十五年来纪年。自然,朱棣也绝不会为建文帝修实录。入南京大内之后,朱棣将建文朝四年内诸臣所上的奏疏一千余通,除了关系钱粮军马之类有利于接下来掌握国家情况的奏疏偶尔留下来的,其他大量的涉及与燕王作战之谋略的、有冒犯燕王之处的,均予以销毁。建文忠臣像方孝孺等人的文集,也在严禁之列。私藏方孝孺文集的人将被处死。永乐元年的翰林院庶吉士章朴就因为家藏方孝孺的文集，被友人杨善告发而被处死。通过对建文朝原始资料的销毁与查禁，人们就不再能真切地感知建文朝的统治风格及其历史。

销毁与禁止之余，朱棣对建文帝进行丑化，而《奉天靖难记》就是这样一部极难让人信服的史书。《奉天靖难记》没有标明修纂者，但王崇武先生认为它是官修的史书，时间大概在永乐二年四月立太子后至永乐十六年三修《明太祖实录》修成之前，其突出的特点就是诋毁建文帝和为朱棣辩解。对于建文帝的诋毁包括：一是不孝，说他拿着剑指着朱元璋的棺木说："现在你还能说话吗？还能督责我吗？"并且焚毁太祖及高皇后的肖像；二是骄奢淫逸，沉湎酒色，服药乱性；三是倚信宦官，进退大臣皆取决于寺人。这与我们平时所知的建文帝宽仁的形象是完全颠覆的，是刻意的诋毁，因为无论是永乐年间曾经辅导过建文帝的王达在接受朱棣的质询时所评的建文帝"可与为善，但辅导者非人"还是作为旁观者的朝鲜使臣所说的"建文宽仁而亡"之语，都不可能将建文帝与《奉天靖难记》中所述的比商纣王还丑十分的形象联系起来。故王崇武先生说，《奉天靖难记》一书的编纂可以"称快于一时"，让朱棣君臣过足了谩骂的干瘾，却"实难征信于后世"，因为历史终归不可能永远而且完全歪曲。

永乐初年因丑化建文帝并美化朱棣的动机而出台的书籍还有一些。例如，托名为皇后徐氏所撰的《大明仁孝皇后梦感佛说第一希有大功德经》，就捏造说观世音曾托梦对时为燕王妃的徐氏说"后妃将为天下母，福器深厚，觉性圆明"，暗示说她将来会成为皇后。这无疑是鼓吹燕王的登基为帝不是篡夺，而是"天命"和神意。

2. 改《实录》：皇位继承的"合法性构建"

除了建文朝的历史，洪武年间的历史也是朱棣要修改的，因为它直接关系到自己与建文帝谁更合法的问题。因此，朱棣要篡改建文朝所修的《明太祖实录》，目的一则是将建文四年的建文皇帝作为一个正统的皇帝的史迹全然抹除，二则将《明太祖实录》中洪武末年涉及自己与建文帝的事情重新改写，以便留下有利于自己的记载。建文元年，在礼部尚书董伦等人的主持下，朝廷开始修纂《明太祖实录》，在建文三年（1401）十二月进呈。参与修纂的人员中就包括后来永乐至正统前期的名臣——内阁大学士杨士奇。杨士奇实际上正是在洪武三十一年（1398）建文帝刚即位时招来充当纂修官的。

建文朝所修的《明太祖实录》自然已被毁干净了。然而，《明太祖实录》初修是由建文帝的文臣们完成的。那时候，朝廷与燕王的军队激战正酣。虽然今天已无法看到初修的《明太祖实录》，但可以想见其中是不会为正在造反的燕王说什么好话的。透过一些一鳞半爪的后人的评述，大概可以知道建文朝版的《明太祖实录》绝不会对朱棣有正面的记载，因为历史的编纂往往会有现实的关照。明代学者沈德符在《万历野获编》中说："文皇新即位，以前任知府叶仲惠等修《太祖录》，指斥靖难君臣为逆党，论死籍没。"可见，叶仲惠等人获罪的原因在于他们在修《明太祖实录》时把燕王朱棣和他的部下称为"逆党"。叶砥在建文元年召为翰林，修国史，在永乐初年也"坐修史书靖难多微词，被逮，籍其家"，只是因为家中没有财产，只有图书数箧，他的清廉才重新为朱棣所认识，他才没有被治罪，并且"仍与史事"，即负责修史，当然只能再按朱棣的意愿修史了。杨士奇没有获罪，或是因为他尽早地表现了转投朱棣的愿望。从这一件"文字狱"来看，朱棣一即位便已关注史书载籍中自己的形象，并决意要通过政治力量和重新修纂来改变。于是，《明太祖实录》的重修就势在必行。

洪武三十五年（1402）十月，朱棣准备重修《明太祖实录》，理由是那部在建文朝所修的实录"遗逸既多，兼有失实"，又说方孝孺等人修史时"任其私见，或乖详略之宜，或昧是非之正"。重修的任务，交到曹国公李景隆和忠诚伯茹瑺身上。他们以前是建文帝的重臣，后来归顺朱棣。任用他们，一则是因为他们久处朝廷，熟悉朝章典故，较朱棣身边的那班护卫军武人更通笔墨；二则大概也可以借此再试试他们的忠诚度；三则树立一个归顺者被优待和被信任的样板；四则可以使新修的《明太祖实录》相对更有权威性，因为李景隆和茹瑺于旧朝而言是旧臣，于新朝而言是新人，足以弥缝其间。况且，朱棣最信任的那些武将，应该有更重要的事要做，比如出镇以掌控各地军事。所以，用朱棣当初骂作"志大而无谋"的"人奴"李景隆为监修官，来做这样的可轻可重的事情，再合适不过。朱棣下令重修《明太祖实录》时颁给李景隆等人的敕谕中说："尚端乃心，悉乃力，用著成一代之盛典。"为皇帝办事，"悉乃力"可以理解，"端乃心"就几乎有嘲弄的嫌疑：你们为我重修《明太祖实录》，心术要端正啊！这不是在骂人嘛！当然，从后来的《进实录表》来看，重修《明太祖实录》的总裁另外还有一人，即内阁学士解缙。从1402年10月下令重修，仅仅八个月之后，第二版《明太祖实录》就进呈了。李景隆随《明太祖实录》上了一份进呈的表，署名者自然是李景隆，而文字则主要出自解缙。进呈表也不会把修改的情节记下，不过从解缙的进表中可以知道二修《明太祖实录》为一百八十三卷。然而，李景隆在永乐二年便被削爵，解缙于永乐五年遭贬谪，茹瑺于永乐七年自杀。三位总裁相继获罪，他们所编纂的书自然有理由重新修纂。

永乐七年朱棣巡幸北京，开始命令翰林学士胡广等重修《明太祖实录》。但我更愿意相信，这是利用北巡相对空闲的时间让胡广去抽查第二版《明太祖实录》的问题。检查的结果显示，李景隆等人果然"心术不正，又成于急促，未极精详"。于是，永乐九年（1411）十月，朱棣正式命令第三次重修，而监修者是太子少师姚广孝、户部尚书夏原吉，胡广等翰林院官员为纂修官。姚广孝是一个有大智慧的和尚兼政治家，又是朱棣燕王府的旧人，足可放心。七年之后，永乐十六年，第三版《明太祖实录》进呈，共二百五十七卷。从二修的一百八十三卷到三修的二百五十七卷，卷帙上大大增加。可以想见，所增加者大概除了粉饰之词，更多的是预先为朱棣的"靖难之役"所作的文字伏笔。朱棣在五月初一日的序中，却一字不提第三次改修之事，而只说自己命史臣修纂太祖的实录，以便子孙后世"仰而承之"。

现在人们能看到的《明太祖实录》就是第三版，之前的第一版毫无疑问地在第一次重修时便毁了，而第二版据清初的学者顾炎武说，他曾经在开封周王府的明代皇室中最著名的藏书家朱睦㮮家里见过，但遭明末开封河缺之后已淹没在滔天洪水之中。所以，第二版《明太祖实录》与第三版有什么不同，也已不可知。不过，清初曾经主修过《明史》的学者徐乾学推测说："前二书不可得见，大要据实直书，中多过举。成祖为亲隐讳，故于重修时尽去之。"意思是说第二次修的《明太祖实录》对于太祖的生平仍然多据实直书，因此也会暴露朱元璋的一些不好的举措与行为，而朱棣"为亲者讳"，想把他的父亲朱元璋粉饰得更完美一些，才会有第三次修纂的行为。然而，果真只是"为亲者讳"吗？抑或真正的目的是为己讳？

倒是《明通鉴》的作者——清代学者夏燮——的推测颇有可能，三修《明太祖实录》的真正用意就是要证明朱棣是马皇后的嫡子。夏燮推测，李景隆所修的《明太祖实录》可能将朱棣和周王朱橚定为马皇后的嫡子，而将太子朱标和秦、晋二王都算作庶出。但是，如果是这样，谄媚虽已到了极点，但不免将历史篡改得过于厉害，骇人听闻。因为人们不免要问，朱标是哪位皇妃的庶出，不仅能自己成为皇太子，而且自己的儿子也可以成为皇太孙，再当上皇帝？弥天的谎言不仅要精心编织，更要平心而论。所以，在解缙获罪之后，当时必定也会有人向朱棣举报，解缙等人把懿文太子编造成庶出，是要故意地"留此罅漏，以滋天下后世可实"。因此，朱棣有理由怀疑第二版《明太祖实录》是仓促而成的，是粗疏的，也有理由怀疑李景隆、解缙等人故意留下一个丑陋的尾巴让后人揪出，"心术不正"一语大概因此而发。因此，到了杨士奇等人主修的第三版《明太祖实录》，便将太子朱标、秦王、晋王、燕王朱棣定为马皇后所生的四个嫡子。从此这种说法成为明朝的官方定论。这一修改的有利之处在于：在懿文太子、秦王、晋王等嫡子都先燕王朱棣去世之后，嫡四子朱棣是可合法即位的。第三版《明太祖实录》所记载的像朱元璋在东阁门召见群臣，说"国有长君，吾欲立燕王"的话，都可能是重修《实录》时增入的。对于燕王在洪武后期英武形象的塑造——如在对蒙古的作战中燕王勇决而晋王退缩——就被史家证明也是编造的谎言之一。

但是，一个谎言往往需要另一个谎言来弥补。弥补不好的话，就容易露出破绽。第三版《明太祖实录》还告诉人们，朱棣和周王朱橚为一母所生。既然马皇后只生了四个儿子，而四个儿子中没有周王朱橚，那么与周王朱橚同一生母的朱棣到底是谁生的呢？学者们考证，朱棣和朱橚其实是碽妃的儿子。朱棣让自己的生母湮没在史籍中，只是想让自己成为马皇后的嫡子，而成为嫡子只是想让自己的帝位更有合法性，仅此而已！

3. 修《大典》和《大全》：笼络文士与粉饰太平

明代最重大的文化工程几乎都是在永乐朝完成的，包括《永乐大典》以及与经学、理学相关的三部《大全》的编纂。后来编纂的《明太宗实录》把朱棣描写成一个特别"崇儒重道"的人物，说他爱读书，在向民间征集图书时强调要不惜成本。朱棣曾对臣下说："我在藩国的时候，特别喜欢读《易》。"做了皇帝后，朱棣仍然爱读书，视朝之暇常"御便殿阅书史"，"宫中无事亦恒观书"。他曾让礼部向全国收购图书，并对收购图书的官员们说："书籍是不可以讨价还价的。主人要多少，就给多少。只有这样，才能得到好书、奇书。"从这样的话来看，朱棣读书多少得读书之真味。可以这样理解，因为爱读书，朱棣才会兴师动众地找人将古代的重要典籍汇编起来，做出一部《永乐大典》的类书来。但是，刚刚做皇帝就忙不迭地要崇文重道，多少还是有一种粉饰太平的味道。

编纂《永乐大典》的想法源自朱棣。永乐元年，他指派内阁学士解缙负责编纂一部大书。他的想法是："天下古今事物散载诸书，篇帙浩繁，不易检阅。朕欲悉采各书所载事物类聚之，而统之以韵，庶几考察之便，如探囊取物。"应该说，由帝王组织人力编纂类书的传统自唐宋以来就一直延续下来，像唐高祖李渊令人编《艺文类聚》，宋太宗赵匡义令人编《太平御览》。从功能来看，类书很像今天的字典，方便检索；从内容来说，类书可以保存下大量的古代典籍，是保存文化的重要措施。朱棣指定的编纂人解缙，其实也是一直有为帝王编纂一部类书的打算。解缙在之前写给朱元璋的《大庖西室封事》中批评朱元璋喜欢汉代刘向的《说苑》、元人阴时夫的《韵府群玉》，说自己愿意"集一二志士儒英"，"上溯唐虞夏商周孔，下及关闽濂洛，根实精明，随事类别，勒成一经"，但当时没有得到朱元璋的支持。作为朱棣的顾问，解缙是否在修缮《永乐大典》的动议中起过作用，现在已不可知，但自其一贯的态度而言，相信他应该是很高兴地接受这样的一个任务的。解缙征募了147名学者来共同完成此事。像重修《明太祖实录》一样，任务完成得很快。十六个月之后，即永乐二年，一部名叫《文献大成》的类书编成。但是，两个月之后，朱棣决定对这部书重行纂修。重修的监修包括姚广孝、礼部尚书郑赐以及解缙，还有副监修刑部侍郎刘季篪，同时还命令儒士陈济为都总裁，翰林学士王景、侍读学士王达、国子监祭酒胡俨、司经局洗马杨溥等人为副总裁。值得一提的是以儒士的身份参与总纂的陈济。陈济是常州府武进县（今江苏常州）人，泛览群书，博闻强记，被当时人称为"两脚书橱"。陈济受荐入京，纂修人员凡有疑难，就向陈济求教，而陈济也常常随口应答，辨析无滞。当然，整个工程的参与人员还包括一般的纂修官和誊录人员。纂修官在永乐三年、四年、六年各征召过一次，一时间"天下老师硕儒，皆以纂修召至"。供抄写之役的誊录人员也很多，多达2169人。当然，不少纂修官和大部分的誊录者湮没无闻了。永乐六年（1408），大功告成，22877卷的成果，外加凡例和目录60卷，共装帧为11095册。朱棣对这一成果重新命名，称为《永乐大典》。《永乐大典》依《洪武正韵》为纲，按韵分列单字，每一单字下详注音韵训释，并依次将有关天文、地理、人事、名物以至奇闻异见、诗文词曲，随类收载，而所录书籍一字不易，悉照原著整部或整篇、整段录入，保存了大量的古籍。后来清代修《四库全书》时，从《永乐大典》中即辑出佚书五百多种。

不过，这样辉煌的巨作，朱棣并没有将它们刊刻，只是后来由明世宗朱厚熜命儒臣组织抄写了一部副本，从而形成正副两个原抄本。朱棣编纂了《永乐大典》之后却不愿刊刻，又束之高阁，储放在南京的文渊阁和后来北京紫禁城内的文楼，这似乎表明朱棣的本意并不是要借《永乐大典》来推动文化的发展。其真实的动机，也许明末清初的孙承泽说得很清楚。孙承泽在《春明梦余录》中说："靖难之举，不平之气遍于海宇。文皇借文墨以销块垒，此实系当日本意。"修《永乐大典》，不仅可以营造一种文化气息，还可以给那些还在留恋建文朝重文轻武政策的文士一种新的希冀，提供另一种途径的释放与释怀，让他们看到一个通过武力上台的新朝仍然有"右文"的气质。于是，文士们胸中那种梗塞着的不平之气，也许从此可以释放。没有刊刻的另外一个原因或许是朱棣对于获得博杂的知识不是最感兴趣。郭沫若先生评价《永乐大典》时说，朱棣敕修《永乐大典》的用意固在笼络当时士大夫，但却也"在我国文化史上提供了一部最早最大的百科全书，而且在世界文化史中也是出类拔萃的"。

朱棣更感兴趣的是儒学中最精华的部分——《四书》、五经以及宋元的理学思想。永乐十二年（1414）十一月，正在北京的朱棣命内阁学士胡广、杨荣、金幼孜三人负责编纂这几部大书。他对胡广等人说："五经、《四书》，皆圣贤精义要道，其传注之外，诸儒议论有发明余蕴者，尔等采其切当之言，增附于下。"编纂由胡广负总责，开馆于东华门外，征集朝中及京外有学问的官员参与，由光禄寺早晚提供饮食。次年，两部《大全》修纂完成，其中《五经四书大全》在后来进呈时分为《五经大全》154卷、《四书大全》36卷，《性理大全》则是70卷。三部大书前后纂修的时间不及一年。为什么这么仓促？有人解释说："始欲详，缓为之。后被诏促成。"也就是说，朱棣的催促是成书草率的原因。朱棣在永乐十三年（1415）十月一日为三部《大全》所作的序中说，大全刊印并颁布天下之后，可以让天下之人"获睹经书之全，探见圣贤之蕴"，把道理用到家上，用到身上，"使家不异政，国不殊俗，大回淳古之风"。不久，三部《大全》由礼部刊印，颁行各级学校，成为士子的必读书。

三、篡夺阴影下的突围之二：用事功支撑起"大帝"的形象

让篡夺获得合法性，最卑污的做法是篡改历史，而正面的做法就是把自己的形象塑造得很伟大，以便让后世的人们只记住他的业绩，而忘了他的秽恶。在永乐帝之前，中国历史上有一个相当成功的先例——唐太宗，他熟练运用两种手段将自己塑造成帝王典范。永乐皇帝对此当然了然于胸，并向他学习。生活环境与上位的经历，使明太祖朱元璋与明太宗朱棣的性格完全不同：明太祖朱元璋更像是一位千辛万苦创下偌大家业的老地主，他寄望于后代子孙的，主要不是"光大祖业"，而是牢牢守住；朱棣却像一位野心勃勃的"富二代"，在内政、外交、军事等各领域，他都采取了积极进取的姿态。因此，朱

棣改变了朱元璋的许多基本国策。比如，朱元璋列举了若干不征之国，而朱棣却要出兵征服安南。朱元璋自从败于扩廓帖木儿之后，对北方开始采取防御的策略，而朱棣却要"五征三犁"。朱元璋实行海禁与近海防御，而朱棣却不仅调整了近海寨堡的格局，还支持郑和下西洋。在他的眼中，大明王朝所笼罩的领域，要比他的父亲心目中的庞大得多，所以他才会说北京是"天下之中"，决意离开南京这一偏居东南的城市而迁都北京。这些都是浩大的工程。可以说，永乐帝代表着明王朝性格中极张扬的一面。这固然有其知识结构和个性的因素，但在其内心隐秘的深处，走出"靖难"阴影，洗白"篡弑"罪名，恐怕是更为原初的动力。这种心结，客观上成就了朱棣在内政外交上的开拓，对明王朝的历史走向也产生了深远的影响。

1. 多角度的外交：塑造天下共主形象

域外诸国中，朝鲜是最早向朱棣的即位表示祝贺的。永乐元年，朝鲜就派出使臣恭贺朱棣即位。投桃报李，朱棣则对朝鲜国王经常加以赏赐，以至于朝鲜国王李芳远在永乐十五年（1417）派人专门询问来朝鲜的明朝使者黄俨："皇帝何以厚我至此极也？"黄俨回答说："新登宝位，天下诸侯未有朝者，独朝鲜遣上相进贺，帝嘉其忠诚，是以厚之。"十几年了，朱棣对于第一个效诚的外国国王还存有一份感激的心情。永乐元年，朱棣派赵居任出使日本，与幕府第三代将军足利义满签订贸易协议。接下来的数年，朱棣陆续派郑和、潘赐、俞士吉等人出使日本，加强与日本的贸易联系。不过，到永乐九年，足利义满的儿子足利义持重新采取孤立主义的立场，停止了与明朝的外交关系。

对东南亚及印度洋诸国，朱棣派出了郑和的船队。远航的准备在永乐元年就已经开始了，当年苏州府、福建、江西、浙江等地的造船厂已经开始接受建造远洋航行的船只。永乐三年，郑和率63艘大船和

255艘小船、27800余人组成的船队,满载丝绸、棉布、麻布、瓷器、铁制用品、茶叶等物品,在祭拜过天妃宫的妈祖神之后,由刘家港(今江苏太仓东浏河镇)下海。船队在福建短暂停留后,继续南行,陆续抵达占城(今越南)、爪哇,沿海岸线往南由满剌加(今马六甲海峡)进入印度洋,沿途不断补充食物和淡水。船队到达锡兰(今斯里兰卡),受到锡兰国王的冷淡对待。冬天,船队到达了明人所说的"西洋大国"古里(今印度南部城市科泽科德)。次年,船队回航。在马六甲海峡,郑和船队剿灭了占据苏门答腊岛北部最重要城市旧港的海盗陈祖义,确保了马六甲海峡通航的顺畅。永乐五年九月,郑和船队回到南京,前后历时两年三个月。第一次远洋航行结束,朱棣又命令郑和陆续展开了接下来的五次远航。对于郑和的远航,著名的东南亚史家王赓武先生认为有许多种理由。他说:"寻找宝藏、炫耀实力与财富、希望了解帖木儿和亚洲极西地区的蒙古人在做什么、扩大朝贡体系、永乐个人的虚荣自大和对荣誉的贪求、宫廷内外的权力斗争和政治事态,所有这些都可能是导致永乐做出此项决定的原因。"这些原因当中,最重要的有两个:第一,在政治和外交上,招徕各国前来朝贡;第二,在经济上,重新打开中国与东南亚及南亚各国之间的贸易往来。

  要打通西域的通道,海路之外,还有陆路一条线。永乐元年,哈密的安克帖木儿派使臣来朝,朱棣便派使臣亦卜剌金带着诏书前往哈密抚谕,次年封安克帖木儿为忠顺王。永乐四年,朱棣设哈密卫以羁縻。与哈密的良好关系,打通了由明朝内陆通往西域的通道。由哈密往西,朱棣派了使臣到吐鲁番、别失八里(今新疆吉木萨尔境内),与它们确立正式的朝贡关系。往西,朱棣继续努力开拓与中亚的帖木儿帝国的关系。帖木儿在永乐三年逝世,他的孙子夺得王位,开始缓和与明朝的关系,释放了洪武末年派去的使臣傅安等人。作为回应,朱棣派使臣去了撒马尔罕,并从此与当时帖木儿帝国的统治者沙合鲁建立外交联系。由于宗教信仰的差异，朱棣与沙合鲁之间的往来并不密切，帖木儿帝国也不承认明朝的宗主权。但是，双方都认识到商业往来的重要性。之后，傅安、陈诚等人充当使臣也数次往来于明朝与帖木儿帝国的商路上。陈诚还留下了中外关系史上的名篇《使西域记》。

朱棣的外交努力，是服务于明王朝的政治的。朱棣的目的，是要建立一种"中国居内以制夷狄、夷狄居外以奉中国"的朝贡体系外交模式。这种朝贡秩序，体现了以皇权为特征的国内统治方式向外部的逐渐扩大，着力于建立一个"四夷来朝"的礼制体系。这种朝贡关系按照中央影响力的强弱顺序，将朝贡国依次列于相邻的同心圆的不同圆环上，从而形成一个以中国为中心，包括东南、东北、西北、西南的亚洲各部以及同印度经济圈交错的地区在内的朝贡关系圈。朱棣对这一体系的营建孜孜不倦，鼓励东亚、东南亚、南亚和西域的国家前来与明廷建立关系，营造一种"万国来朝""四海一家"的盛世景象，从而塑造自己"天下共主"的形象。

2. 军事征伐：以扩张证明实力

朱元璋对于四方的征伐没有太多的兴趣。他曾经在《皇明祖训》中强调："四方诸夷，皆限山隔海，僻在一隅，得其地不足以供给，得其民不足以使令。若其自不揣量，来挠我边，则彼为不祥。彼既不为中国患，而我兴兵轻伐，亦不祥也。吾恐后世子孙倚中国富强，贪一时战功，无故兴兵，致伤人命，切记不可。但胡戎与西北边境互相密迩，累世战争，必选将练兵，时谨备之。"也就是说，朱元璋没有扩张的兴趣，强调只要加强西北方对于蒙古的防守即可。他还列举了朝鲜、日本、大琉球、小琉球、安南、真腊、暹罗、占城、苏门答腊、西洋、爪哇、湓亨、白花、三弗齐、浡泥等十五个不征之国。但是，朱棣在军事和外交方面却不再奉行朱元璋那种相对稳健的军事政策，反而积极地向外展示其军事实力。朱棣似乎是一个喜欢宏大计划的人，他梦想成为历史上最伟大的君主，醉心于军事征服和万国来朝。他派郑和数下西洋，又派人出使西域，向南征服安南，向北数度征伐蒙古。为了满足他军事征伐的需求，他还把都城由南京迁到了北京。学者蔡石山在其《永乐大帝——一个中国帝王的精神肖像》一书中写道："在他统治明代中国二十二年期间，他为明帝国定下了欢快明亮的基调……经济增长，文化再生，领土扩张以及外交上的荣耀。"朱棣积极主动的军事与外交行为，开拓了明朝疆土，加强了明朝的对外影响，也为明朝开启了另外一种可能。

永乐四年，因为安南的朝臣黎氏废黜了原来的国王陈氏，并且拒绝了明朝重立陈天平为国王的要求，袭杀明朝护送陈天平的兵丁，朱棣决定对安南采取军事行动。朱棣违背祖训而对安南用兵，可能更大原因是黎氏冒犯了自己的尊严。这一年，朱棣任命朱能、张辅、沐晟为将，率领二十余万兵马从广西、云南发动钳形攻势，在半年的时间内攻下了安南的都城和重点城镇。次年，反叛的黎氏领袖被送往南京。朱棣将安南并入明朝的版图，设立交趾布政使司，配备掌管行政的布政使和掌军事的都指挥使，并在交趾设立府、州、县等地方政府。

在北方，朱棣放弃了朱元璋的战略防御政策，转为主动进攻。靖难之役，明朝的内讧使明太祖朱元璋苦心经营的对外威力丧失殆尽。永乐初，朱棣对北方蒙古势力采取的是招抚政策。经过五六年的休养生息，朱棣开始考虑对蒙古用兵。永乐七年，朱棣巡幸北京，除重归藩国旧地外，也有用兵蒙古的想法。朱棣用兵蒙古，是想一劳永逸地解决北部的边患问题。他放弃了长城以北的大量边卫，而企图以主动寻找敌人决战的方式来解决问题。后来，他曾对诸将说："我不是没有深宫广殿，不是不可以纵情逸乐。之所以要亲冒霜露，就是不想坐视边民之患，也不想任胡虏之势滋长。趁我们还不老，同力扫除，也是子孙生民之福啊！"当然，朱棣为他的北征也找足了借口。永乐七年四月,朱棣派郭骥出使蒙古,结果被杀。和田清先生说,郭骥的出使"如果不是冀求万一侥幸诏抚收效,也只是为了获得出兵的借口"。郭骥被杀的消息在六月传到北京,让朱棣下定了决心。七月,以丘福为总兵官的十余万大军出征,但在八月十五日兵败胪朐河,全军覆没。兵败的消息传回北京,朱棣决心亲征,为此还召回了镇守交趾的大将英国公张辅。

永乐八年(1410)二月,朱棣率领三十万军队北征,目标东蒙古,摧毁了斡难河畔的本雅失里汗的大帐,但本雅失里逃脱了。不久,西部的瓦剌崛起,瓦剌领袖马哈木试图进攻东部的阿鲁台,统一蒙古。永乐十二年四月,朱棣再次北征,在土剌河上游与马哈木大军交战,击溃了瓦剌的军队。永乐二十年(1422),因为前一年阿鲁台停止向自己进贡,朱棣再次北征,之后的两次北征也均是征讨阿鲁台及其党羽的。从永乐八年、十二年、二十年,到二十一年(1423)和二十二年(1424),朱棣总共五次出征,但是没有取得太大的效果,因为他很难追踪到飘忽不定的蒙古帐落,而这种主动的出击又替换了长城以外的积极的重点防御,而多次的兴师动众消耗了明朝的财政实力。

3. 北京为天下之中:朱棣的帝国想象

为配合出征漠北的军事行动,朱棣逐渐将统治重心由南京转移到北京。永乐元年,朱棣将北平城改称"北京",并在北京设"行部",下辖吏、户、礼、兵、刑、工六司,俨然是一个中枢机构的雏形。永乐七年、十三年,朱棣两次北巡,在北京共停留了四年多的时间。朱棣北巡期间,随行的有行在六部官员,行在六部就是全国中枢。永乐十四年,朱棣决定迁都,正式营建新都。

迁都北京是一项大工程。宫城的营建是其一,修通运河以保障北京的供应是其二,哪一个都不是小事。修通大运河的工程是在永乐九年开始的。之前,朱棣已经有过第一次的北巡。北巡、北征以及营造宫殿,都需要粮食。但是,北方地区的粮食生产,是无法保证北方的粮食供应的。元朝粮食的运输主要依靠海运,明初每年也通过海运向辽东一带的军事卫所运送粮食。明初的内河运输在某些阶段还是仍然在使用,如从南京到淮安一带的运河仍然有一定的用处,从淮安到卫辉府经由黄河的运输、从河南卫辉府由卫河到达天津一带的运输也发挥着作用。洪武元年顾时随徐达北伐时,也曾经"浚闸以通舟师,自临清至通州"。但是,内河运输不能整体贯通,运输的量相对较小,而且由于好几个环节要通过陆路转运,给当地的老百姓造成很大的压力。明初人说:"海路之险,不如陆路之劳。"在此情形下,明初以海路运输为主的南北粮运方式维持了近五十年。但是,海运的风险大,容易翻船,又经常遭到海寇的骚扰。永乐七年朱棣的北巡,让北京的粮食压力骤然紧张,修浚大运河的议题就提了上来。

在修浚运河方面,宋礼、陈瑄二人贡献最大。宋礼的贡献是修浚了会通河。会通河是在元代开凿的,但由于"岸狭水浅",并没有承担太多的运输任务。到明朝,洪武二十四年黄河在河南原武的决口,更淤塞了会通河道。因此,永乐九年宋礼接受疏浚会通河的任务时,他要做的事情有两件:一、将淤塞的河道重新疏浚;二、解决会通河水浅不能行大船的问题。从永乐九年二月到八月,经过三十万民工六个月的劳作,会通河终于修浚完工。同时,宋礼命人将运河东侧的汶水逼入运河,以解决运河水量不够的问题。此外,宋礼又命人将汶上的各道小河流汇聚在一起,逼至运河,从而在南旺一带形成一个巨大的分水枢纽,即南旺湖。南旺湖中百分之六十的水向北沿着运河流向临清,百分之四十的水向南流向徐州。南旺湖的开设,解决了会通河"水浅"的问题。这是宋礼对于运河最大的贡献。八十年后,朝廷命令在南旺湖为宋礼修建祠庙来祭祀他。陈瑄在永乐初年被封为平江伯,是因为他在建文帝时代负责长江的防务而向朱棣投诚。永乐十三年(1415),朝廷停止海运后,陈瑄开始总督漕运。陈瑄着手对漕运做了布置：第一，开清江浦；第二，设常盈仓。陈瑄在淮安城西的管家湖开凿了一条长约二十里的河道，即清江浦运河。此河一开，漕船就可以一路不用转运，直接从运河经清江浦运河进入黄河。为了便于漕粮的转输，陈瑄命人在徐州、临清、通州等地都设置粮仓，又在沿途运河两岸种树凿井，从而将运河沿岸打造成垂柳荫荫、便于行走的河岸。漕运的畅通，沟通了南北之间的物资交流。南方的粮食及其他物质，可以源源不断地向北供应。

朱棣的迁都工程，还建造了世界上最大的宫殿群——紫禁城。虽然之前已有长时间的物料采办的准备，但正式迁都与修建宫殿建筑群是在永乐十四年的一场召集群臣的讨论中议定下来的。在得到群臣的一致赞同后，北京营建工程在次年的六月全面展开。修筑宫殿群所费人力难以估量。按照工匠轮班的规矩，"役不过三月"，连续干了三个月后就可以回家了。但是，由于北京营建的工程紧迫，大量匠役超期服役。大量的军队也被抽调到北京加入营建队伍。永乐十八年底，工程竣工。三年的时间，明朝建筑出南北长960米、东西宽760米、面积72公顷的建筑群。宫城的设计，在矩形的平面内，宫、殿、楼、阁、堂、廊、亭、榭密布，内河流经其中，是中国建筑史上的一朵奇葩。永乐十九年（1421）正月初一，朱棣在奉天殿中接受群臣朝贺，标志明朝正式迁都北京。

朱棣对迁都北京有他自己的解释。他说，北京是天下之中，对于自己统治区域的人而言是道里适均的，方便所有的臣民来朝。从明朝实际控制范围看，北京僻在边壤。但是，在朱棣心中，他的天下南括安南，北至大漠，北京恰好是统治的中心。这便是朱棣对于自己的帝国的想象。身居北京，他不仅可以北控大漠，而且可以自北而南俯视自己的领域。朱棣赋予了永乐一朝的政治、军事深深的个人烙印。他的尚武精神使王朝有一种积极、外向的政策取向。

但是，在朱棣死后，他的子孙们并没能再延续他的政策，都城一度回迁南京。在他最宠爱的孙子宣德皇帝朱瞻基统治时期,除了再次派郑和出使过西洋一次以及在长城沿边毫无意义的巡边之外,安南被放弃,长城外的开平卫也被放弃,大规模的远征从未再进行,明代外向的可能性被摘除,而内向的性格就此确定下来了。

参考文献

商传:《永乐皇帝》,北京:北京出版社,1989年。

毛佩琦:《永乐皇帝大传》,沈阳:辽宁教育出版社,1994年。

朱鸿:《明成祖与永乐政治》,台北:"国立"师大历史研究专刊(17),1977年。

胡濙

模糊的身影与诡秘的政治

胡濙履历表

姓名	胡濙
字号	字源洁,号洁庵
籍贯与出生地	直隶常州府武进县(今江苏武进)
家庭出身	儒、医世家
生卒年及所处时代	1375—1463,历仕七朝六帝
生平履历	洪武八年(1375),生于常州府武进县
	建文元年(1399),中举人
	建文二年(1400),中进士,任兵科给事中
	永乐元年(1403),由兵科右给事中升任户科都给事中
	永乐五年(1407),为朱棣派遣执行特殊任务,巡游全国,名义上是寻访道教仙人张三丰,实际上是察人心之向背及暗中寻访建文帝下落
	永乐十四年(1416),因母亲逝世回朝,升任礼部左侍郎,次年被派遣继续巡游
	永乐十六年(1418),胡濙被派往南京考察皇太子朱高炽,密疏称颂皇太子的美德,缓解了朱棣的猜疑
	永乐二十一年(1423),胡濙在北京西北部的宣府镇(今河北宣化)皇帝行辕中秘见朱棣,报告内容不详,或称与建文帝相关
	宣德元年(1426),宣德皇帝朱瞻基将胡濙从南京召往北京,升任礼部尚书,从此享有与蹇义、杨士奇、杨荣同等的地位。自此以后,胡濙任礼部尚书三十一年,其间还兼掌户部多年
	正统元年(1436),太后、帝召见张辅、杨士奇、杨荣、杨溥、胡濙,谕以"卿等老臣,嗣君幼,幸同心共安社稷"
	正统十四年(1449),英宗朱祁镇率军北征,临行前加胡濙为太子太傅,协助朱祁钰留守北京
	景泰二年(1451),胡濙晋为少傅
	景泰三年(1452),以易储,加太子太师
	景泰七年(1456),八十二岁的胡濙患病,无法行走
	天顺元年(1457),朱祁镇复辟,致仕,此后在家安享晚年
	天顺七年(1463),胡濙在家中逝世

胡濙是明代历史中极易被忽视的人物。他没有太多亮点，没有非常伟大的令人瞩目的业绩。这或许跟他的性格有关系。他的低调与宽厚总是为同时及后来的人盛赞。但是，从建文二年（1400）考中进士，到天顺元年（1457）以八十三岁的高龄退休，胡濙在朝任官近六十年，共伺候过六位皇帝——建文帝朱允炆、成祖朱棣、仁宗朱高炽、宣宗朱瞻基、英宗朱祁镇、景帝朱祁钰，历经七朝——建文、永乐、洪熙、宣德、正统、景泰、天顺（即英宗复辟后所改的年号），几乎经历过十五世纪上半叶所有的重大政治事件和重要历史阶段——靖难之役、洪宣之治、土木堡之变、夺门之变。一路走来，他的身边陆续倒下了一批又一批重要的政治人物，如方孝孺、解缙、王振、于谦、王文，唯独他却一直保有着特别的政治地位，没有受到太多的冲击。在波谲变幻的十五世纪上半叶，胡濙就像一棵不倒的松，总是屹立在政治的中枢。他也像一个老古董，经历太多，秘密太多，却从不自己说话，留传下来的作品只有一部医学著作《卫生易简方》。像他的谥号"忠安"一样，胡濙是一个简静而很少生事的忠臣。

为什么不惜笔墨介绍这样一位不那么引人注目的人物？他对于读者诸君了解明朝有什么独特价值？

正如前文所介绍的那样，胡濙一生经历六帝七朝。他的一生几乎可以串联起十五世纪上半叶的历史，为我们了解明朝中前期政治运行状况的一条不可多得的线索；更重要的是，胡濙曾长期作为皇帝的"眼线"，活动在幕后，所以他身上虽然缺少了舞台中央聚光灯的笼罩，却可以影响"导演"，进而影响"剧情"。从胡濙身上，可以看到明代政治运行的不常为人所知的一面。

一、高明的暗访者：作耳目，治心病

1. 从前朝进士到新朝宠臣

建文二年春天在南京举行的科举考试，是在燕王反叛与朝廷平叛激战正酣的背景下举行的。殿试所录的第一甲第一名状元胡广，亦因此赐名为"胡靖"，以此寄托了朝廷希望很快"平定"叛乱的美好愿望。胡濙正是这一科110名进士之一，在第二甲的第三十四名。《建文二年殿试登科录》记录了胡濙的科举成绩和家世："胡濙，贯直隶常州府武进县，民籍，县学生。治《易》。字源洁，行二，年二十八岁，四月初八日生。曾祖庸。祖祯。父宗人。母李氏。慈侍下：娶范氏。兄瀚，弟真、安、定、忠。应天府乡试第二十九名，会试第四十四名。"二十八岁的胡濙在家里排行第二，已娶妻，下面有四个弟弟，父亲去世，只有母亲在世。《登科录》没有记载他的父祖的事迹。但实际上，他的曾祖父胡庸曾在元朝任江浙儒学提举，祖父胡祯曾在元代任常州路医学录。然而，这在胜国为官的辉煌历史，自然不便写入到明朝的科举家状中。但是，从这些曾祖、祖父的宦迹来看，胡濙的家庭是一个以儒以医相传的家庭。胡濙对于医学的兴趣，也就由此可知了。

成为一名进士，要经过乡试、会试两级的选拔，最后在殿试中由皇帝排定名次，从此胡濙便同他的109名同年一样，成为天子门生。胡濙在进士之后任官兵科给事中，之后升任兵科右给事中。六科给事中是皇帝近侍之臣，是能近距离接近皇帝的官员。《明史·职官志》称："六科掌侍从、规谏、补阙、拾遗，稽察六部百司之事。"皇帝下达的敕谕，批下的章奏，都经六科抄发后才能付诸实施。明朝宣德皇帝曾作《六科箴》，说："命令之出，于汝纪之。章奏之入，于汝度之。考其得失，举其愆戾。厘革欺弊，以赞予治。"同时，六科还对应地稽察六部的事务。和都察院十三道御史一样，他们有监察朝廷百官的权力，因此合称科道官。《明史·职官志》又称："主德阙违，朝政失得，百官贤佞，各科或单疏专达，或公疏联署奏闻。"正因为此，科道官员还享有与高级官员一起参加廷议讨论朝廷大事的权力。因此，科道官虽然秩仅七品，六科的都给事中也只是六品，但有极大的权力，所谓秩卑而权重。胡濙由进士直接任六科官员，可以说是上上之选了。但是，有关他在建文朝的表现，我们知之甚少。

1399—1402年的靖难之役，改变了明朝的轨迹，每一个在朝为官的人都受到这一政治动荡的影响。他们要在忠于旧主建文帝或迎接新主朱棣之间做出抉择。尽管有像方孝孺那样宁愿灭族也决不向燕王朱棣妥协的人，但对于大部分士人而言，除了接受既成事实，别无他法。况且，在靖难之役的四年中，很多人视燕王与朝廷之间的拉锯战为一场帝王家事。燕王沿途招降各地守城的府县官员，而有些官员的态度则很暧昧，说："殿下要我投降您，可以，等您进了南京再说。"一旦天下易主，帝位转移成了既成的事实，确实很多人没有做好为建文帝殉葬的准备，他们选择了接受。胡濙在建文朝与建文帝的关系不过是一般的君臣，尚未能进入核心的圈子，因此对于皇位的转移想来也很平淡地接受了。他的朋友中也有不少人选择了归顺。在跟胡濙同科考中进士的人中，杨子荣选择了向朱棣投诚，率先跑到城门口去迎接朱棣，并且提醒朱棣应该先拜谒孝陵，然后再即位。这个提议让朱棣很感激。杨子荣后来改名为杨荣。这一科的状元胡靖也选择投诚，后来将建文帝所赐的名字"靖"改回到昔日的"广"。胡广和杨荣稍后都进入了朱棣首创的内阁，成为朱棣倚重的文臣。他们的另外一名同年王艮，该科的榜眼，却选择忠于建文帝，服毒自杀。胡濙内心怎么想不知道，但显然他接受这样的改朝换代。他的职务也没有发生变化。而且，他也很快得到了朱棣的信任。永乐元年九月，在朱棣登基一年零三个月之后，胡濙得到升迁，由兵科右给事中升任户科都给事中，升迁的理由据说是"奏对称旨"，会说话。之后很长一段时间里，胡濙没有任何动静，直到永乐五年。

2. 皇帝的暗哨与民意的传声筒

永乐五年十二月，胡濙从朱棣那里领受了一个任务，要到全国去搜访异人张三丰。但是，搜访异人张三丰只是借口，实际上此行另有目的。明代嘉靖年间的学者陈建在《皇明通纪》中就说，朱棣在观察身边的官员之后，认为胡濙最"忠实可托"，于是把任务交给他，而真实的目的在于到京外考察一下人心之向背。姚夔在为胡濙所写的墓志铭中也说，胡濙是"奉使巡行天下，访察人情"，而且当时御制《性理大全》《为善阴骘》《孝顺事实》等书编成不久，让胡濙"以此劝励天下"，则似乎还顺带有替皇帝向地方颁书之职责。不过，陈建谨慎地说，有人认为胡濙的真实目的是去查访建文帝的下落。其实，无论是"察人心之向背"，还是"踪迹建文君"，其背景都是与靖难之役的皇位篡夺有关。朱棣虽然夺得了皇位，但是心中仍然有隐忧。隐忧之一，就是燕王军队入金川门时，宫中大火，然后有人从宫中找到两具已然烧焦的尸体，称是建文帝与皇后两人自焚后的遗体。从此，官方给出的说法是：建文帝已经死了。建文帝已死的说法，对于断绝人们对于建文帝的念想是必要的。民间却有不少人认为，建文帝当时偷偷地从地道出城，离开了南京，后削发做了僧人，踪迹则飘忽不定。这样的说法其真实性姑且不论，但它反映了普通人对于建文帝的同情，对朱棣的皇位的合法性也隐然构成挑战。因此，寻访建文帝的下落与了解人们对于建文帝及朱棣间那段历史的真实想法，其实是相互联系的。更关键的是，如此敏感的问题，是不便于大张旗鼓地展开的。郑和下西洋，宣扬明朝国威固然是一方面，而暗中调查建文帝是否流落海外或许也是一个原因。

十六世纪的学者郑晓就说，无论是郑和的下西洋，还是胡濙在国内的四处寻访，背景只有一个——"国有大疑焉"。大疑是什么，就是建文帝的生死与下落。解决"大疑"涉及朱棣皇位合法性的问题。朱棣一方面用暴力的手段对建文忠臣进行镇压，用都察院都御史陈瑛、锦衣卫指挥使纪纲通过各种刑狱来惩罚敢于质疑皇权的人物；另一方面却用一种隐秘的手段，即派出亲信的人四处打探消息，暗中调查建文帝的下落和人们对自己的评价。这反映了君主统治在暴力之外的另一面。当然，受命做这么重大而敏感的事，必定要是朱棣的亲信。去海外寻访的郑和，是朱棣最亲信的宦官之一、内官监太监。胡濙肯定也是极得朱棣信任的人。据说，因为名义上要寻找张三丰以及安全等其他原因，他的出使中往往还伴随另外两个人——道录任一愚、珉州卫指挥杨永吉。

从永乐五年到永乐十六年，胡濙基本上不在京城，行踪飘忽不定。他的同乡王绂《赠胡都给事中》一诗的小序中说："都给事中胡君源洁，文雅清慎，志趣高朗，与余有同郡之好。尝自大江而上岷蜀，由关陕至于中原，凡名山古迹之间，履无不至。"永乐六年七月，胡濙曾经有一道上疏，说："陕西汉阴、洵阳等县所输汉中府金州刍茭，储蓄岁久，朽腐甚多。盖金州地僻，所储刍茭支用者少，而有司县照旧催征，民用困乏。请令民代输钞为便。"他向朝廷反映，存放在汉中府金州（今陕西安康）的干草因为地方僻远，很少支用，结果造成了干草的朽腐，不如让老百姓缴纳宝钞以代。这一建议得到朱棣的批准。永乐七年三月，胡濙"出使，经宝鸡县，获双白雉，献行在所"。因为白雉在古代被人们视为瑞鸟，所以胡濙在陕西的宝鸡县（今宝鸡市）获得一对白雉后，便将它们贡献给朱棣——当时朱棣在北京行在。永乐十年（1412），户科都给事中胡濙再次上奏："切见陕西所属府州县递年收积马草，因布政司奏盘，折数百万束，皆作侵欺之数，见蒙朝廷差官追陪。此草盖因支用数少，露地堆积，年深雨雪淋坏，及盘点之际，不下数十百人，蹂践朽烂。今作侵欺追征，民有不堪，兼今年亢旱，农种颗粒不收，伏望宽恤。"这次上奏谈到陕西马草多年露天堆积，雨雪淋坏，而朝廷差数十百人盘点也踩坏不少，最后清盘下来的结果是少了百万束，而朝廷因而命百姓补办。胡濙乞请宽恤。朱棣再次采纳了胡濙的提议，不仅免追马草之补征，还命户部派官赈济陕西灾民。

3. 将"大疑"默为消融

《明太宗实录》所载的这几件事表明，胡濙出使巡行的地方，陕西（指明代行政区）是重点地区之一。因为相传张三丰曾羽化于宝鸡金台观，所以陇南的岷州卫（今岷县）、阶州（今武都）、成县、徽州（今徽县。以上四地均属今甘肃省陇南市）一带颇多胡濙寻访张三丰的行迹及其留下的题记。武都的万象洞（五仙洞）中还保存了胡濙题诗："云梯直上接飞烟，万象森罗一洞天。到此了然无一事，不知何处际神仙。"胡濙还探访过成县的金莲洞、徽州东南四十里之巾子山巅之元帝庙。他在金莲洞留下的题诗云："香书久慕下无边，遍访丰师感应虔。万载红崖主玉蕊，千年碧洞结金莲。云深喜见通明日，雨骤只逢暗淡天。峭壁真光熬永劫，赤心愿睹白衣仙。"可见，寻访张三丰确实也是胡濙的职责。《明太宗实录》载朱棣对于胡濙的奏请都能积极应对，说明他始终对胡濙很信任。而胡濙所奏的两件事，都与解除老百姓的负担有关，体现了胡濙为人宽厚的本性，也反映胡濙巡行时着重在"宣上德，达下情"。

但显然胡濙不应该只是在陕西。相反，他的游历非常广泛，名山大川往往留下了他的身影。例如，胡濙曾到福建武夷山拜谒祭祀朱熹的书院。据黄景昉记载，传说胡濙曾到过福建的泉州，遇见当地传说中的仙人董伯华在路上睡觉,在车上向董伯华行礼。当然,在所有游历的地方,以湘湖地区游历最久。李贤在《礼部尚书致仕赠太保谥忠安胡公神道碑铭》中说胡濙"虽穷乡下邑,轨迹无不到,在湖广间最久"。陈建在《皇明通纪》中提道:"时又有传建文帝在滇南者,以故在楚湖最久。"云贵一带也是常去。但是,终归张三丰也没有找到,后来朱棣在武当山修宫殿,据说就是为张三丰所修,以期这位异人自至。建文帝找到没有,终归没有说法。黄景昉说:"胡濙西南行,求之湖、湘、黔、筑洞中;遣郑和东南行,求之瓯、越、闽、广间。海外几穷尽禹迹矣。唐诗'上穷碧落下黄泉,两处茫茫皆不见',差类当日情景。"这是在讽刺朱棣大海捞针似的徒劳的寻访。

但是,明人有许多传说,胡濙在湖湘一带,"数遇建文,不窘之,使得逸去"。传说的真实与否另说,从政治智慧来说,胡濙面对寻找建文帝的使命又该怎么做呢?难道真要把建文帝带回京城?真的出现这种情况,对于朱棣而言又有什么样的好处呢?面对这样微妙的使命,忠心固然是一个方面,而智慧更重要。胡濙最终就此使命而作的向朱棣的密报,无人可知,但相传他对朱棣的汇报中重点是三个字——"无足虑"。事实也确实如此,在经过十几年的统治与整顿之后,又还有多少人会怀念那短暂的四年呢?朱棣卓有成效的统治,已经使明初的社会经济重新得到繁荣,史称"宇内富庶,赋入盈羡,米粟自输京师数百万石外,府县仓廪蓄积甚丰,至红腐不可食"。人们对于经济和社会生活稳定的渴望,消退了他们对于政治的激情。那么多年过去,人们对于建文帝,除了同情之外,又还会有多少人希望他"回朝"呢?"复辟"既无可能,又有多少人愿意自己稳定的生活再起波澜呢?胡濙的态度就是,这样曾经戕伤大明王朝国脉的动荡与伤痕,不如让它随风而逝吧,再也不要紧张了!黄景昉就评价说,胡濙这样的态度,其实达到的是"默为消融"的效果,将之前所有的紧张、对立、猜疑以及对于自身合法性的忧虑都消弭了。这样的政治智慧，足以让他始终得到朱棣的信任。

二、处君臣父子间，小报告有大智慧

永乐十四年十二月，因母亲去世而回朝的胡濙被擢升为礼部左侍郎。从永乐元年到永乐十四年，胡濙在正六品的户科都给事中的位置上已经待了十四年，擢升为正三部的礼部侍郎既是对于久任的回报，也是对他十余年忠贞不贰的酬劳。但是，胡濙仍然没有能够按照礼法的规定回老家为母亲守制，而是被朱棣命令夺情任职，并且再次被派往湖湘一带。两年后，胡濙接受了一个同样微妙而复杂的任务——到南京去检查皇太子朱高炽的工作，时在永乐十六年六月。

1. 使命的荣耀和危险

朱棣与太子朱高炽关系不好，人尽皆知。早先朱棣曾在长子朱高炽与次子朱高煦之间摇摆，但由于众多文臣仍主张立嫡立长的皇位继承秩序，只得勉强立朱高炽为太子，但朱棣却始终不喜欢太子。据明人张怡《玉光剑气集》载，朱棣曾有易储之心，想让汉王朱高煦取代朱高炽成为太子，并就此咨询隆平侯张信。张信说："事干天常，岂易为耶？"张信说换太子就等于乱天理，让朱棣很生气，拔剑击折了张信的门牙，鲜血染红了衣服。过后，朱棣气消，说："直臣也。"废储的打算被打消了。但是，因为不喜欢，所以朱棣始终对太子不够信任。朱棣第一次北巡，命朱高炽监国南京，但监国的权力却仅限于礼仪行为上以及一般事务的决策，重大事情都要派人到北京奏报朱棣。朱高炽在永乐七年因事责备刑部尚书刘观，朱棣就立即写信给朱高炽说："文武群臣，都是我所任命的，即便有小的过错，也不要立即加以折辱。"不久后，朱棣再次诫勉太子："凡是功臣有罪，须详细将他所犯罪过奏来，我自己处分。除授王府官员以及调拨将士，也一定要得到我的命令才行。"这样，凡涉功臣、王府、军队调动等敏感的事权，都还抓在朱棣的手上。

而且，由于汉王朱高煦的不时进谗，朱棣对于朱高炽始终抱着猜忌的态度，而朱高炽也一直过得战战兢兢，在永乐十一年曾遭遇到做太子以来最大的危机。这一年，朱棣北征回师北京，身在南京的太子照例派兵部尚书金忠迎驾，但不幸迎驾稍迟，尽管金忠"顿首流涕，愿连坐保之（太子）"，把责任都揽到自己身上，但朱棣仍以此为借口将太子的辅臣黄淮、杨士奇、杨溥等人逮系下狱。后来，杨士奇被释放，但黄淮、杨溥等人却是差点将牢底坐穿，一坐就是十年，直到后来朱高炽即位。这几件事情表明，朱棣、朱高炽这对君臣父子之间的关系，敏感而难以处理。虽然永乐十四年十月汉王被安置在山东安乐州，消除了一层继承人的危机，但是赵王朱高燧还在，太子的警报并未解除。更进而言之，晚年朱棣特别猜疑。举个例子，太子后来从南京受命前往北京，途中带上二十几个厨子，到北京后也没有将这种小事放在心上，结果朱棣便以此责备朱高炽，专门下一道手谕，说："典膳局厨子二十人，为什么不向我汇报？"可见，无论朱高炽怎么做，做得怎样，大事小情，总难逃被猜忌。

这一次的疑忌，又要怎么解决呢？朱棣决定再派出胡濙前去南京观察太子的言行。辞行之时，朱棣对胡濙说："人言东宫所行多失当，至南京，可多留数日，试观何如，密奏来。书奏字须大，晚至我即欲观也。"因为围绕在朱棣身边的人常说太子的坏话，朱棣再次疑心太子。派出胡濙前去了解太子的动向，以密奏的形式向朱棣一个人汇报，这样的安排可以看到胡濙所受到的信任真是无以复加了。而且，从这番话中也可以看到朱棣很急迫的心情，只要是胡濙的密奏，即使晚上送到北京他也是要立即看的，所以嘱咐胡濙密奏中的字要写大一些。无疑，受皇帝之命去考察皇帝的继承人，是一种极大的荣耀。但是，这无疑也是一项极危险的工作。尽管他的秘密报告可能会决定继承人的生死荣衰，但对于负责考察任务的胡濙来说却在将来极可能会成为自己遭祸的缘由。晚明学者黄景昉在评价此事时说："事关君臣父子之际，其危疑可知。"因此，怎么把握这种分寸，极考验胡濙的政治智慧。

2. 胡濙的对策：密疏可对天日

胡濙很坦然。当然，他内心的态度其实也很清楚。作为一位自小受儒学熏陶的学者官僚，皇位继承的立嫡立长的秩序感已深入骨髓。而且，太子既立十余年，也没有什么过错，作为储君已隐然得到群臣的拥护。且不论留守南京的群臣，即便随朱棣到北京的群臣如杨荣、金幼孜等人，也视朱高炽为当然的不二的继承人，后来榆木川朱棣暴卒后杨荣等人秘不发丧而驰报太子的举措，足以说明朱棣身边的近臣也抱有同样的态度。胡濙深知，除非太子犯下极大的过错，否则轻易改变皇位继承人将引起极大的动荡，而且无论是已经被安置在山东武定州的汉王朱高煦，还是尚在北京的赵王朱高燧，其品行也未必可以服人。更何况，朱高煦一直以来所得到的支持都来自一群靖难武臣，他要在皇位继承问题上翻盘，在文官政治逐渐确立的永乐朝注定是不可能的。作为文官群体中的一员，胡濙当然也不希望皇位继承出现新的动荡。

胡濙来到南京，每天随其他官员上朝，退朝之后便将所见皇太子朱高炽的行事记录下来。胡濙所记的事情，总体上应该是有利于朱高炽的。例如，胡濙曾记载过这么一件事：有一天上朝，有一位勋臣在朝班内喧哗，值班的侍卫用槌敲了敲那位勋臣的头，并且立即面奏，朱高炽表示不要追究那位勋臣；但是，退朝之后，朱高炽立即召见那名值班侍卫，赏赐了他若干锭宝钞。朱高炽通过这样的方式，表达了他对于那位侍卫忠于职守的行为，而同时也是要通过这样的做法让那位勋臣感到惭愧，是"宽其罪而愧其心"。最后，胡濙夸赞这样的行为充分体现了"殿下之仁明"。这样的一份描述事实而且着眼于修复皇帝与太子之间关系的"秘疏"，其实是可以拿出来公之于众的，从而既可以消弭此刻皇帝对继承人的信任危机，也可以在将来让新君见到自己并未利用一时之宠而逞小智的公心。

胡濙的身份，大概是当时朝中大部分官员都能知道的。所以，朱高炽的辅导之臣杨士奇就住在胡濙的居所，他对胡濙说："公命使也，宜亟行。"离开南京，到了安庆，胡濙开始把他所见到的太子朱高炽的行事以密奏的形式向朱棣汇报，而密奏所涉及的内容"皆诚敬孝谨七事"。这样的密疏一上，朱棣很高兴，"自是不复疑太子"。胡濙以其忠厚的性格又化解了一次宫廷危机，更得到朱棣的信任。

这一次出巡回来，胡濙再见朱棣时是在北京西北面的宣府。朱棣见到胡濙，大笑说："胡先生来矣，驱驰劳，宜少憩。"胡濙歇了片刻后，朱棣在自己的行辕中召见他密谈，一直到深夜四更方散。谈了什么，不太清楚。但李贤在《礼部尚书致仕赠太保谥忠安胡公神道碑铭》中给了一个好的理由："凡所历山川道里、郡邑丰啬、民情休戚，以至所闻所见保国安民之事，悉为陈说。"胡濙的出使，俨然代皇帝微服私访。

当然，由于是密疏，只有朱棣看见。朱棣看完之后，也不可能发抄公开，只是把它们放置在宫中。同样，太子朱高炽也看不到密疏的内容，密奏对他有利还是不利，他也是不清楚的。胡濙与朱棣的密谈，也从未有人知道其内容。永乐二十二年朱棣逝世后，朱高炽即位。礼部侍郎胡濙在同年十月上疏建议十事，其中第八事"守成宪"建议朱高炽把都城回迁到南京，以"苏南方转输之劳，省北地供给之费"。这一建议很契合朱高炽的心愿。但是，对于父亲这位极其亲信的大臣，朱高炽还是采取了疏远的态度，在次年三月宣布回迁南京的同时把胡濙从礼部侍郎的位置上迁到太子宾客、南京国子监祭酒的位置上。国子监祭酒只是从四品的官职。因此，胡濙等于是从正三品的礼部侍郎任上被降职了。不过，闲暇中，朱高炽在宫中见到了当日胡濙所上密奏，竟然都有利于自己，"始悟公忠诚"，准备把胡濙从南京召回。但是，只做了八个月皇帝的朱高炽还没来得及把胡濙召回，便突然暴卒，把召回胡濙的任务留给了自己的儿子朱瞻基。

三、从幕后走向前台：被忽视的辅政重臣

　　洪熙元年（1425）六月，在得知父皇去世后从南京匆匆赶回的皇太子朱瞻基正式即皇帝位，改次年为宣德元年（1426）。朱瞻基在位十年，政通人和，人称盛世。"洪宣盛世"，被人比作周代的"成康之治"、汉代的"文景之治"，是在明初六七十年间兵革数起的情境下通过仁政的手段使社会重新进入安定，符合社会的需求，故而也就为后世史家夸赞，所谓"高（祖）、成（祖）之政，非仁、宣不粹"。也就是说，仁宗朱高炽、宣宗朱瞻基把明代社会逐渐从明初的动荡带入繁荣和安定中来。宣宗朱瞻基的重农、赈荒、惩贪，以及他对于经史的讲求，对于巡边武事的亲临，对于辅政大臣的重用，是宣德一朝的亮点。在这些辅政大臣中，吏部尚书蹇义、户部尚书夏原吉与人称"三杨"的内阁学士杨士奇、杨荣、杨溥一直很受人注意。清初史家谷应泰在《明史纪事本末》中专列"仁宣致治"一节，对宣宗朝的大臣是这么介绍的："三杨作相，夏（原吉）、蹇（义）同朝，所称舟楫之才、股肱之臣者。"这五个人可以代皇帝"票拟"——代皇帝通阅臣僚们的奏疏并拟写处理意见然后进呈，确实是宣德一朝辅政集团中的核心成员。不过，礼部尚书胡濙在宣德朝的地位作用，却被人们大大地低估了。

1. 承平时的基石

朱瞻基在洪熙元年六月十二日即皇帝位，次月七日即让胡濙官复礼部左侍郎的原职，且仍兼南京国子监祭酒。宣德元年正月，胡濙来朝，便被朱瞻基留在了北京。朱瞻基对吏部尚书蹇义说："昔皇祖、皇考皆尝言濙敬谨小心可用，盖亦朝廷旧人，可罢其所兼官，留于行在礼部。"可见，朱瞻基也知道其父朱高炽已经认清了胡濙昔日对他们父子的裨益。当时都城已回迁南京，所以礼部侍郎按理就在南京上班，而实际上负责礼部事务的反而是当时在北京的行在礼部。把胡濙从南京调回北京，不再让他做南京国子监的祭酒，而是到北京来负责礼部事务，就是要重新大用的前奏。宣德元年四月，在永乐、洪熙年间掌管礼部事务十几年的行在礼部尚书吕震去世，胡濙升礼部尚书。这一年的八月，朱瞻基亲自出征，前往山东平定汉王之乱，胡濙与夏原吉、蹇义、杨士奇、杨荣等人随驾而行。回京后，朱瞻基给胡濙大量赏赐，包括籍没的人口、守门的仆人，以及长安右门外的宅子。之后，朱瞻基不时对胡濙有赏赐。宣德七年（1432），朱瞻基更是将胡濙家乡常州府的没官田宅赏赐给了胡濙。胡濙过生日，朱瞻基命光禄寺赐宴于其府第。胡濙所领的礼部重建办公的场所，朱瞻基也命光禄寺赐宴，公卿大臣们都到礼部去庆贺，当时以为盛事。

十五世纪上半叶的官僚政治中有一个明显的特点，就是无论中央大僚还是地方官员，都倾向于长期久任。我们熟知的内阁大学士杨士奇、杨荣等人，尚书蹇义、夏原吉等人，巡抚于谦等人，以至于一般的州县官员，久任一职达十余年、二十年是很常见的。这对于中央政治的稳定性、地方治理的持续，都有莫大的益处。胡濙做礼部尚书的时间更长，达三十余年。从宣德元年他四十二岁开始任礼部尚书，直到天顺元年他八十三岁致仕，胡濙一直担任礼部尚书，是这个国家的柱石之臣。在礼部尚书任上，胡濙也不是一个碌碌无为的庸人。例如，宣德二年（1427）五月，他建议对国子监进行整顿，将其中年龄在五十五岁以上而且残疾或相貌丑陋不堪者罢黜为民，得朱瞻基同意。正统元年（1436）又将国子监的博士、助教等十二名学官以老疾或学行迂疏予以清退。正统初年，他推荐了一位在东平州知州上任官十余年的李湘出任怀庆知府，也体现了他作为一名大臣爱惜人才和举荐人才的品行。更难能可贵的是，在夏原吉逝世后，胡濙从宣德六年（1431）起便一直以行在礼部尚书兼掌行在户部，直至正统初年。因此，胡濙在宣德朝后期既要管理国家的礼仪事务，又要关注财政和税收，负有重要的职责，而且"凡军国重务，皆令与闻"。朱瞻基对胡濙也是极为信任和倚重。每次面见，朱瞻基都会主动问胡濙："卿何所言？"姚夔在为胡濙所写的墓志铭中说，朱瞻基对胡濙"倚注日隆，言无不听"，"章出，即下有司施行"。更何况，胡濙其人因其性格之宽和，而"政尚宽大"，亦是"洪宣之治"之一助。

实际上，胡濙在宣德皇帝朱瞻基心目中的地位，仅次于夏原吉、蹇义、杨士奇和杨荣四人。宣德六年，朱瞻基在自己生日那天将蹇义、杨士奇、杨荣、胡濙等四人召入宫中，赐宴赋诗。在诗序中，朱瞻基说："惟尔蹇义、杨士奇、杨荣、胡濙四人，赞翼之功居多，予嘉不忘，复赐宴内庭，以表忠勤。"而诗句"初度喜逢全盛日，赞襄有道赖贤良"，对于胡濙等人也有高度的评价。君臣间的气氛也很好，"尽醉而罢"。从史书的记载看，胡濙在当时的排名大约就在此四人之后，而在杨溥之前。例如，宣德九年（1434）八月，朱瞻基巡边，扈从的人员中就有"少师蹇义，少傅杨士奇、杨荣，礼部尚书胡濙、杨溥，工部尚书吴中等"。这个名单中，胡濙排在"三杨"之一的杨溥前。可见，还是在朱瞻基的心目中，胡濙的地位超越内阁大学士杨溥，也超越从永乐五年就开始出任工部尚书的吴中。而且，朱瞻基每次巡边，都会带上这位老臣。朱瞻基经常对他最亲信的大臣赐以印章。朱瞻基前后赐给胡濙四枚印章，分别是"毗陵胡濙""文恭世家""大宗伯章""清和恭靖"。就像赐夏原吉"含弘贞靖"印章、赐蹇义"忠厚宽宏"印章一样,"清和恭靖"四字是朱瞻基对胡濙品格的褒奖。

2. 关键时刻的"老臣"

宣德十年(1435),朱瞻基病逝,留下九岁的儿子朱祁镇继承皇位,此即后来的英宗正统皇帝。英宗年幼,政事由太皇太后张氏掌控,而张太皇太后又能委任大臣,完全继承了宣宗以来的辅政班子,而胡濙与"三杨"即其中的主要人物。宣德十年八月,张太皇太后与小皇帝在宫中召见了五名"执政大臣",除"三杨"外,还有勋臣英国公张辅、尚书胡濙。太皇太后居中坐,小皇帝站在东边。行礼毕,张太皇太后对英宗说:"此五人,先朝所简贻皇帝者。有行,必与之计,非五人赞成,不可行也。"因此,此五人实际上是正统初年皇帝幼弱期间朝政的主持者。后世夸耀三杨,以其处内阁,居中调旨,有辅政之功,而不知胡濙在正统初年仍主持礼部、户部两部之行政事务,功劳亦颇大。正统朝后期,司礼监太监王振窃权,三杨已不可与其抗衡。以胡濙的性情,自然更不可能制衡王振,以致有人在王振败亡之后攻击胡濙以"老猾"事王振。但是,胡濙在正统朝的地位依然坚不可摧,是朝廷之重臣。七十岁那年,他请求回乡养老,没有得到皇帝的批准。正统十四年,英宗在王振的怂恿下御驾亲征蒙古,太监王振、英国公张辅等人扈从,而以胡濙"老臣","特命留守京师"。

然而,正统十四年(1449)八月的土木堡之役,英宗被俘,王振被杀,张辅等一干重臣也殁于此役,数十万大军覆灭,蒙古骑兵逡巡关外,随时可能南向。消息传回北京,京城守军不到十万,且多羸弱,一时人心浮动。不少的官员先期将自己的家眷送出北京城,往南方去了。留守的郕王朱祁钰召集群臣讨论北京城的防守问题。时任翰林学士的徐珵（后改名为徐有贞）便说自己善于观天象，知道北京一定不保，主张立即南迁到南京。胡濙的老家在临近南京的常州府武进县，南迁对他个人而言没有坏处。然而，胡濙深知放弃北京的风险。因为一旦放弃北京，可能放弃的不只是一个北京，而将会是整个北部中国。因此，胡濙在廷议中充分展现了一位老臣稳定人心的作用。面对徐珵等人放弃北京而迁都南京的主张，胡濙没有直面反驳，但首先站出来说："文皇定陵寝于此，示子孙以不拔之计。"的确，如果放弃北京，势必将朱棣以来的祖宗陵寝也一并放弃，将来有何面目再见列祖列宗呢？这位当初曾经上疏建议回迁南京的老臣，应该是在危急关头看到了死守北京的必要性。作为礼部尚书的他，是从"礼"的角度来回答南迁者。这样的驳斥很委婉，但也很有力。之后，兵部侍郎于谦果断地说："欲迁者，可斩。为今之计，速召天下勤王兵以死守之。"这时候，内阁学士陈循、太监李永昌也都赞成继续保卫北京，从而促成了朝廷保卫北京城的决心，也使大明王朝在关键时刻度过了一次危机。

四、天有二日时，需要怎样的"生存法则"

正统十四年的土木堡之变对明代的政治带来了巨大的冲击。在军事应对上是南迁还是坚守的问题得到解决之后，接下来面临更大的一个政治问题：英宗皇帝被俘，皇位空虚，怎么办？在君主专制时代，皇位无疑始终是最重要的政治问题。正统十四年九月初六，皇位问题也尘埃落定：郕王朱祁钰即皇帝位，改次年为景泰元年（1450），遥奉被瓦剌俘虏的英宗朱祁镇为太上皇，立朱祁镇之子朱见深为太子。

尊英宗朱祁镇为太上皇，立朱祁镇之子为太子，表明朱祁钰最初只被定义为一个危难时期代掌皇权的过渡皇帝。然而，皇帝尊荣逐渐改变了朱祁钰当初谦让的态度。《剑桥中国明代史》说，"原来十分勉强地登上宝座并在最初的日子里证明十分优柔寡断"的朱祁钰，到景泰元年（1450）时决定要保持他的权力。态度的转变首先表现在对迎接英宗回京的问题上。景帝朱祁钰深知，一旦英宗回京，自己还能不能再做皇帝就会有问号。因此，景帝避而不谈迎接太上皇回京的问题。该年八月，朝廷派往蒙古的使节礼部侍郎李实发现，朝廷的信中竟然只字未提那位被俘的英宗皇帝。然而，蒙古瓦剌方面也先发现手中的人质英宗已毫无用处，决意要送还给明朝。于是，不久后出使瓦剌的都御史杨善在没有得到景帝授意的前提下成功地"赎"出了英宗。接下来，英宗以什么样的规格进北京城，就成为一个重大的"礼仪"问题。作为礼部尚书的胡濙该怎么办呢？之前的正统十四年八月，作为危难时期对老臣的倚重，景帝升胡濙为太子太傅兼礼部尚书，升王直为太子太保兼吏部尚书。对于他们的上疏请辞，景帝回答说："国家多难，正当委任老成，不必固让。"在旧主即将重回北京之时，新帝的新宠又能否替换对旧主的旧忠呢？处此情境下，每一位大臣都要面临抉择，包括胡濙。

1. 故主情谊

胡濙对旧主的忠诚仍然存在。景泰元年七月，杨善出使前，胡濙上疏说："太上皇帝蒙尘已久，御用服食，宜量与善等赍诣虏营进供。"给被羁押的英宗皇帝带上点御用服食，可谓人之常情，然而景帝没有同意，"奏入不报"。

景帝对于迎接英宗的礼仪，内心深处是不愿隆重的，决定只以简单"用轿一乘，马二匹"的礼仪往迎。这样的礼仪，尽人皆知是过于寒酸了。户科给事中刘福上疏言："今用轿一乘、马二匹、丹陛驾于安定门内迎接太上皇帝，礼仪似乎太薄。"景帝很生气，让礼部会官讨论一下刘福的奏疏。作为礼部尚书的胡濙虽然不敢再公开地站在刘福的立场上，但仍然委婉地开导景帝，说刘福所言，"无非欲皇上笃亲亲之义,乃臣子尽忠之道也,初无别意"。景帝再次以英宗曾对瓦剌的也先说过"送朕回京,迎接之礼宜从简"的话,堵住所有同情英宗的人的嘴。而且,围绕这一问题,大臣之间也有分歧。八月十二日,武清侯石亨、吏部尚书王直、礼部尚书胡濙等人拿着帖子聚观议论,不久散去。帖子是一位名叫龚遂荣的千户给内阁学士高穀的,内容是唐肃宗迎接太上皇唐玄宗的礼仪。吏部尚书王直说:"此礼失而求之野耳,然此论殊伟。"胡濙认为,唐肃宗迎接太上皇的仪轨正好是现在迎接英宗回朝可以参考效仿的,准备将帖子封进,"庶见朝野同情",借此以打动景帝,但都御史王文反对将帖子封进。事情就这么结束了,秘而不宣。然而,礼科给事中于泰弹劾大臣们不该在午门外聚观议论而又不向皇帝禀报,皇帝命各人将隐匿事情据实以闻,于是此事前后便大白于天下,而龚遂荣也承认帖子是自己写的。内阁大学士陈循甚至认为,龚遂荣作为一名武将,向朝廷提这种建议,是不符合他的身份的。景帝虽然没有追究诸位大臣的责任,但把龚遂荣逮入诏狱。当然,迎接英宗的礼仪也不再可能从厚了,而由景帝亲自酌定,只是以极简单的礼仪迎接。不久,英宗从居庸关入,进安定门,入东安门,在与景帝短暂见面之后,就被安排到南城变相地囚禁起来了。

但是,胡濙还是想办法让英宗能够更体面地生活。景泰元年十二月,胡濙再次提醒景帝说:"明年正旦节,在京文武臣至日早行庆贺礼毕,俱赴延安门朝贺太上皇帝,行五拜三叩头礼。"但是,景帝想要让人们彻底忘记英宗,"诏免行"。景泰三年(1452)十一月,胡濙又请求在英宗的生日让百官拜贺于延安门,景帝又不许。虽然胡濙的许多建议格于景帝的反对而不行,但是在迎接英宗回京以及相关安排上,王直、胡濙等人对英宗始终是感恩的,而王文、陈循等人对旧主英宗就相对刻薄了一些。这也是为什么后来英宗复辟后王文被杀、陈循被黜退而胡濙相对体面地致仕的原因。

2. 易储时的沉默

然而，作为臣子，对新君的忌讳要回避，对新君的要求也必定要有一定程度的逢迎，尤其是在涉及新君根本性的利益的时候。这也是当时朝中包括胡濙在内的所有大臣的处境，谁也避免不了。

景泰三年，在稳固了皇位之后，景帝决意要将皇位传给自己的儿子，而不是传给自己的侄子朱见深。这样一来，就势必要"易储"，把原先已立的太子废掉，改立自己的亲子。投机者也看透了景帝的心思。广西的一位土官黄竑有罪，冀图幸免，上疏请立景帝之子为太子。景帝见后大喜，将奏疏传示百官，命大臣们廷议。一时间，天象也开始报警，"连旬地震如雷，举朝震骇"。但是，既然要求廷议，作为礼部尚书的胡濙与侍郎萨琦、邹幹等只得召集文武群臣讨论。胡濙等人其实"心知不可，然莫敢发言，迟疑者久之"。既然没有发言，司礼监太监兴安便说话了："此事今不可已，不肯者不用金名，尚何迟疑之有？"在皇权淫威下，众人本就不敢直接反对，而兴安的催促又无疑代表了皇帝的想法。于是，从公侯勋臣，到六部尚书胡濙、于谦、王直等人，以及参与廷议的人联名合奏："父有天下，必传于子，……陛下应天明命，中兴邦家，统绪之传，宜归圣子。"这样，易储的决定就做出了。

据说，只有很少的人在这次廷议中敢于保留自己的观点，不在同意易储的廷议决定书上签名，如时任刑科给事中的林聪就"涕泪不署名"。户部侍郎萧镃也疾呼："无易树子，霸者所禁，况天朝乎？"意思是说，作为春秋五霸之一的齐桓公与诸侯订立盟约，还要约定不要轻易改立太子，大明王朝怎么能做出这样的事来呢？他还说："周成王幼小的时候，周公摄政，却不曾听说过周公要立自己的儿子为太子。"但是，反对声音太微弱了，于谦、胡濙等大臣没有立场地选择顺从，使易储一事很快便实施了。不久，大臣们因立太子均加官晋爵，少傅礼部尚书胡濙兼任太子太师，少保兵部尚书于谦兼任太子太傅，可以拿着双份的俸禄，但胡濙也坚持辞去一份俸禄。

然而，易储一事使景帝大失人心。时人彭时说，景帝统治的数年，"敬礼大臣，宽恤民下，赏罚亦无失，独易储滕后，为后大义，所以失人心者，在此二事也"。未能站在公正的立场上对景帝进行劝谏的胡濙等大臣，从其自身言是明哲保身，自国家社稷言则是逢君之恶。但是，即便是像于谦这样的在景泰朝大权在握而且颇得景帝亲信的大臣，尚且以"戎事不修，予之罪；立储，国之大事，宰揆与勋旧当任其咎"来推卸责任，认为自己只负责兵部事务，易储这样的事要怪也要怪内阁大学士和勋臣们，就更不能深责已然七十八岁高龄的胡濙了。

3. 置身事外的无奈

此后，深知其间利害的胡濙极力地要避免卷入这场皇位纷争之中。景泰五年（1454），已经被立为太子的景帝之子朱见济死了，太子之位再度空虚。这时候，有人提议要恢复英宗之子朱见深的太子之位。监察御史钟同准备上疏请复朱见深太子之位，被都御史刘广衡制止了。钟同又去找胡濙。胡濙缩头不敢回答，只是嘴里念念有词说："作死，作死。"钟同不听劝，仍然上疏，结果与另外一名上疏的官员章纶被景帝投入诏狱，酷刑逼供，要他们承认"交接上皇"。可见，当时政治情势要求臣僚们在景帝和英宗间作一选择，而不再有所谓公正的立场，即使两面不得罪的滑头立场也不可以。处此情势，胡濙想到急流勇退。景泰六年（1455），八十一岁的胡濙请求致仕养老。景帝不批准，说："朝廷老臣鲜有居卿右者，朕所倚毗，卿宜勉力，以副朕怀，所请不允。"景泰七年，八十二岁的胡濙再次请求致仕，但没有得到允许。不仅不允，景帝对胡濙仍然恩赏有加。景泰七年正月，胡濙家失窃，皇帝亲自下令巡捕御史、锦衣卫官员和五城兵马司严加缉拿盗贼,如果抓不到的话,负责办案的官员要自己拿出钱来抵偿胡濙家的损失。

景泰七年十二月,景帝病重。八十二岁的胡濙仍然忧心国事,具疏问安的同时请立太子。他说:"皇上日亲万机,未建储副,无由助理,致劳圣躬,伏乞早选元良为皇太子,以慰宗庙、社稷、臣民之望。"此时的景帝已然没有儿子,选择太子的来源有两个:一是将英宗之子朱见深复立为太子;一是不选英宗之子,而在外藩另外选皇室成员入继。当然前一种意见占主流。但是,怎么选还没有定论的时候,一些投机分子却选择了另外一条道路:让英宗复位。景泰八年(1457)正月十六日夜,石亨、徐有贞、张𫐄、杨善、宦官曹吉祥等人纠集四百余名禁军赶赴南宫,将门锁打开,用轿子抬着英宗朱祁镇夺宫门而入,在十七日清晨临朝复辟,史称"夺门之变"。据称胡濙在夺门之变发生前是唯一知道内幕但却以年老而拒绝参与的人。当然,他也没有向景帝告发。因此,据说他在英宗复位时,"喜不自胜,扶疾入朝"。一个月后,被废黜的景帝诡秘地死于西宫,或谓被宦官蒋安以帛勒死。至此,这场兄弟之间的皇位争夺画上句号。作为景帝最信任的大臣,于谦、王文等人被处死,陈循也被罢黜,唯独胡濙以其在英宗、景泰二人间相对超然的态度而没有被追究,而是准许他告老还乡。

胡濙很聪明,请辞时顺便将景帝颁给他的"少傅""太子太师"的官职辞了。英宗的态度也很友好,在他的请致仕疏上批答说:"卿以硕德,发身贤科,事我皇曾祖考,以至于朕,逾五十年。历任黄门,遂升宗伯。宅心允臧,处事惟慎。虽经变故,无改厥常。恭和之度,简于朕怀,盖有素矣。"宅心仁厚,处事谨慎,这便是英宗对胡濙的评价。正是有这种处世与立朝的态度,胡濙才平安地度过众多的变故而成就为一位数朝的柱石之臣。作为对这位老臣的酬报,英宗还给了胡濙不少的赏赐,并派驿舟将胡濙送回常州老家,他的儿子胡长宁也世袭锦衣卫镇抚。

天顺七年八月,常州府知府卓天锡做了个梦,梦见胡濙来向他告辞。同日,八十九岁的胡濙去世。讣闻于朝,英宗遣官谕祭营葬,谥忠安。"忠安"的谥号寓意"推贤尽诚,好和不争"。《明英宗实录》对胡濙的生平最后也做了一个小传和评价:"濙为人节俭宽和,喜怒不形于色。待人温恭有礼,时以德量称。性突梯多知,每朝廷建置大议,皆豫定于中而承迎于外,卒能因时以成其功名,故历事累朝,几六十年,荣遇不衰,位兼孤卿,富寿罕俪。"则其性格除温和恭俭之外,又有突梯(圆滑)智慧之处。在他的传记中,人们都传诵着这么一个故事:胡濙出生时头发是白的,满月后转黑;数月后一僧人到家里看他,而胡濙见了僧人便笑;僧人说,孩子是我的老师一位天池高僧转世而来的。神秘的梦以及神奇的转世故事,为的是衬托胡濙神奇而智慧的一生,而他的一生背后则是大明王朝在十五世纪上半叶那波折多舛的政治。

参考文献

陈建:《皇明通纪》,北京:中华书局,2018年。

赵中男:《宣德皇帝大传》,沈阳:辽宁教育出版社,1994年。

汪直

明朝特务政治的缩影

汪直履历表

姓名	汪直
籍贯与出生地	广西大藤峡（今广西桂平以北）
民族	瑶族
生卒年及所处时代	生卒年不详，主要活动在成化年间
生平履历	成化二年（1466），以幼童入宫，安置于万贵妃昭德宫，逐渐升任御马监太监
	成化十二年（1476），成化皇帝欲知宫外事，命汪直易服，密出伺察
	成化十三年（1477），设西厂，汪直领其事，频起大狱如杨晔案、覃力朋案
	成化十三年五月，内阁首辅大学士商辂及九卿请罢西厂，西厂遂撤
	成化十三年六月，西厂复设
	成化十五年（1479）秋，巡边至辽东，次年以辽东战捷加禄米三千石
	成化十六年（1480），至河南，河南巡抚秦紘抗礼不屈，直知其贤，敬事之
	成化十七年（1481）秋，受命与王越往宣府御敌
	成化十八年（1482）三月，内阁大学士万安请罢西厂，西厂再罢
	成化十九年（1483）六月，汪直调南京御马监
	成化十九年八月，由御马监太监降为奉御，后不知逝于何时

成化二十三年（1487），成化皇帝在位的最后一年，刚刚考中进士选拔到翰林院中学习的庶吉士邹智上疏谈论政治。他谈了很多问题，其中最重要的一个问题是宦官问题。他说："臣又闻高皇帝制阉寺，惟给扫除，不及以政。近者旧章日坏，邪径日开，人主大权尽出其手。内倚之为相，外倚之为将，藩方倚之为镇抚，伶人贱工倚之以作奇技淫巧，法王佛子倚之以恣出入宫禁。"虽然违背祖训而使得宦官干预政治始于成化皇帝的高祖——永乐皇帝朱棣，且自朱棣以后历代皇帝在任用宦官的问题上都不顾官僚集团的抗议而越陷越深，但邹智所指出的成化年间宦官全方位地干预政治、军事、社会，表明宦官干政不再是个案。之前的成化二十一年（1485），吏科都给事中李俊也曾率六科官员上疏说："今之弊政最大且急者，曰近倖干纪也……夫内侍之设，国初皆有定制。今或一监而丛一二十人，或一事而参五六七辈；或分布藩郡，享王者之奉；或总领边疆，专大将之权；或依凭左右，援引憸邪；或交通中外，投献奇巧。司钱谷者则法外取财，贡方物者则多端责赂，兵民坐困，官吏蒙殃。……今之大臣，其未进也，非夤缘内臣则不得进；其既进也，非依凭内臣则不得安。"李俊的话表明，宦官机构与人数在膨胀，而且深入政治、军事、财政、人事等各个方面。汪奎在同年上朝廷十事的奏疏中也谈到，"镇守、守备内官视天顺朝逾数倍，作威福，凌虐有司"。甚至，朝廷大臣的进用与保全，都得依凭宦官而行。一言以蔽之，成化年间的宦官权力深入整个社会的肌理之中。在这种政治文化下，汪直是整个冰山凸显在水面之上的一角。

一、权力之源：皇帝的需要与信任

由于封建史家对于宦官的歧视，汪直的年龄是一个谜：他哪一年出生，哪一年在南京寿终正寝，都没有准确的记载。《明史》只在成化十五年（1479）的记事中说了一句"直年少喜兵"，但到底如何"年少"也没有更详细的说法。商辂在请求废除西厂的《修政弭灾疏》中更直接说汪直"年幼未谙世事"，但"年幼"到什么程度亦不可知。因此，我们接下来所要叙述的主人公汪直的履历竟是残缺的。汪直在明代历史上有清楚活动轨迹记载的，也最多只有八年的时间，从成化十二年（1476）到成化十九年（1483）。汪直的瞬起瞬灭，说明了一点，即宦官显赫一时的权力，直接源于皇帝本人对他的宠信。当宦官受宠时，他可以是皇帝的代言人；然而，当宦官被皇帝冷落并异地安置之后，他只不过是一个"备洒扫"的奴才而已。

1. 皇帝亲近身边人

欣赏并且重用汪直的成化皇帝朱见深，是一个宽容、随和但又不失谨慎的人。这样的性格大概跟他早年的经历有关系。正统十二年（1447）十一月二日出生的朱见深，初名朱见濬。三岁时，父亲朱祁镇亲征瓦剌，在土木堡被俘。危急关头，他的叔父朱祁钰继承皇位，而他则被立为太子。景泰三年，叔父朱祁钰废其太子之位，改封沂王，立自己的儿子朱见济为太子。十一岁时，父亲朱祁镇夺门复辟，他又重新成为皇太子，并且改名朱见深。幼年阶段失去父亲的护恃，又数度卷入政治旋涡之中，使朱见深的性格与此前的明朝皇帝相比少了几分跋扈之气，而多有几分谨慎。诚如《剑桥中国明代史》所说，在明代中国特有的环境下，帝王的个性和素质是说明其统治时期气氛的"终极原因"。成化一朝，除南方瑶族之乱、河南荆襄流民外，政局基本平稳，有"平静的间歇期"之喻，倒确实有几分像朱见深个人的风格。对于大明王朝而言，在历经"靖难之役"、"土木堡之变"、"夺门之变"以及天顺朝的宦官曹吉祥的图谋反叛等一系列重大的、剧烈的、动荡的政治事件之后，朱见深治理国家的"简静"是大明王朝特别需要的。成化三年（1467），一个名叫黎淳的官员请求追查当初废太子之事，朱见深批答说："景泰事已往，朕不介意。"为此，清朝人所修的《明史》称颂朱见深"恢恢然有人君之度"。所以，在成化朝的二十三年之中，皇帝既非励精图治也非昏庸愚蠢，大臣中没有特别出类拔萃的政治家，也没有无恶不作的政治恶棍。即便汪直行事跋扈，但持续的时间短，所作所为也不尽像后来的魏忠贤那么血腥。正是朱见深简静的性格以及因之而来的他与群臣之间的相安无事，才使明朝的政治可以缓慢地进入一种相对太平的格局，从而为接下来的"弘治中兴"做铺垫，这是明宪宗朱见深对明朝政治所做的最大贡献。

同时必须要说的是，朱见深还是一个内向的人。据说他有严重口吃，所以不大愿意在公开场合接见大臣。他性格中的内向，大概更多的是受到童年经历的影响。他的童年是在叔父朱祁钰做皇帝而父亲朱祁镇被囚禁在南宫之中的情形下度过的，所以他是跟随祖母孙太后长大的。在景泰朝的七年之中，由于帝位由英宗朱祁镇转到景帝朱祁钰，宫内外情况变得非常复杂而敏感：一方面，景帝做了皇帝之后，自然要尊崇自己的生母吴氏为皇太后，后来又立自己的儿子为皇太子，景帝的祖孙三代是占据政治优势的一方；另一方面，太上皇英宗朱祁镇与钱皇后被囚禁于南宫，朱见深先是做了几年的太子，然后被废黜为沂王，英宗的祖孙三代政治优势因土木堡之变而完全丧失，只能在宫廷中委曲求全。被囚禁在南宫之中的英宗朱祁镇与钱皇后相依为命，而皇宫中的孙太后与朱见深同样只能相依为命。包括胡濙、于谦在内的外廷大臣也并没有对困境中的朱见深施以援手，尽管他们内心深处或许并不认可景帝在景泰三年改换太子的行为。宫中的情况又能好到哪里呢？相信在景泰朝的七年中，朱见深所能信任的、支配的人也就只有祖母宫中的人了。因此，当朱祁镇十一岁时因为父亲重新登上皇位而重新成为皇太子之后，孙太后依然带着惯性地要对他进行庇护，派自己的贴身宫女万贞儿前往东宫照顾朱见深的起居。对于朱见深来说，他童年的经历也使得他特别珍惜自己身边的人。万贞儿是在宣德八年（1433）时四岁入宫，派往东宫侍候朱见深的时候年已二十八，但后来成了朱见深的妃子，即后来一直宠冠六宫的万贵妃。终其一生，朱见深对万氏情深义重，在她死时便预感自己也将不会在人世间待太久，后来果然和她同一年逝世。对于来自万贵妃身边的宦官，朱见深一直很纵容，而汪直就是自小在万贵妃宫中的宦官。朱见深敏感，但很少对身边人下重手，不轻易惩处身边的宦官。成化二十一年，朱见深发现内库金银积蓄被花光了，责备太监梁芳、韦兴说："靡费帑藏，实由汝二人！"又说："我不追究你们，后人会责怪你们！"之前汪直失宠，朱见深也从未受别人的影响对他进行惩处，从而使汪直作为一个"权阉"竟然能在明代士大夫尤其反感宦官专权的政治文化中得以善终。

2. 皇帝需要一个能互补的心腹

童年的经历使朱见深相对内向，重视小范围内人与人的感情，也使他在处事行政时更小心谨慎。他的祖母孙太后有丰富的宫廷斗争经验，非常聪明而机灵，在宣德年间成功地使宣德皇帝废黜胡皇后，由自己取而代之。然而，正统、景泰年间宫中的变化也许会给她好好地上一课，她虽然还是皇太后，但却已经被架空，因为宫中真正受到尊崇的是景帝的生母吴太后。世易时移，她或许理解到，一个人的命运未必跟她的能力完全成正比。形势会教会她更多，让她更谨慎小心，而她与朱见深祖孙在景泰的七年中的宫中生活也必定是谨慎小心。朱见深把谨慎的性格带到了自己的治国理政上。《明宪宗实录》中说，他对于"诸司章奏""手自批阅，虽字画差误，亦蒙诘问"，即他要亲阅大臣们的奏疏，遇到错字都会责问大臣。自小培植下来的谨慎的心态，在他做皇帝时体现在政治上便是有更多的警惕性。朱见深对特务政治的迷恋，是这种警惕性的表现。

一个宽厚而谨慎的皇帝，总想找一个机灵、聪明的人替他办事，这是一种互补，而汪直恰恰就是最好的人选。汪直是瑶族人。成化元年（1465），明廷派韩雍对广西大藤峡用兵。到十二月，韩雍的军队开地大藤峡。大藤峡延广六百余里，上有大藤如虹，横亘两崖之间。韩雍命人以斧断之，改名断藤峡。大藤峡一战中，明朝军队掳掠了不少瑶族的幼童，将他们带到北京，收入宫中。汪直和明孝宗的生母纪氏，大概都是在这样的情况下入宫的。既然大藤峡之战是在成化元年底结束，汪直入宫的时间或者最早应该在成化二年。入宫之后，汪直被安置在万贵妃的昭德宫中。正因为万贵妃于成化一朝在宫中无可匹敌的影响力，她宫中的宦官不少都升到显赫的位置上，年轻的汪直大约在十年后升任御马监太监。但是，年轻的汪直之所以最后会得到朱见深的宠信，是因为他聪明机灵，可以充当皇帝的耳目。《明史》说汪直"为人便黠"，既会说话，又狡黠善应变。一篇不知作者的《汪直传》则说他"年少猥黠"；清初谷应泰《明史纪事本末》说汪直"年少黠谲"。用词虽不尽同，而一个"黠"字，则尽道出汪直的机灵之处。汪直还是一个易容的高手。他可以带上一两个校尉，乔装打扮，在京城内外刺探各种消息而"人莫知也"。对于性格相对内向而且在幼年时曾多少遭受过外廷大臣"抛弃"的皇帝朱见深而言，对于外廷的大臣尽管可以优礼和宽待，但内心深处却未必会百分之百地信任。因此，年少入宫而且聪明机灵、与外界势力没有任何瓜葛的汪直，足以博得朱见深的信任。这对内廷君臣就这么联起手来，在一系列的内外廷现设机构之外，搞了一个新机构——西厂。西厂之设，就是要"大政小事，方言巷语，悉采以闻"，让皇帝广泛了解各地大事小情，对各级官吏进行监督，以确保皇权安全。

二、西厂：不仅仅是皇帝的耳目

1. 在妖异的氛围中登场

汪直怎么入得朱见深的法眼不太清楚，但成化十二年京城及宫中的怪异事件让朱见深很不安，他急需一个能灵敏地打探到各种消息的人来充当他的耳目。《明史·汪直传》记载："成化十二年，黑眚见宫中，妖人李子龙以符术结太监韦舍私入大内，事发，伏诛。帝心恶之，锐欲知外事。"也就是说，那一年宫中连续出事，让朱见深很不安，这才起用了汪直。先出现了妖异的事件——黑眚。黑眚是一种迷信，通常指一种极为妖异的现象，而具体所指则各不相同，有时是一种气体（所谓怨毒之气所积），有时是一种类似犬科动物的妖物，有时是带着翅膀的小虫。现代学者多认为黑眚很难具体有所指向，实质上是一种带有迷信色彩的社会恐慌。成化十二年的"黑眚"，则相传是一种动物，其出现的时间是在七月。《明史》记载："七月庚戌，京师黑眚见。民间男女露宿，有物金睛修尾，状如犬狸，负黑气入牖，直抵密室，至则人昏迷。遍城惊扰，操刃张灯，鸣金鼓逐之，不可得。帝常朝，奉天门侍卫见之而哗。帝欲起，怀恩持帝衣，顷之乃定。"此处黑眚是一种怪异动物，能神出鬼没，致人昏迷，甚至在皇帝上朝的时候侍卫们还亲眼看见，群起哗然，而皇帝也被吓得在宝座上坐不住了，幸亏司礼监太监怀恩在旁，一把揪住皇帝的衣服不让他走。皇帝既然走不了，只得强作镇定。后来万安在奏疏中重提这件事的时候，直接就说是一种动物"妖狐"。

黑眚已让宫中极度不安了，接着又出了李子龙与宦官勾结而擅自入宫的事件。李子龙本姓侯,名得权,小名立柱儿,是保定府易州人。他进入狼山广寿寺为僧,更名为明果。稍稍长大之后,他开始四处游方。在河南的少林寺,他遇上了术士江朝。江朝说侯得权今后命当极贵。不久之后,侯得权又遇上道人田道真。田道真传给他一部妖书,书中说陕西长安县(今长安区)曲江村金盆李家有一位母亲怀孕十四个月才生下一男孩,生产时红光满室,白蛇盘绕,名叫李子龙。受这部书的蛊惑,侯得权决定给自己改名为李子龙,云游到了北京。在北京,李子龙寓居在军匠杨道仙家,而杨道仙与宫中的鲍石、郑忠等人相识,又认识了织染局的宦官韦寒。这些人都受李子龙蛊惑,对他非常敬信,向他行礼膜拜,称为"上师",且经常带他登临万岁山(今景山),俯瞰宫中,或者有时进入宫中。鲍石、郑忠的朋友——羽林卫百户朱广、小旗王原见了李子龙后,都盛称李子龙"有贵相",赠送他鞍马、服用等器物。一时间,这些迷信李子龙的人如癫似狂。锦衣卫发现了这件事,将李子龙等人逮系。案情审讯下来,李子龙、杨道仙、鲍石等人被处死,其他人充军。负责侦办此案的锦衣卫官校孙贤以及锦衣卫都指挥袁彬则都得到了提拔。这起案件发生在成化十二年九月。

几个月来京城和宫中的怪异事件让皇帝很厌恶。他感觉自己事事都被蒙在鼓中,了解外界的欲望也越发迫切,而汪直就是他找到的了解外界的代理人。成化十三年(1477),朱见深命汪直从锦衣卫中选择官校百余人,专门在西安门外的灵济宫之前的旧灰厂办事,称为"西厂"。"西厂"的名称,自然是与东安门外的东厂相对应,所谓"以别东厂也"。而且,东、西两厂的办公场所分列于宫城东西,或者表明朱见深认为仅仅有东厂的探子还不足以覆盖整个京城内外。当然,在锦衣卫、东厂之外增设西厂,也体现了朱见深这位相对内向的皇帝不愿循规蹈矩的一面。在整个明朝十六个皇帝之中,明宪宗朱见深以极其任意地授予他所欣赏的医生、术士、工匠、艺人们官职而闻名,而这类"传奉官"也向来被明朝的士大夫视为当朝最大的弊政,但却实际上也体现了这位统治者总想破除旧例的欲望。东厂之外增设西厂，在提督东厂的太监尚铭之外复要任用一个年少狡猾的御马监太监汪直，不仅仅是为了增加秘密监视的人手，更是反映了朱见深要在体制之外用人的思想。而且，朱见深很顽强地要坚持这样的实验。皇帝的坚定的支持，使汪直和西厂在很短的时间内就成为令人闻风丧胆的人与机构。

2. 不受限的权力会变味

西厂办的第一件大案就是南京镇守太监覃力朋夹带私盐案。南京守备太监是太监所任官职之中的要职，权责颇大，通常与负责守备南京的一位勋臣以及南京兵部尚书参赞军务共同构成该区域权力的铁三角。最早，南京守备太监只有一人，如永乐、洪熙间，郑和曾担任过此要职，后来守备太监的人数增加至两人。除了作为皇帝的代言人监督和负责南京一带的防务外，南京守备太监还有一项重要任务，就是用一百艘大小不一的黄船，将南方生产的宫廷用品和材料源源不断顺利地上贡到北京。覃力朋的贡船入京后返回，装了满船的私盐。盐是国家的专卖物品，贩卖私盐是重罪。非但如此，覃力朋利用其地位威吓沿途州县向他提供挽船的民夫，又让沿途州县的驿递向他提供路费，非法获利白银五百两以及大量的钱帛。船到德州府的武城县时，境内的甲马营巡检司将情况反映到知县那里，知县便派典史前往盘查。结果，典史所率人等根本就登不了船，还被覃力朋的手下打了，典史的牙都被打断了，典史手下的人死了一个，伤了不少。这件事情被汪直知道后，便立即向宪宗朱见深汇报。覃力朋立即被逮捕，按律论斩，后来侥幸不死。这件事情过后，朱见深感觉汪直能检举和发现作奸犯科之人，用处很大。侦办覃力朋案的具体时间不确定，但肯定是在成化十三年的上半年，因为该年六月时任左都御史的李宾谈道，他在复核皇帝所发下汪直、韦瑛等人侦办覃力朋案的案情时，深感巡按直隶的御史郭瑞不但不敢阻止覃力朋的不法行为，反而让地方官府奉承覃力朋，因此汪直等人的行事值得赞赏，而"（汪）直所奏，深切时弊"。汪直在这一件案子中毫不畏惧权贵也不袒护同类的态度，也使朱见深相信自己找到了一个绝对忠诚于自己的人，因而也就更宠信汪直了，授予他上不封顶的权力，而汪直则利用锦衣卫百户韦瑛等人，频兴大狱。

西厂办案直接对皇帝负责，因此可以肆意妄为。如此一来，西厂办案很快就有扩大化和滥及无辜的倾向。成化十三年二月的建宁卫指挥杨晔案牵涉大批官员。杨晔是已故的内阁大学士杨荣的曾孙，因为打死人，有旨命刑部与锦衣卫前往捉拿，杨晔便与父亲杨泰来到北京，藏匿在他的姐夫董玙家中。杨晔在乡里有违法之事，所谓"暴横乡里，戕害人命"。父子远遁京城，是想四处求人找关节化解此事。董玙找到锦衣卫百户韦瑛求援。韦瑛正想找个见面礼给汪直，好成为汪直的心腹，便假装答应，转而向汪直报告说："晔家资巨万，常杀人，带着黄金白银数千两来北京贿赂有关机关，还想要招纳亡命之徒下海。"巨额的财产、命案、意图贿赂、图谋入海，这都是大罪。汪直感到又找到一个立大功的机会，便立即派校尉将杨晔、董玙逮系拷讯，并且还获得一张即将贿赂的人员名单，名单上包括内阁大学士商辂、三法司（刑部、都察院、大理寺）官员以及司礼监太监的名字。第二天，汪直便将此事向朱见深禀报。在狱中，汪直等人对杨晔使用了锦衣卫的酷刑——琶刑。受此酷刑的杨晔据说"骨节皆寸解，绝而复苏"，死去活来。抵刑不过下，杨晔就妄称自己有银两寄藏在自己的叔父兵部主事杨士伟家里。汪直在不向皇帝奏请的前提下，便将杨士伟逮系下狱，并且拷掠杨士伟的妻子儿女。后来内阁大学士商辂抨击西厂办案"或将命妇剥去衣服，用刑辱打，被害之家有同抄劫"，大概指此。案件最后审结的结果是：杨晔死于狱中，不论；杨泰论斩；杨士伟谪官；董玙也几乎死在狱中。

成化十三年四月，又一批官员无辜被抓。《明史纪事本末》记载：

"四月,汪直令韦瑛执左通政方贤、太医院判蒋宗武下西厂狱。礼部郎中乐章、行人张廷纲使安南还,刑部郎中武清广西勘事还,浙江布政使刘福起复至京,汪直并令韦瑛执系之。御史黄本云南、贵州清军刷卷还,汪直令韦瑛搜得象笏一,执送锦衣卫,问为民。"其间所涉官员如左通政方贤是正三品官员,而布政使刘福是从二品官员。逮捕的原因也都没有交代。如果说出京办事后回京可以随身携带别人给予的贿赂,进行侦伺尚且可以理解,那位从家里起复还京的布政使刘福被逮系更让人莫名惊诧了。商辂在《修政弭灾疏》中专门讨论了郎中武清、布政使刘福被抓的事情。商辂说:"职官有犯,缉访得出,请拿送。……今闻西厂将广西勘事郎中武清自通州,听选方面官刘福自歇家,俱拿到厂,监禁数日,辄又释放。"也就是说,武清和刘福都是在途中或者旅店中被西厂的人抓捕,而带到西厂后也没问出什么问题,便又放了,可见西厂在抓人的时候根本就不会考虑一个人是否有罪,更别说先走合法程序了。

显然,汪直把皇帝给予他"便宜行事"的权限发挥到了极致,这些逮捕的举措都不是在向皇帝奏请之后的行为,根本谈不上依循法律和制度来办案。擅捕三品大员的举措更引起了文官集团极大的震动。商辂说,这样的"擅拿擅放,恣意所为",实在是"紊乱朝政"!于是,文官集团也联合起来抵制汪直及其西厂,向皇帝建议废黜西厂。

三、西厂与文官集团的博弈

1. 西厂对文官政治的挑战

成化十三年五月,西厂成了众矢之的。文官集团、内朝的宦官以及普通老百姓对汪直及西厂的所作所为都极为不满。汪直引起了公愤，首先便是民愤。西厂的任务就是打听各种的小道消息，"广刺阴事，诸司政无大小，虽琐至俚谚，悉采以闻"，造成的后果就是所涉事情太多太碎。《明史·汪直传》说："自诸王府、边镇及南北河道，所在校尉罗列，民间斗詈鸡狗琐事，辄置重法，人情大扰。"汪直西厂的特务遍布全国，四处打探各种消息。民间稍有风吹草动，即使是一般的打架斗殴的琐碎小事，西厂也往往要参与，而一旦西厂插手，相关人等所受的处罚便极重。可以想见，在这种情况下，原来的法律制度已经无效，而代之以完全的特务恐怖统治了。而且，鉴于之前的李子龙事件，西厂的校尉们对于妖书、妖言特别敏感，而这类案件的侦办往往能得到厚赏。在丰厚的奖励的刺激下，一些品德败坏的人于是往往先制造一些荒诞不经的"妖书"，使之流传，让无知的百姓传阅，再请西厂校尉加以缉捕，对那些卷入妖书案中的普通百姓施以重刑，一时"冤死相属"。为遏止这种借妖书妖言案来害人整人的风气，时任左都御史的李宾向皇帝上奏，请求今后"妄报妖言者坐斩"，企图用法律手段来约束特务的行为，但效果如何并不可知。但是，西厂引起人心的动荡与不安，却是真实的，一时间"商贾不安于市，行旅不安于途，士卒不安于伍，庶民不安于业"，殆非虚语。朱见深通过汪直来加强对整个社会的控制，看起来事无巨细都能通过西厂的人获知，从而能使自己获得更多的安全感。但是，朱见深的安全感却是建立在整个社会的不安全感之上，其实最终会损害其统治基础，正所谓"修德而民自化，法急而民愈乱"。因此，增设西厂所带来的景象，不是政治发展而是政治倒退。

文官集团对于汪直的反抗则源于多方面的情感。

其一，汪直的西厂完全不遵循制度与惯例，其对于官吏的侦伺令每一个官员都有朝不保夕之感，从而滋生出恐惧感。商辂的《修政弭灾疏》对当时这种朝不保夕的恐惧感有深刻的描摹："皇上临御以来……海内晏然，……实由皇上宽仁大度，省刑薄敛，慈仁爱人之心感孚于上下也。夫何近日伺察太繁，法令太急，刑网太密？官校提拿职官，事皆出于风闻。暮夜搜检家财，不见有无驾帖，人心汹汹，各怀疑惧。内外文武重臣，托之为肱肱心膂者也，亦皆不安于位。百司庶府之官，资之以建政立事者也，举皆不安于职。"商辂的言论虽然挺像儒家仁政的老套路，但其实也深刻地指出了朱见深这种特务统治的危害性：一个"宽仁大度"的皇帝所营造的是"海内晏然"的局面，而皇帝如果着意要去"伺查"底下官员，带来的将是整个文官集团从高官到庶僚的普遍的不安全感，进而会影响他们履职的忠诚度而变得行事犹疑起来。

其二，汪直的行事跋扈与待人傲慢，也可能激怒了一些高级官员，从而使他们完全站到他的对立面。汪直跋扈到什么地步呢？除皇帝之外，汪直什么人都可以不放在眼里，每次出行，"公卿皆避道"。都御史王越最早向汪直表忠心，每见汪直都是跪拜膝行。吏部尚书尹旻托王越介绍去见汪直，也是带头下跪的。但是，年轻气盛的汪直同样在官场上也树敌太多。商辂在杨晔一案中几乎被西厂罗织到案中，其对于西厂之愤慨之情自不待言。另一位高级文官、时任兵部尚书的项忠也是汪直的对头。嘉兴人项忠是正统七年（1442）的进士，历任京官和地方督抚，于成化初年相继平定陕西叛乱、招抚荆襄流民，成化八年（1472）召回北京管都察院事，两年后出任刑部尚书，转兵部尚书，是一个文武全才。这样的一位功绩显赫的正二品官员，在路上遇见汪直没有及时行礼避让，等醒过神来再追上去向汪直赔罪，汪直已经不领情了，并从此记恨项忠，找各种机会羞辱他。《明史·项忠传》中说："汪直开西厂，恣横，忠屡遭侮不能堪。"情急下，项忠也觉得应该先下手为强，在商辂上书攻击西厂的次日，领衔联合六部尚书合疏弹劾汪直及其西厂。

其三，对于众多文官而言，西厂作为一个新机构却享有不受控制的大权，实际上挑战了已然运转了一百余年的政治规则。朱元璋是以彼此制衡的原则来构建其政府的，政府中任何一个部分都不享有超越所有其他机构的权力。朱棣创建的内阁虽然一步步发展成为拥有丞相的权力，但归根结底它仍然是皇帝的秘书机构，除了直接受制于皇帝外，还间接地受到司礼监和六科的制衡。朱棣创建的由宦官管理的东厂，是祖制中所没有的，但其侦察的范围还是限制在缉查大奸大逆，而且自创立伊始到宪宗的成化年间其实并不那么张扬跋扈。但是西厂这个新机构以"承密旨"的借口，不仅干涉重大政治，而且干涉社会的方方面面，引起人们的紧张。官员们不由要想，难道我们在一个承平之世还要接受这么一个强力机构的监管吗？如果西厂事事插手，政府之前的职能从哪里得到体现呢？这种维护正常的政府机构的愿望非常强烈，而且应该说得到大多数文官的赞同。晚明的黄景昉对当时内阁大学士们群起而攻汪直感到不解。他说，商辂攻汪直时，刘珝奋泣，而万安、刘吉等人也相继有言，这些邪佞之人竟然有这样的"侃侃正论"，难道是故作门面吗？黄景昉或许没有理解，文官集团的集体对抗汪直，是因为他们集体感受到了威胁。据说，内阁论罢西厂时，左都御史遇大学士刘吉和刘珝于朝，对他们说："汪直行事亦甚公！如黄赐专权纳赂，非直不能去。商、万在事久，是非多有所忌惮。二公入阁几日，何以为此？"刘珝回答说："吾辈所言，非为身谋。使（汪）直行事皆公，朝廷置公卿大夫何为？"凡事有汪直则可，那还要我们公卿大臣做什么？这可谓一语道破了整个文官集团集体对抗汪直的初衷了。清初学者谷应泰在《明史纪事本末·汪直用事》一篇的末尾感叹汪直的用事，是"国制乱矣"，也是看到了西厂于政治制度上的反常之处。

内阁大学士商辂不愧为当初三元及第的优秀人才，政治经验丰富，深知难以一时让朱见深弃绝汪直，故其攻击主要还是针对西厂这一机构与汪直的心腹韦瑛、王英等人，而对汪直反而说了不少的公道话，强调汪直是被韦瑛等人误导："陛下委听断于汪直一人，而汪直者转寄耳目于群小"，"汪直年幼，未谙世事，止凭韦瑛等主使"。

实际上对商辂等人而言，只要废黜西厂，把相关人员遣散，汪直回归御马监，即便仍得到皇帝的宠信，还能有多大的害处呢？这个斗争策略是明智的。商辂上疏不久，朱见深便很震怒，派出司礼监太监怀恩到内阁诘责，并且传皇帝的话说："用一内竖，焉得便系国家安危？谁主此奏者？"要求将主使之人供出。商辂回答说："朝臣不论大小，有罪都要请旨收问，而汪直却擅捕三品以上京官；大同、宣府是国家在北边的军事重镇，其守备官员职责颇重，而汪直一天之内抓捕守备数人；南京是根本重地，而汪直敢于轻易地收捕南京留守大臣；皇帝身边的近侍，汪直也动辄更换。因此，汪直不罢黜，国家安得不危？"商辂还说，若要问主使之人是谁，"臣等同心一意，为国除害，无有先后"。同在内阁的万安、刘珝、刘吉等人也慷慨陈词。商辂对同僚们说："诸公为国如此，辂复何忧！"怀恩回奏。次日，兵部尚书项忠纠集九卿一道弹劾汪直的奏疏也上来了。面对从内阁大学士到九卿的一致公愤，朱见深知道汪直犯了众怒，非罢黜不可，于是命怀恩将汪直所犯过错告知汪直并责备他，让他回御马监办事，同时将汪直手下的韦瑛等人发配到宣府，西厂中的办事校尉也都散归锦衣卫。

2. 西厂的胜利

西厂虽罢，汪直之宠却未衰。朱见深仍然"有时密召直察外间事"。汪直记恨商辂、项忠等人，想方设法报复。他先是重提当初的杨晔之案，说商辂为让杨晔父子免罪，曾接受他们赠予的曾祖杨荣的玉带。商辂上疏辩解说："辂纵贪滥，肯受前辈先生家物乎？"杨荣由翰林院入内阁为大学士，商辂也是由翰林院起，入内阁为大学士，故称前辈。商辂的意思是说，我商辂即便贪滥无耻，也不至于受用前辈杨荣所用物品。然而，受此人格的攻击，商辂一意请辞，加少保，驰驿而归。汪直的下一个目标便是项忠。他指使自己的心腹锦衣卫百户吴绶让江西都指挥使刘江等人诬告项忠，又恰逢给事中郭镗等人弹劾项忠，竟将项忠逮系下狱。项忠之狱后来证据不足，但大家都知道汪直要除掉项忠，最终将项忠革职为民，而项忠的亲信兵部武选司郎中姚璧也被降职。

文官集团毕竟不是铁板一块。他们在废除西厂的问题上一度联合起来，但是这种联合本就不牢固。项忠当初号召九卿上书的时候，吏部尚书尹旻的态度就不积极。据说，当时兵部武选司郎中姚璧奉项忠之命拿着奏本去尹旻官署请他率先署名，尹旻说："奏本是项公所撰的，应该以兵部尚书为首才对。"姚璧说："您是六卿之长。"尹旻怒道："今天才知道我是六卿之长啊！"尹旻甚至把项忠等人要弹劾汪直的消息立即就向韦瑛透露。时任都御史的王越则一直是汪直的心腹。当外廷大臣们还不知道如何与汪直交接的时候，王越已与汪直的心腹韦瑛密接，每日伺候汪直。

一些投机的文官趁机给汪直颂功，为复开西厂做舆论的准备。六月，在一个位置上坐了九年都没有挪窝的御史戴缙想找一条升官的捷径，便上疏称颂汪直。他在疏中说，近些年来灾害频仍，从未听说大臣们提拔了哪位贤才，黜退了哪位不肖之人，唯有太监汪直"厘奸剔弊，允合公论"，仅仅因为一个韦瑛行事张扬，便革去西厂，是因噎废食。赞颂汪直就相当于赞颂皇帝用人得当，朱见深自然高兴。而且，戴缙疏中批评大臣不能尽职，要他们各自陈去留。果不其然，不久刑部尚书董方、左都御史李宾等人都自陈请致仕了，加上免职为民的项忠，当初弹汪直的大臣倒下了一半，剩下尹旻、王越等人在朝。利用这一机会，一时罢黜的官员达数十人之多。御史王亿的上疏更下流而无耻。他说："汪直所行，不独为今日法，且可为万世法。"作为回报，戴缙由正七品御史升任从五品的尚宝司少卿，王亿由御史升从四品的湖广按察副使。正直的官员虽然对戴缙、王亿的人品可能极为唾弃，然而政治形势既已逆转，西厂的复设便势不可当了。六月，朱见深命恢复西厂，由汪直负责"刺事"。

四、远离皇帝的西厂不能存在

西厂复设,汪直仍然恪尽为皇帝"刺事"的职责,虽然不像之前那样动辄捕系官吏,但仍然遍巡全国各地。凡经行之地,地方官员就要极其小心地伺候,稍不如意,就会受汪直的羞辱。汪直动辄"棰挞守令",气焰嚣张。成化十四年(1478)七月还闹出过假汪直事件。江西人杨福因为长得像汪直,就假扮汪直,让自己的朋友们扮成校尉,从南京到芜湖,再到常州、苏州、杭州、宁波,一路招摇撞骗,"有司及市舶司官皆屏息奉命,威福大张",直到到了福州,大概被熟悉汪直的镇守太监卢胜识破,才结束这场骗局。假汪直尚且如此,真汪直的气焰可知。当然,也有不畏强权的官吏。在河南,汪直便遇上了不畏强权的巡抚秦纮。秦纮巡抚陕西时,因为治秦王府旗校之罪而得罪秦王,朝廷将秦纮逮系,搜其家,仅黄绢一匹、布衣数袭,以此为成化皇帝深知,了解秦纮为官的清廉与正直。汪直到河南,秦纮不但没有像别的地方的巡抚那样奴颜婢膝,反而密疏举报汪直所坐的乘舆逾制,役使的仆从过多,把汪直离开皇帝身边之后嚣张的一面告诉了皇帝。汪直回到京城,朱见深问他河南的官员贤否。汪直只称赞秦纮贤。朱见深便拿出秦纮的密疏给汪直看,汪直看后,叩头谢罪。在浙江的绍兴,汪直见到绍兴知府杨继宗,说:"人们都说杨继宗,却不料长得这么丑陋。"杨继宗冷冷地回答说:"我虽丑陋,却还不至于损伤父母给我的身体。"汪直没有吭声。杨继宗这句话,意在讥刺汪直是一个阉过的太监。后来,成化皇帝问汪直:"朝觐官中谁最贤明?"汪直回答说:"天下不爱钱者,唯杨继宗一人耳!"秦纮与杨继宗可能是得罪汪直而未受到惩罚的特例。

1. 忘本：远离权力的中心

总体来说，重开的西厂不再像之前几个月那样猖狂了。这或者是接受了前几个月的政治风波的教训，更重要的原因则可能是因为年少轻狂的汪直的兴趣发生了转移。他由之前喜欢打探各种小道消息转而喜欢上了带兵打仗，迷恋上了巡边。《明史·汪直传》说汪直"年少喜兵"。这应该说是他失宠的致命伤。他从御马监太监的位置上为人所知，而御马监在明代素有"内司马"之称，意为"宫中的兵部尚书"。晚明学者沈德符在其《万历野获编》中说："御马监虽最后设，然所掌乃御厩、兵符等项，与兵部相关。近日内臣用事稍关兵柄者，辄改御马衔以出，如督抚之兼司马、中丞。"这是说明代宦官用事，当其事权涉及兵权时，皇帝就会让他改御马监之衔出，就像明代的总督、巡抚通常带兵部尚书或都察院衔一样。御马监的职掌，除管理御马外，还统领一支由腾骧左右、武骧左右等四卫以及勇士营组成的禁兵。这支禁兵队伍负责宿卫扈从，可以说是皇帝的贴身警卫部队。一旦皇帝出征，御马监太监一般随行，掌兵符火牌，提督军务。所以，御马监太监汪直自上任以来，一直就在与军事打交道，他迷上带兵打仗也就可以理解了。

成化十五年秋，汪直受命巡边，"日驰数百里"。巡边从辽东开始。辽东距北京近，是明朝在东北的重要防守前沿。时陈钺以都御史巡抚辽东，但所作所为多不称职。当时，马文升以兵部侍郎整饬辽东防务，对陈钺多有抑制，两人交恶。值汪直巡边至辽东，陈钺便决意投靠汪直。他命人远远地清扫道路，戎服远迎，匍匐行礼，"每见必叩头，趋走若徒属"，让自己的儿子"父事"汪直，且厚贿汪直左右人等。马文升的态度相反，不仅与汪直分庭抗礼，而且"奴视直"。一俯一仰之间，陈钺就有机会挤走马文升。之前，马文升禁止辽东各地铁器出境。建州女真当时多次犯边。两件事情本未必有联系，汪直却说马文升"禁诸农器不与诸房"引来了边患。朱见深对汪直的话从来都是深信不疑，遂收马文升下狱，谪戍四川。接着，陈钺向汪直出了一个馊主意：找个机会征建州女真的部落首领伏当加，立下殊功伟业，以固上宠。于是，陈钺上言伏当加正纠集兀良哈三卫图谋入寇，请先发制人，出兵征讨。时任兵部尚书的余子俊以为无故兴兵不宜。但汪直却再入奏皇帝，得到批准，命由抚宁侯朱永总兵，陈钺提督军务，汪直监军，往讨建州女真。途中于广宁（今辽宁锦州）遇上建州女真入贡的贡使六十人，全部杀害，又直扑建州女真的聚居地。由于猝不及防，建州女真来不及抵抗，年轻力壮的逃匿，而老弱则尽被汪直所率的明军杀害，房舍尽焚。这一次的无端战争，不仅给建州女真的人民带来了灾难，而且使明朝在辽东数十年的粮草积蓄一战而空。掩杀贡夷为功之事，兵部尚书余子俊曾以此事弹劾陈钺，但皇帝因为汪直的原因没有追究。相反，汪直等人却以这样的"大功"加官进禄：汪直禄米加三千石，陈钺升尚书，朱永由抚宁侯晋爵保国公，时在成化十六年（1480）。汪直甚至还想像永乐年间那样发大军讨伐安南，但遭到了兵部尚书余子俊、职方郎中刘大夏等人的强烈反对，皇帝没有批准。战争虽然一时给汪直带来了直接的酬报，但战争的破坏以及其后续的效应却不是汪直所能应付的。之后建州女真与蒙古人常以报仇为名对明朝的边境进行骚扰。

汪直喜欢军事，喜欢巡边，就意味着他会离皇帝越来越远，汪直所受到的宠信也就逐渐下降，进而最终导致了他的失宠。如何陪伴封建君主并且固位邀宠，年轻的汪直毕竟没有学透。相反，汪直的跋扈让宫里宫外的人都对他不满。据说一个名叫阿丑的小太监，经常为成化皇帝表演，插科打诨，为皇帝逗乐。有一次，阿丑表演一个喝醉酒的小太监撒酒疯。小太监醉酒，撒酒疯，旁边人告诉他说："皇上来了。"小太监不理睬。旁边人又说："汪太监来了。"小太监立即逃走，边走边说："今人但知汪太监也。"转眼间，阿丑又改扮成汪直，操着两柄大斧——"钺"，来到皇帝身边，说："我带兵全仗此两钺。"旁人问:"你的钺是什么钺呀?"阿丑说:"王越、陈钺。"成化皇帝听了,会心一笑,笑过之后自然不能不有所省悟。宫中的其他太监也趁机攻击汪直。提督东厂的太监尚铭办了一件要案,抓了不少盗贼,获得了皇帝不少的赏赐,引起了汪直的嫉恨。汪直发怒说:"尚铭是我推荐上位的,竟然敢背着我贪功!"尚铭得知情形后,也害怕,转头便向皇帝举报汪直行事的不法,其中最敏感的一条是"泄禁中秘语",即汪直把皇帝私下里跟他说的话说了出去。各方面对汪直的不利信息汇聚到朱见深那里,朱见深自然对汪直失望,并且决意开始疏远他。总之,汪直在宫里的时间太少了。他忽略了他的权力都来自朱见深的授权,而朱见深的授权来自对他的信任与喜爱,这种私人感情是需要时间维护的。疏于维持,就可能导致满盘皆输。

2. 被权力抛弃

成化十七年(1481),皇帝决定把汪直派到北京以外的地方去,让他与王越一同带兵到北京西北面的宣府御敌。汪直以为只是一次正常的执行任务而已。在宣府,汪直等趁蒙古近处游牧者不注意,往往夜袭其营,"斩获其老幼妇女以归",以此报捷。随征的汪姓家子侄也都升指挥、千户、百户。然而,也正是从这一刻起,注定了汪直的命运开始走下坡路了。战事结束后,汪直请求班师回朝,但皇帝却只是让随征的将士回朝,汪直和王越却被留在边境地区。汪直接到了移驻大同任镇守太监的任务。然而,"久镇不还"之下,汪直"宠日衰"。成化十八年(1482)三月,久处汪直淫威之下的官员,大概感知到朱见深对汪直的疏离,开始尝试弹劾汪直,说他"苛察纷扰,大伤国体",并请求废除西厂。但朱见深并不为所动,只是说"朝廷自有处置"。内阁首辅大学士万安也觑破了这些变化,趁机上奏请求废西厂。他约刘珝一同上疏,但刘珝退缩了,而万安决定独力完成这一壮举。万安的上疏从朝廷的防微杜渐的机构设置与变化娓娓道来。他说,朝廷缉访奸恶,最早有锦衣卫；朱棣担心外官徇情，增设宦官提督的东厂，内外相制，防范措施已经很完善了；皇上因为之前妖狐之事，添设西厂，只是"权一时之宜，慰安人心"；现在汪直已然出京镇守大同了，所以西厂就没有必要再设了，请求让西厂的校尉们各自回到锦衣卫去。万安的疏进呈之后，朱见深竟然下旨废除西厂，一时天下欣然。这也是素来被人们称为奸佞小人的万安所行的一件德政。次年六月，因为汪直在大同与总兵许宁不和，巡抚郭镗向朝廷报告，此时朱见深对于自己昔日最宠信的太监汪直已没有任何留恋了，便让他去南京的御马监任职。

或是担心汪直卷土重来的历史重演，或是仅仅觉得除恶务尽，作为言官的御史徐镛等人在成化十九年八月进一步合疏攻击汪直。徐镛等人之疏归结为两点：其一，汪直欺罔弄权，大肆罗织，以至于京城内外，只知有西厂，不知有皇上；其二，汪直挑起了东北战事，以至于边境骚然，军民受害。无论是大权旁落，还是好战而生事端，显然都是皇帝最担心的事。最后，御史们请求追查汪直的责任，将汪直"明正典刑，籍没家产，以为奸臣之戒"。这已经敢于公开地在奏疏中称汪直为奸臣了，而朱见深不仅不以为忤，反而顺水推舟，把汪直由御马监太监降职为奉御。汪直的心腹中，韦瑛之前已被处斩，王越被削去了威宁伯的爵位，陈钺、戴缙、吴绶等人被革职为民。汪直昔日所迫害的项忠以原官致仕，马文升召还北京，任左副都御史巡抚辽东。

汪直的政治生命终结了。从此，汪直在人们的视野中完全消失。他以一位普通的宦官在南京度过了后半生，没有人注意过他何时去世！

参考文献

方志远：《成化皇帝大传》，沈阳：辽宁教育出版社，1994年。
丁易：《明代特务政治》，北京：中华书局，2006年。

唐寅

另一种文人形态

唐寅履历表

姓名	唐寅
字号	字伯虎,又字畏,号六如居士
籍贯与出生地	南直隶苏州府吴县(今江苏吴中)
家庭出身	商人家庭
生卒年及所处时代	1470—1524,明中期,主要活动在成化、弘治、正德朝
生平履历	成化二十二年(1486),十七岁,画《贞寿图》为沈周母寿
	弘治六、七年间,父、母、妻子、妹妹先后去世,唯一幼弟存
	弘治十一年(1498),参加应天府乡试,成为该科举人第一名,即解元
	弘治十二年(1499),赴北京会试,卷入科场案,与主考官程敏政、举子徐经等入狱,后释放为吏,愤而回乡
	弘治十三年(1500),向周臣学习作画,开始以卖画为生
	弘治十八年(1505),在苏州城北建别墅桃花坞
	正德九年(1514),应宁王朱宸濠之约赴江西,后察觉宁王不轨,次年佯疯脱身以避祸
	嘉靖二年(1523)十二月二日,卒。其时公元纪年为1524年1月7日

学而优则仕，是儒家入世精神的体现。明代的士人，除了洪武年间那段时间因为专制的无端与残虐而不愿入仕外，在永乐以降则逐渐被笼络到了科举的笼子中。制度化的考试、相对优厚与稳定的入仕生活，使得读书中第做官成为士人习惯性的路径。只要考试中第，获得一官半职，除了俸禄之外，还有政治和经济上的特权，而这些权力对于大多数官员而言是完全可以转化为财富的，买田置地，收取地租，从此过上丰裕的生活。在此之后，则是所谓精神上的追求，诗文书画，都是他们闲情逸致的体现。他们可能以诗文获利，如有名的文人为人们撰写墓志铭通常会获得丰厚的润笔费，但他们却很少视此为一种市场的行为。他们自视为斯文的传递者。然而，到了明代十六世纪，却出现了这样一批文人，他们没有官职，社会地位浮沉不定，并且毫不讳言以诗文书画为职业。唐寅大概就是这样一种文人。

唐寅的名字，远没有唐伯虎响亮。伯虎是唐寅的字，他是成化六年（1470）庚寅虎年生人，排行最长，所以他的名与字实在跟他出生的年份有密切关系。成化是明宪宗的年号。那位后来曾特别地宠信了汪直数年的皇帝，自成化初年就有一个特殊的爱好：不经吏部便给那些他喜欢的具有一定技能的人授予官职。这在明朝的士大夫看来始终是一桩弊政，因为传奉官的存在挑战了文官政府既定的选拔官员的程序和标准，从而促使原本以士大夫为主体的文官政府中开始充斥了一些向来被士大夫们视为贱役的技术型人才，包括医生、画师、匠人、僧人和道士以及善于堪舆的风水术士，等等。这让那些寒窗苦读的士子感到不公平，并且他们还担心"万般皆下品，唯有读书高"的价值观会被颠覆。然而，立场不同，观点也就会改变。在今天的史学家们看来，传奉官这一"弊政"为技术人才开放了获得身份和地位的一条通道，某种程度上改变了以往只有读书科举一条路才能在社会阶梯上获得上升的状况，对整个社会而言是一种解放，而明朝的社会转型自此开始。成化、弘治年间的社会变迁，引领明代社会进入一个更活泼的时代。著名的画家唐寅便是在这样一个时代里成长起来的另一种形态的文人。

一、从文人必经的科举路解脱

每一种解脱，背后往往都有一个痛苦的历程。人们总是在失意或者无奈中离开自己熟悉的以为可以走一辈子的路，再茫然地一脚踏入荆棘丛中，却不料从此开辟另外一番天地。唐寅就是在弘治十二年（1499）被迫离开自己人生的正常轨道，卷入一桩科举案，而结果则是他自此再与仕途无缘。

1. 竞争加剧时，科举弊案生

弘治十二年春天的科举案，可以说是明朝开国以来第一例科举会试中的疑案。在之前的明代科举史上，曾有过洪武三十年（1397）的"南北榜"的事件。那一年多疑的朱元璋因会试所录51人全部出自南方，便怀疑主考官作弊，于是亲自主持策问，录用了北人61名，史称"南北榜案"。但是，南北榜案其实并无多少"弊"可言，它更多地体现了朱元璋的猜疑，或者也只是他要借此申明自己要扩大统治的基础，在北方人中延纳人才，从而以专制权力对科举横加干涉。但是，自此以后，明代科举进入一个稳定的制度建设期，日益稳定而有序，乡试、会试录取人数定额制、南北中卷的名额分配等制度逐渐形成。与之相应的是，科举也越来越成为选官的唯一途径，而整个社会对科举也一天比一天更重视。按照明朝制度，每三年举行一次乡试，各府州县的儒学生员（俗称秀才）中的优秀者可以参加考试，通过乡试的人称举人；举人可以到北京城参加由礼部主持的会试，通过会试之后由皇帝殿试排定名次，就成了进士，相当于获得最高学位，之后顺利进入仕途，享有政治、经济特权和较高的社会地位。因此，培养子弟考举人、考进士，对十五世纪任何一个家庭来说，是荣光，也是梦想。唐寅的家庭也不例外。据说唐寅的父亲唐广德是一名经营餐饮业的商人，但"贾业而士行"，是一个羡慕读书人体面生活的商人，所以也一直期望唐寅能通过科举振兴门第。

然而，当所有家庭开始重视科举之后，千军万马过独木桥的情况也就开始出现了。明朝规定，科举必由学校，也就是要参加科举，必须先进入官方办的府州县学中读书，尽管有少量的读书人以儒士的资格偶尔也能参加乡试。官方的学校也不是无限大的，而是额定了一定的规模，最初规定府学为40名学生、州学为30名学生、县学为20名学生。后来，为了满足读书人获得科举考试的资格，原先的规定就不得不突破，于是在这些"正生"之外有"增广生"，再然后又有"附生"。生员的规模越来越大，然而每三年各个省录取举人的名额却大致是稳定的。像苏州所在的南直隶，虽然是人才荟萃之地，每三年一次的乡试，所录取举人的名额，在唐寅的时代也就是135人。每年各省新增加的举人，加上历科会试没有考中进士而黜落下来的举人，都会在乡试次年蜂拥至北京，参加礼部举行的会试，因此会试参与的人数越来越多，而录取人数却有限。在唐寅会试的那一年，录取进士名额也不过就是300人，而参加考试的举人数是3500人，录取率不到10%。

科举通道越来越窄，竞争越来越激烈，士子们躁进的情绪和敌意，也会在这种竞争中加剧。正是在这种背景下，科举弊案才会在明代中后期越来越多。尽管大部分明代的科举弊案都最终没能坐实，但因此却反映了士人们面对科举时神经上那种猜疑和脆弱。既然一切皆不可捉摸，出身不可以，才情不可以，那么一切只能归之于命运了。于是，苏州的人们，参加科举考试之前便总要到江东庙去拜一拜。才子唐寅的命运，果真能掌握在自己的手中吗？

2. 功名似乎唾手可得

唐寅是一个极聪明的人。他年轻的时候并不像别的读书人那样专心于科举文字。但是，他的朋友祝允明劝他说，既然入府学做了学生，就应该有一个学生的样子，就应该朝着朝廷为学生们所设定的读书人的目标前进，就应该在科举上展示自己的实力，否则不如脱去学生的青衫，做一个浪荡的平民。这样的规劝说服了唐寅，他对祝允明说，自己决定静心一年，专心于举业。他很自信地说："闭户经年，取解首如反掌耳。"他的目标不仅是中举人，而且要中就要中举人的头名。果不其然，弘治十一年（1498），唐寅以苏州府学附生的身份参与该科应天府乡试，并且以头名的成绩通过考试。举人的头名，被人称为"解元"，后来人们常称唐寅为唐解元也是这个缘故。明朝人编写的《南国贤书》中记载弘治十一年应天府乡试的135人名单，排在最前面的便是"解元唐寅，苏州府附生，《诗》，吴县"。《诗》说的是唐寅参加考试的本经《诗经》——每个考生参加科举考试时，要在五经之中选择一种经典作为自己的本经，而考试时他也只需要考这种经，而可以不去做其他四种经的题目。吴县当然是唐寅的籍贯——苏州府吴县。当然，唐寅更详细的居住地，是吴县的吴趋里。这一年，唐寅二十九岁，风华正茂，锋芒锐利无比。

这样的锋芒最终害了唐寅。明代的应天府乡试，其实不仅荟萃了相当于今天的江苏、安徽两地的江南才俊，而且参加乡试的人员中还有在南京国子监的全国的优秀的读书人。因此，南京乡试的解元具有很高的含金量，往往被视为次年会试头名"会元"的有力争夺者。唐寅成为新科南京乡试解元，一时间是万众瞩目之人。注目的不仅有士子，还有一批以汲引人才为己任的官员。唐寅的乡试主考官——司经局洗马梁储——非常欣赏唐寅，回北京之后也是四处替唐寅宣扬，包括向当时的翰林院学士程敏政盛赞唐寅的才华。进士的功名对他而言似乎唾手可得。然而，结果究竟又会怎样呢？

世事难料，科举考试同样极富偶然性。一个才华横溢的士子，似乎并不一定能够平蹚明朝的各级考试。我们后来在晚明的历史上看到被科举折磨得几乎气息奄奄的才子有：以文学和史学擅名的焦竑，五十岁才考中状元；著有《四友斋丛说》的松江才子何良俊，虽然被那么多人包括著名的学者官僚耿定向看好，却一辈子只是一个贡生，连个举人都考不上；被人们称为科举名家的艾南英，也只是在四十一岁时中了举人，之后一辈子都没考上进士……如果唐寅晚生若干年，他或许可以从那些落寞的才子身上学会收敛。但是，在那时，摇荡他心旌的，或许只有那十八岁中进士的李东阳、二十一岁中一甲第二名进士（榜眼）的程敏政，两人均是十五世纪的"神童"。这是一个似乎才能可以决定一切的时代，但似乎也是一个开始慢慢地呈现出造化弄人的时代。唐寅没来得及发现时代变迁的真相，便一脚绊倒了。后来的调查也证明，在备录取的三百份考卷中，没有唐寅。即便不是科举案，唐寅也一样要在会试中铩羽而归。当然，如果有一个深谙世故的长辈的教诲，唐寅或者可以收敛一些，以谦卑的、不那么引人注目的方式顺利地跨过会试这道门槛。但是唐寅没有，他的父母亲在其参加会试之五年前先后病故。据说，文徵明的父亲文林对唐寅的才气和性情有自己的理解，曾对文徵明说："子畏之才宜发解，然其人轻浮，恐终无成。"然而，文林的话终归只对文徵明说，却无法说给唐寅听。

于是，唐寅在众目睽睽之下和沸沸扬扬的议论中来到剧场中央。据说，为了感谢梁储的知遇之恩，唐寅在梁储离开北京时谒见翰林院学士程敏政，请求程敏政为梁储写一篇送别的序文。这大概是他与后来的主考官之间唯一的一次交往。然而，跟唐寅一同出场的还有江阴人徐经，他是后来以地理学闻名于世的徐霞客的高祖。徐经来自江阴县（今江阴市）的大族，家世巨富，父亲徐元献中过举人，而他本人是弘治八年（1495）的举人，比唐寅早三年中举。这一年北上入京会试，他邀请新科解元唐寅与他同舟而行。对于徐经这样的富家子弟来说，他只是不惜金钱去结交优秀的人物，但对唐寅这位穷书生来说，朋友的富庶与广使金钱却最终给他带来了不可测的后果。徐经与程敏政之间的金钱往来，于是把唐寅卷了进来。唐寅那锐利得不可一世的锋芒也害了他自己。如果在获得暂时的成功——乡试中举——之后，唐寅有一颗敬畏与收敛的心，也许就不会在被众人仰望的同时成为众矢之的。不可一世的骄骄之态，必然会让人们心生嫉妒。"公议于朝，私议于巷"的舆论，一部分是对于科举中可能的不公正的猜疑，一部分是对唐寅的暗箭。明人尹守衡在谈到唐寅不幸卷入科举案时叹惜说："夫士负不羁之才，故多违俗之累！"不羁是唐寅永远的伤。

3. 梦断科场案

王鸿绪《明史·唐寅传》记载："（唐寅）举弘治十一年乡试第一。座主梁储奇其文，还朝示学士程敏政，敏政亦奇之。未几，敏政总裁会试，江阴富人徐经贿其家童，得试题。事露，言者劾敏政，语连寅，下诏狱，谪为吏。寅耻不就，归家，益放浪。"这段记载太简单，只说程敏政因为梁储的推荐而欣赏唐寅，而徐经贿赂程敏政的家童事先得到试题，其狱词又牵涉唐寅，对唐寅如何卷入其中却交代得很简单。

不妨从《明实录》的记载仔细推考其来龙去脉。《明孝宗实录》卷一四七记载："（弘治十二年）二月丙申，命太子少保礼部尚书兼文渊阁大学士李东阳、礼部右侍郎兼翰林院学士程敏政为会试考试官。……丁巳，户科给事中华㫤奏：'国家求贤，以科目为重，公道所在，赖此一途。今年会试，臣闻士大夫公议于朝，私议于巷，翰林学士程敏政假手文场，甘心市井。士子初场未入而《论语》题已传诵于外，二场未入而表题又传诵于外，三场未入而策之第三、四问又传诵于外。江阴县举人徐经、苏州府举人唐寅等狂童孺子，天夺其魄，或先以此题骄于众，或先以此题问于人。此岂科目所宜有？盛世所宜容？臣待罪言职，有此风闻，愿陛下特敕礼部场中朱卷凡经程敏政看者，许主考大学士李东阳与五经同考官重加翻阅，公焉去取，俾天下士就试于京师者咸知有司之公。'"二月丙申是二月初六日，程敏政接到会试副主考官的任命，按照正常的程序，一般在次日（即初七日）考试官进入贡院，从此封闭起来不与外界接触。参加考试的举人们则会在初九日、十二日、十五日相继进行三场考试。华昹上疏的时间是二月丁巳，即二月二十七日，应该是阅卷与录取工作已结束，就等着放榜公布的时候。在此最敏感的时间，华昹的一道奏疏让贡院内外的人都相当紧张。华昹说三场考试中都有题目泄露了，而徐经、唐寅等人似乎都早早地掌握了考试的题目，所以应该重新核查一下程敏政经手的考卷，以示公正公平。

华昹说自己只是"风闻"，是道听途说，但明朝的言官们向来有"风闻奏事"的习惯与权力。如此重要的事情，自然也立即引起皇帝的重视，不能不核查。皇帝很快就让会试主考官李东阳负责核查。三月初七日，主考官李东阳向皇帝递交了核查报告，意见如下：自己按华昹的举报说程敏政曾给徐经、唐寅泄露过题目，考察已录取的三百份正卷，没有徐经、唐寅两人，与其他同考试官再翻阅了几天，也觉得没有可以再议之处了，便出榜公布了录取的名单。按照李东阳的意见，徐经、唐寅等人没有实际获益——他们两人并不在取定的三百人之内。泄题之说，又并无实据，所以没有再核查的必要了。

但是，弘治皇帝决定继续追查程敏政、唐寅、徐经等人之间是否有过交易，将举报的华昹，以及当事人唐寅、徐经一同送到锦衣卫镇抚司狱审讯。主考官程敏政无事，告状的给事中华昹反而入狱，引起了同为言官的六科和都察院官员的不满。他们纷纷要求把程敏政逮系入狱。审讯中，徐经承认他曾为结交程敏政而送他金币，于是程敏政有接受贿赂而卖题的嫌疑。四月，程敏政下狱。然而，在后来的审讯中，徐经又推翻自己原先的供词，称自己来到北京后，只是因为倾慕程敏政的学问，向他请教过科举考试中能出哪些题目，而金币是自己请求跟随程敏政问学的贽礼，原有供词是刑讯逼供出来的。六月，科举案结案。朝廷对程敏政的结论是：程敏政贪财而不知避嫌，以致招来物议；徐经、唐寅夤缘求进，没有品格；华昶只是没有根据乱说一气。三方当事人谁也没落着便宜，程敏政就此退休，华昶降职，而徐经、唐寅谪充吏员。这也就是说，调查表明程敏政因贿赂而卖题的可能性是不存在的，否则绝不是简单的致仕了事；徐经贿赂家童而获得考题的可能性也是不存在，否则不可能不严惩。

从明代科举出题来看，一百多年后崇祯年间的会试出题中，《四书》的题目是由同考官们每人出几道，放到一起，由资历最长的一位同考官以抓阄的方式选上三道，所以后世也有"阄题"的说法；五经与第二场、第三场的出题往往也是同考官预先各自出好考题，再交由两位主考官从中选定。弘治十二年的出题规范究竟如何，是否会比后来的出题规范相对简单一些，就不得而知了。然而，作为副主考官的程敏政要在正主考官李东阳以及14名同考官众目睽睽之下，把自己心中拟好的题目变成正式考题，还是有一定难度的。同考官之一工科给事中林廷玉曾经因为华昶同为科臣而上疏营救华昶，并指出在考场内程敏政的行为有六个疑点，但这些说法，出于党同伐异的猜测可能多一些，而没有事实上的依据。所以，从最后举报者华昶也受到惩处的结局看，所谓的科举舞弊根本不存在。至于徐经向程敏政请教科举的问题，确实有投机之嫌。因为作为翰林院的官员，出任会试主考官或同考官的概率通常很大，所以朝廷的结论说程敏政贪图财物而不知避嫌。但是，这是道德上的问题。明代科举在《四书》、五经中出题，出题的范围本就有限，而在科举考试前模拟性地押题或者向学问好的人请教，也都是很正常的事情。对于程敏政来说，在正式得到任命成为会试的考官之前，向晚辈谈论科举考试的出题或者为晚辈押题也都不是被禁止的。因此，程敏政为"学生"徐经讲习考题的行为，虽然不是明令禁止，但涉及金钱，道德上多少受点污染。徐经和唐寅二人的罪名，最终只是"夤缘求进"，说他们找关系托门子，也是道德上的问题。至于华昹，明人有不少议论，认为他受人唆使找机会攻击程敏政，因为有人想取程敏政而代之，所以科场案的背后实际上是政治斗争。总之，最后三方都没有落到好处。

二、还有别的路可走吗？

1. 都市繁华与文化消费

程敏政从狱中出来后，在该年七月便去世了，愤恨是一个诱因。徐经从此也从人们的视野中消失了。弘治十二年的科举案也彻底改变了唐寅。在应天乡试解元的风光之后，唐寅倒在北京城的会试上。唐寅毫无疑问是无辜的。贿赂考官获得考题，徐经或许有这样的打算，也有这样的财力，而唐寅却未必屑于这样做。明人尹守衡在《明史窃》中说，唐寅正德年间被宁王朱宸濠招纳到王府，已是英雄末路，尚且不愿失身，"矧在志士盛年之秋"？这种分析很有见地，一个人晚年穷途末路之时尚且不愿没有节操，年轻得意之时又岂会去做那些交结权贵获取考题这种很犯忌的事情？以当时唐寅的骄骄之态，又岂能甘心于做那种贿赂别人探听试题的下污之事？因此，科举弊案于唐寅的人生而言是一个巨大的挫折，而就他的人格上而言，一定感到深受侮辱。一个高傲的人被人泼上污水，而朝廷以"疑罪从有"的精神将他贬为吏员的处理，也表明他的清白不可能再被洗刷。唾手可得的成功与瞬间的失败之间的巨大落差，以及人们对他道德品格上的怀疑给心灵带来的耻感，大概让唐寅再也不想回到科举场上了。

如果他按照朝廷的安排，到浙江布政使司去做一个吏员，以他的才学，他应该可以重返科举考试的，因为尽管明代科举制度一般要求考生们是来自各府、州、县的儒学，但是并不排斥"儒士之未仕者""官之未入流者""吏员""医士""军士"等"杂流"入试。有人劝唐寅暂且委屈一下自己，前往浙藩充吏，但唐寅拒绝了。拒绝就意味着从此放弃再次进入科举的机会，也从此与官场无缘了。除了不甘于沉沦下僚之外，那场科举案给他带来的心灵创伤也许让他更决绝了。若干年后，唐寅回忆这段被人暗算和怀疑时仍然不寒而栗："墙高基下，遂为祸的，侧目在旁，而仆不知，从容晏笑，已在虎口。庭无繁桑，贝锦百匹，谗舌万丈，飞章交加。至于天子震赫，召捕诏狱，身贯三木，卒吏如虎，举头抢地……海内遂以寅为不齿之士。"于是，唐寅决绝地离开了科举之路。不过，对于唐寅来说，科举路的断绝使他从此可以不再理会科举文字了。晚明的藏书家祁承㸁形容自己作科举文字时说："寸管加肘，百毒镂心。"可见科举文字对于读书人的折磨与毒害。科举的路断了，唐寅不用再在"百毒镂心"的路上穷门闭户地苦读了。就像一只蝴蝶须得咬破束缚它的茧一样，断绝了科举与仕途的唐寅才可能尽情地绽放。

然而，何处绽放，怎么绽放？要绽放，就必得要有它的土壤和温床，而十五世纪末期江南城市的发展就提供了这一切。唐寅拒绝了到浙江布政使司当一个吏员，而是回到了苏州老家。此时的苏州，已然是明代最重要的手工业中心和商业中心。在明初，由于元末农民战争中朱元璋与张士诚在苏州一带的战争，以及朱元璋胜利后对苏州采取的重赋政策，苏州的经济一度陷入低谷。但是，人口压力迫使当地的农业生产转向经济作物生产，种桑养蚕，种棉织布，使苏州到明代中期以后逐渐成为丝织业和棉纺业的中心。手工业的发展又推动了商业的发展以及城市的繁荣。苏州人王锜（1432—1499）在他的《寓圃杂记》中就说，当时的苏州城市由明初的"邑里萧然"已发展到中期的"迥若异境""愈益繁盛"。

越来越多的人口集聚，使城市生活越来越丰富。十五、十六世纪的城市居民们，不仅需要物资上的供应，需要来自长江中游粮米的供应，还需要精神生活，这便为原本处于彷徨和压力中的士人在科举之外提供了别的谋生之路。巴拉兹《中国文明与官僚体系》一书在谈及宋代的都市文化时就说，都市里除士农工商之外还有第五个阶层。这个阶层包括"所有归属不明确的行业"，如牙人、小贩、妓女、戏子以及各种娱乐业的从业者，而城市以及伴随城市而兴起的文化娱乐的需要为他们的存在提供了土壤。他们生活在边缘地带，但却是城市不可缺少的部分。也就是说，一个繁荣城市的存在，除了要有传统社会的传统类型的人物——士、农、工、商——之外，还要有很多点缀这座城市的职业。在明代苏州，这些类型中又增添了为人们的文化艺术需要而服务的书法家和画家。唐寅是就其中的代表人物。

2. 在文人画与职业画之间游走

唐寅也许在放弃科举路的那一刻起，就想到了将来的生活出路，尽管这条路会比他想象的艰苦许多。唐寅很早就已经表现出了作为一名画家的潜质。十六岁那年，唐寅还结识了同为苏州人的文徵明。他也认识了沈周。成化二十二年，唐寅十七岁，曾经为沈周的母亲祝寿绘《贞寿图》。清代人顾文彬在《贞寿图》的跋中这样评价唐寅说："子畏年止十七，而山石树枝如籀篆，人物衣褶如铁丝。少诣若是，岂非天授！"在顾文彬看来，十七岁便能将山石树枝画得像籀书或篆书一样古朴，将人物的衣褶画得像铁丝般遒劲，如此年少而有这样的造诣，只能说是天才了。

但是，那时候的唐寅恐怕没想到自己将来要以画画为职业。弘治八年深秋，在他中举的前三年，唐寅绘过一幅小轴《桂香亭图》，

"山水屋木极工细,画就罩以墨沈,作烟雾景"。唐寅在题记中写道:"乙卯深秋,登鹦鹉皋岑,玩桂香亭畔,俯翠壁葑岩,苍茫百里,皆云气烟光。对景摹于舟次。唐寅。"从题记中我们看到的是唐寅的悠闲与写意,是文人的小情趣。如果不是后来的命运波折,唐寅也许自此沿着文人画的方向前进,像他的前辈沈周和好友文徵明一样,在享受优厚的社会地位的同时,做一个"业余"的画家。他也完全可能跻身晚明著名的书画家董其昌等人定义的吴门画派之中。在董其昌对吴门画派的定义中,吴门画派是文人画在明代发展的典型:"文人之画自王右丞(王维)始。……吾朝文(徵明)、沈(周),则又遥接衣钵。"作为吴四家之一的唐寅与仇英,不被画史传统认为在吴门画派之内,原因就在于他们的绘画的"职业性",也就是他们的画会成为商品,在市场上流通。

但是,绘画的"职业性"不会受到批评,在今天不会,在唐寅生活的时代也不会。明代的苏州城足够大,能够容纳下不同的艺术追求和偏好。城市的浮华也为这些边缘艺术人才提供了生活的空间。况且,唐寅毕竟曾经获得过一定的社会地位,还不完全是一个画匠。艺术史家高居翰于我们传统的文人画/职业画的二分法之外,提出在明代十五世纪后期的社会中还产生过第三种类型的画家,他称之为"有素养的职业画家",即所谓的具有较高的儒学素养和艺术修养的职业画家。这一类型的画家,从吴伟(1459—1508)开始,而张路、孙隆、史忠、郭诩、杜堇等人都可以归入其中。他们的共同特点是,或者出身于仕宦家庭,或者早年受到系统的儒学教育并且以追逐仕途为目标,有些人像杜堇还中过举人的功名,但因为挫折或别的原因最终弃儒从艺,投身于绘画实践中去。但是,因为他们的地位不足以得到足够的俸养,他们又不得不出卖他们的技艺,奔赴于宫廷或官僚府第及文人士大夫之间,对民间的、大众的艺术倾向也很了解。

唐寅被高居翰归入这一类型的画家之中,并指出他深受在南京活动的画家杜堇的影响。很可能在弘治十一年到南京参加乡试时，唐寅在南京就见过杜堇，从此学到第一流的"南京风格"。当然，也有学者认为，唐寅是在弘治十二年北京会试那年在北京结识杜堇的，因为唐寅的《赠杜柽居》一诗中明白地写着"长安相见红尘里"，而明人说长安都明白无误地指北京。唐寅的画风也确实有杜堇的影响，如唐寅画人物画"衣褶用金针描，仕女开面用三白法"的笔法，据说就是杜堇的风格。无论是在南京或在北京结识杜堇，那位同样中过举人而且有很好的儒学修养的画家杜堇，也许是唐寅在放弃科举时所想到的未来生活的范本吧。况且，那些画家以绘画为职业但同时又不拘泥于俗世的浪漫不羁的生活，给了困境中的唐寅一个新的努力方向。

3. 成为"有素养的职业画家"

弘治十三年，从北京铩羽而归的唐寅，开始向职业画家的路上起步走。他可能最早开始从学周臣。周臣（约1450—1535），字东村，也是苏州府吴县人，比唐寅大二十岁。清初姜绍书的《无声诗史》中说："唐六如画法，受之东村。"这样的说法似乎确立了周臣和唐寅的师生关系。但是，《无声诗史》接下来的记载又让人费解："及六如以画名世，或懒于酬应，每倩东村代为之。"意思是说，唐寅后来绘画名气大了，应酬不开的时候，便请周臣代笔。不少学者指出其间的矛盾说，传统社会中的师生关系极为严肃，一经确立，便应终身恭敬。放任如唐寅者，想来也决不会也不敢请他的老师为他代笔。因此，周臣与唐寅之间的关系大概是师友之间。他们相识的时间可能更早，而且一直以来唐寅绘画的水平也不低。明朝人王世贞对唐寅"从学"周臣的描述更让人觉得可信："周臣别号东村，亦吴人，所得宋郭、李、马、夏法尤深，其用笔视唐生（即唐寅）亦熟，特所谓行家意胜耳。唐每有酬应，多从臣磅礴，始落笔。"这是说，周臣相比于唐寅而言更是"行家"，善于用笔，因此，绘画天赋极高的唐寅每次作画前,都要到周臣家去看周臣如何落笔如何布局,来觅取绘画的灵感。唐寅留下的山水画中,不少与周臣的山水画面目近似,如他三十几岁时所绘的《骑驴归思图》《山水卷》,画人物画时前褶的"韭菜描"的笔法都很像周臣。因此,向周臣学习,是唐寅之前任由自己的天赋"业余"绘画向酬应别人的"职业"绘画转向过程中的一个步骤。

但是,如果永远像周臣那样以摹画宋元时代的画风见长的话,唐寅也不成其为唐寅。很快,唐寅就摆脱了周臣的影响。他开始在画风中尽量展现自己的个性。周臣代笔的传说,无论真实与否,都反映了唐寅的绘画在市场上的受欢迎程度。"兴来只写江山卖",自此成了唐寅的谋生手段之一。唐寅也从来不掩饰他以卖画谋生计的事实。他在正德十三年题《丹阳景图》诗中说:"信是老天真戏我,无人来买扇头诗";"书画诗文总不工,偶然生计寓其中"。诗文中对自己卖画为生毫不掩饰。文化被商品化而且被人追捧,唐寅才可能让自己的画更有个性。祝允明解释说,唐寅的绘画因为一时为人追捧,洛阳纸贵,而唐寅在应酬不过来的时候,便开始率意为之。祝允明的原话是这么说的:"(唐寅)奇趣时发,或寄于画,下笔辄追唐宋名匠。既复为人请乞,烦杂不休,遂不及精谛。且已四方慕之,无贵贱富贫,日请门征索文辞诗画,子畏随应之,而不必尽所至,大率兴寄遐邈,不以一时毁誉重轻为趋舍。"意思再明白不过了:唐寅有下笔辄追唐宋著名画家的能力,但是因为市场需求太多了,应酬不过来,有时候随意酬应,并不精益求精,而唐寅本人也不在意一时之毁誉。这似乎是批评,但卖方市场似乎间接地成就了唐寅的画风。

那种偏离"职业"的画法,成就了唐寅绘画中个性的宣泄与表达,而不必过于匠气。当然,一切的前提必须是唐寅要有极高的绘画天赋,才可能让他那种因市场压力而生成的个性表达也能不败。艺术史家高居翰说,唐寅的不少绘画中都能看到鲜明的个性。他说,唐寅的山水画在第一眼看去给人留下的也许是宋代的保守风格的作品印象,但是仔细看后,则可以看到唐寅的"卓越而迅速移动的线条使他的画不流于正统的作品",而这种线条有时以类似于草书"率笔"形式出现。

苏州城也宽忍这种个性表达。著名汉学家牟复礼先生在其研究苏州城的文章中写道:"在明清时期的传统城市,像苏州,无疑的,较自由的个人特异性的表达是可能的。……在苏州城,享乐放荡更加随着城市的财富而变化,无所事事者得以聚集,空想,彼此煽动。……许多居住在苏州城较为浮夸放荡的边缘地带的是学识、思想、文学和艺术方面的不朽者。"于是,作为一位卖文鬻画的画师,唐寅仍然是苏州文化圈中最核心的一位。做过内阁大学士的王鏊(1450—1524)平时很少有欣赏的人物,但对唐寅"知之最深重"。王鏊起任左侍郎时,唐寅不仅有《王公拜相图卷》为贺,还陪着王鏊一直北游到了沛县之歌风台。唐寅与文徵明之间虽然一度龃龉,几至绝交,但总体上关系还能维持。正德四年(1509),五十七岁的盛桃渚生日之际,唐寅与沈周、仇英、文徵明、周臣等五人一同合作了《桃渚图卷》为其贺寿。此可见唐寅之在苏州文化圈的核心,而画史上明代的"吴四家"亦可谓写实。

三、风流而兼道学:心学潮流影响下的士人

人们喜欢一个人,慢慢地就会有那个人的诸多传说。传奇与传说的泛滥,也是明代中后期社会的一大特点,而起因便是人们尤其是新兴的市民阶层的精神文化生活需要。从这种意义上来说,传说的主角其实是被消费的对象。因此,不仅唐寅的艺术成了消费品,作为艺术家的唐寅本人也成为消费的对象。当然,在传说中,唐寅不仅仅是一个画家形象,而且常展现其大智慧与风流的一面:入幕做过后来造反

的宁王朱宸濠的宾客，却又能及时看清政治形势，尽早抽身，保全了晚年的名节，是大智慧，也是真事；人们熟稔不过的唐伯虎点秋香的故事，是风流，却只是传说。

1. 大节不亏，心持正道

正德九年（1514），唐寅遭遇到人生中最凶险的一个节点，他应聘来到了南昌宁王府。当时的明武宗放诞不拘，不理朝政，四处巡游，且没有子嗣，宁王朱宸濠看在眼里，渐渐地便有非分之想。他一方面勾结朝中内外官员，为他歌功颂德，帮他实现了恢复护卫部队的愿望；另一方面则四处招贤纳士，蓄养宾客，以为他日之用。一时宁王所网罗人才不少，如举人刘养正、致仕官员李士实等人。文徵明、唐寅等人的书画在当时名动东南，是江南名士，自然是宁王的交结对象。文徵明推病不往。唐寅也许视之为一个不错的谋生机会。唐寅此时仍有家室之累。他的父亲、母亲、妹妹、妻子徐氏在弘治六、七年间先后而殁。之后，他再婚娶了何氏，但在科举案后不久，以其是一个"妒妇"而休妻。不久之后，他与弟弟唐申分家，再娶了沈氏，有一个女儿。唐寅为家庭生计考虑，宁王"百金"的聘礼自然不能不重视，况且借此机会也可以游历一下江西山水。

宁王朱宸濠在当时有贤王的名声，之前正德八年（1513）专门在南昌城东南隅建阳春书院，网罗文士。唐寅到南昌后，宁王"处以别馆，待之甚厚"。唐寅在南昌住了半年之久，其间他与宁王是否有过诗文唱和以及书画应酬之作，因为后来宁王反叛被诛，大概不是被消灭在战火中，也会被唐寅自我审查后删除了。南昌的半年，我们只知道唐寅去过南昌铁柱宫游玩。不过，正德十年（1515）九月，唐寅便回到了苏州。为了离开南昌，唐寅不得不装疯卖傻，让宁王彻底以为他毫无利用价值。明人何良俊《四友斋丛说》记载说："六如住半年余，见其（指宁王朱宸濠）所为多不法，知其后必反，遂佯狂以处。

宸濠差人来馈物，则裸形箕踞，以手弄其人道，讥呵使者。"为了逃离虎穴，唐寅已完全不顾自己的形象，甚至是刻意毁坏自己的形象。前来送东西的人回报宁王，宁王也觉得不堪，说："谁说唐寅是个贤人啊，不过一个狂生而已。"既然已是无用之人，宁王便放唐寅归去了。正德十四年（1519），宁王果然发兵反叛，被王阳明平定，而当初网罗的李士实、刘养正等人悉数声名败裂。回顾此段历史，何良俊感叹说："六如于大节能了了如此！"

明朝有人拿十五世纪中期的陈白沙与唐寅相比较，说陈白沙道学而兼风流，而唐子畏风流而兼道学。陈白沙即陈献章（1428—1500），明朝最早提倡心学的哲学家，号召人们要师法自然，要"静中养出端倪"，以此而与之前的明初理学家们"居敬穷理"的严肃的修行风格区别。因为强调自然，陈白沙的诗歌自然流畅而富有哲理，以此而使他的理学洒脱而有风韵。这大概正是人们说陈白沙道学而兼风流的缘故。唐寅呢，风流体现在他的诗文和书画之中，但他的诗文却也不是一种无谓的艳丽，而往往于风流中有一种对人生凄苦的感慨。例如，他的《江南春·次倪元镇韵》："……绿池横浸红桥影。古人行处青苔冷，馆娃宫锁西施井。低头照井脱纱巾，惊看白发已如尘。人命促，光阴急，泪痕渍洒青衫湿。少年已去追不及，仰看乌没天凝碧。"文徵明的孙子、晚明做过内阁大学士的文震孟也说："余每询故老唐先生事，读其遗诗，未尝不流涕也。"钱谦益说唐寅"外虽颓放，中实沉玄，人莫得而知也"。看来颓放只是内心苦闷无处宣泄的寄托而已。

唐寅的诗文中，也常有对伦理的尊重，但却反对那种满口仁义道德，行事反而不及常人的伪君子。《默坐自省歌》中写道："焚香默坐自省己，口里喃喃想心里。心中有甚陷人谋？口中有甚欺人语？为人能把口应心，孝弟忠信从此始；其余小德或出入，焉能磨涅吾行止？头插花枝手把杯，听罢歌童看舞女，食色性也古人言，今人乃以之为耻。及至心中与口中，多少欺人灭天理！"这样的一首歌，完整地表现了唐寅的人生态度，尊重自己个人正常的欲望，心口如一，以此尽一个人的孝悌忠信，而不是假模假式、心口不一。因此，唐寅的道学，不是假道学，不是像戏子演出一样地举止行事，而是要从心灵深处认同那些孝悌忠信的伦理。如果这样来看，唐寅的哲学思想，恰恰表明陈白沙以来心学发展以及其在一般士人间的影响已成了一种潮流。这种潮流还会继续发展，到王阳明那里将会以较为系统和完整的方式显现出来。唐寅的风流也是真风流，但这种风流恰恰是能够为人接受的，是一种人格之美。冯友兰先生论风流，说真风流者有"玄心""洞见""妙赏""深情"，而这些均是唐伯虎点秋香的故事里具有的。

2. 小事不拘，任真风流

大概苏州人最爱唐寅了。同为苏州人的晚明文学家冯梦龙，为唐寅通俗形象的传播起了最重要的作用。唐伯虎点秋香的故事，虽然早在周复俊《泾林杂记》以及项元汴的《蕉窗九录》中有了原型，但只有在经过冯梦龙的改编与文学推广后，才更深入人心。按项元汴的说法，唐伯虎在苏州见到一艘画舫中一位婢女非常美貌，便坐了一条小船一直尾随画舫，到了吴兴。他选择投身到那家为奴，伺候两位少爷笔墨，而且让两位小少爷学问大进，简直离不开他。到这个时候，唐伯虎才借口请辞，说要回家成亲。两位小少爷当然不放，主人便许诺他可以选任何一位婢女为妻。完婚之日，婢女也说她在画舫中见到唐伯虎挥翰如流，为人作书画，心中早已识得唐伯虎为不凡之士。两人这才明白彼此早已情投意合。从此，夫妻间情洽意满。不久，主人待客，有客认识唐伯虎，于是真相大白。主人大惊，"明日治百金装，并婢送归吴中"，让故事以一段极其美好的姻缘结束。

到冯梦龙的《情史》中，主人换了，由吴兴的主人改为无锡的华氏，而且混入华府的唐伯虎还有个叫华安的名字，那位美貌的婢女的名字则是桂华。在娶了婢女桂华之后，唐伯虎向她坦白真相，然后两人私奔回了苏州。一年过后，华学士偶然来到苏州阊门，见书坊中坐着一人，貌似昔日华安，便命仆人打听。仆人打听回来，说书坊中的人是名士唐伯虎。于是，华学士正式去见唐伯虎，两人交谈时，华学士越看越觉得唐伯虎像昔日的华安，踌躇难言。后来实在忍无可忍，华学士向唐伯虎说了自己的疑惑。唐伯虎令人到后堂请出新娘子，对华学士说："公言华安像我，不知道桂华像此女吗？"于是，一切疑惑尽解，宾主相视大笑而别。华学士回无锡之后，准备了丰厚的嫁奁送给了桂华。当然，这个故事同样以一段极美好的姻缘结束。

冯梦龙把故事的情境安排到无锡，也许是为了更让人相信他所写的是一段真事，因为唐寅确实曾经在无锡的华云家住过三个月。无锡华陂华氏是一个大族。华云（1488—1560），字从龙，自号补庵居士。在唐寅《山静日长图册》上，正好有无锡人华云题词，云："中秋凉霁，偶邀唐子畏先生过剑光阁玩月，诗酒盘桓，……寄兴点染，三阅月始毕。而王伯安先生来访山庄，一见叹赏。乃复怂恿伯安为书其文，竟蒙慨许。既归舟中书寄，作竟日喜。急装潢成帙，时出把玩。夫子畏得辋川之奥妙，而伯安行书磊砢有奇气，况二公人品才地，皆天下士也。一旦得成合璧，岂非子孙世世什袭之宝耶？是岁嘉平十日。补庵居士识。"从华云的题识看，华府在正德十四年的中秋日邀请唐寅到剑光阁玩月，从此盘桓三月，完成了《山静日长图册》，而后来恰巧王阳明过访华府，又为题记，使《山静日长图册》可以誉为双璧，从此子孙珍藏。这可能是画家唐寅与思想家王阳明唯一的一次交集。华云的题识大概也可以让我们认识到明代中晚期富商大族特别的求画方式。

然而，唐伯虎点秋香的故事也许有更深的意味，暗示着唐寅这样的人物是浮沉在上层与下层之间的边缘人物。他既可以在士大夫间享有较高的声誉，得到敬重，而身处市井，为人作书绘画而获利，对下层平民同样有亲和力，所以才可能有一个与婢女之间的爱情故事。一个风流的故事，对于社会群体来说也是有象征意义的。对于失意士人和底层民众而言，需要这样一则故事和这样一个人物，来解放自己的个性，把长时间的压抑与渴望表达出来。这样的个性解放，在明代社会中经过成化、弘治年代的转型，到十六世纪初年已经成为一种很迫切的需要。这种需要不仅会反映在艺术上和大众心理上，而且会反映到儒学思想的变革上，王阳明就是代表。

参考文献

唐寅：《唐寅集》，上海：上海古籍出版社，2013年。

江兆申：《关于唐寅的研究》，台北："国立"故宫博物院，1979年。

杨静盦：《唐寅年谱》，上海：商务印书馆，1947年。

王阳明

自我与社会

王阳明履历表

姓名	王守仁
字号	字伯安,号阳明、阳明子、阳明山人
籍贯与出生地	绍兴府余姚县(今浙江余姚)
家庭出身	官宦家庭,父亲王华是成化十七年(1481)的状元
生卒年及所处时代	1472—1529,历仕弘治、正德、嘉靖三朝,明代影响最大的思想家
生平履历	成化八年(1472),出生于浙江余姚,初名王云
	弘治十二年(1499),中进士
	弘治十五年(1502),以病告假还乡静养,隐居会稽山阳明洞
	正德元年(1506),疏救戴铣得罪,谪贵州龙场驿,数年后"龙场悟道"
	正德四年(1509),主讲贵阳书院,提出"知行合一"
	正德七年(1512),提出"心即理""心外无理"
	正德十四年(1519),平定宁王朱宸濠叛乱
	正德十五年(1520),正式提出"致良知"
	正德十六年(1521),明武宗逝世,明世宗即位,以功授新建伯爵位
	嘉靖元年(1522),丁父忧,后在绍兴讲学六年,门徒日广
	嘉靖六年(1527),任左都御史,总督四省军务,前往思、田平叛
	嘉靖七年(1528),平思田之乱后,病笃,于十一月二十九日卒于江西南安府大庾县青龙铺(今赣州市大余县青龙镇),公元纪年为1529年1月9日。朝廷以其号召伪学,不予恤典,褫夺其新建伯爵世袭权

自西汉初董仲舒建议"罢黜百家，独尊儒术"之后，尊崇孔子的儒学便成了历代政府所提倡的主流学术。汉唐时期的学者热衷于对传说由孔子删述的六经进行注解，从而便形成了汉唐时代的"经学"。宋朝以后，儒家学者对经典的关注没有改变，但关注的重点与方向有了变化：对于义理的诠释，开始替代了之前逐字逐句进行注解的注疏之学。宋代以来对于儒家经典的义理诠释，虽然也强调读懂经典，但更多的是借经典来曲折地表达学者对于整个宇宙及人性修养的看法。这便形成了学术史上的宋明理学。在宋明理学中，最著名的有两个学者：一个是南宋时期的朱熹，后世称为"朱子"；另一个则是本章要讲的主人公，明朝的王守仁。因为曾结庐于离绍兴府城十公里处的宛委山阳明洞天，王守仁被世人尊称为"阳明先生"，而他的学说也习惯地被人称为"王学""阳明学"；又因为他的学说重视人的内在的心，故又被称为"心学"。作为中国哲学史上最著名的哲学家之一，王阳明的心学被哲学史家称为"主观唯心主义的高峰"。"阳明学"既是自宋元以来心学思想的发展，也是明代社会土壤中发育出来的，当然也包括王阳明个人的生命体验。

一、王阳明的个性与成圣之志

一种新学术范式的形成，往往需要几个先决条件：社会或政治的需要，广泛的对旧学术范式的抵触与厌倦，以及极具天赋的思想家。王阳明生活的年代，正是一个需要学术来回应社会危机的时候。十五世纪中期的危机，包括土木堡之变带来的政治与军事危机、宦官专权以及士风的颓靡、商品经济的发展对社会的冲击，似乎都表明不仅王朝建立者朱元璋设立的制度出了问题，人的思想也出了问题。明初以来，朝廷以宋儒程颢、程颐与朱熹的理学思想为意识形态，以程朱理学的标准答案来选拔官员；在社会上提倡"存天理，灭人欲"，重视礼法和伦理，压抑人的自然需求。危机让思想家们开始反思程朱理学。如果程朱理学那么完美，真如明初程朱学者所说的那样"斯道大备""无烦著述""但须躬行"，为什么社会还出了问题呢？身居高位的思想家、政治家如丘濬，从政治和经济制度方面提出改革主张和设想；身居草野的思想家如陈献章，主张从人的内心进行改造，认为人要遵循自然，要"静中养出端倪"。王阳明是思想家，也是政治家。他的思想沿着陈献章心学一脉而发展，又在丰富的政治生活中得到实践，从而使其心学思想得以发展和成熟。但这一切，也还都建基于王阳明独特的个人生活体验之上。

1. 要做"乐"的学问

公元1472年，王阳明出生于浙江绍兴府余姚县（今余姚市）一个显赫的官宦人家。他的家族向上可以追溯到晋代著名的琅玡王氏，即是东晋人称"王与马共天下"的宰相王导的后裔。王阳明的祖父虽然没有任官，但父亲却极显赫地在成化十七年即他十岁那年中状元，后来官至南京吏部尚书。据说，王阳明出生的那天晚上，他的祖母梦见穿着红色衣服的神人踩着云将孩子送来，抱到祖母的手上。梦醒时，祖母便听见了新生幼儿的啼声，便为他取名王云，后来才改名王守仁。王阳明出生的地方也称"瑞云楼"。他父亲发达后，因为喜爱绍兴府山水，举家移往了浙江绍兴府城。

官宦人家出身的背景，注定王阳明不喜欢痛苦压抑的学问。他天资高，性格豪迈，喜欢追逐各种新奇的事物。王阳明入仕前的种种事情，大略能见他豪迈、逸乐的性格。因为父亲在京城任官，王阳明十一岁那年随祖父前往北京，途经镇江。有人在金山寺设宴招待祖孙二人，赋诗为乐。王阳明的祖父拟金山诗未成，王阳明却从旁赋诗，云："金山一点大如拳，打破维扬水底天。醉倚妙高台上月，玉箫吹彻洞龙眠。"座中宾客都感到惊奇，又让他再作《蔽月山房》诗。王阳明几乎随口即成，云："山近月远觉月小，便道此山大于月。若人有眼大如天，还见山小月更阔。"两首诗的气魄都极不凡。到京城后，王阳明的举动更展现了豪迈不羁的性格。十五岁那年，王阳明出游居庸关，"慨然有经略四方之志"，甚至与关外的蒙古人一同骑射，人皆不敢犯。在外面玩了一个月之后，王阳明才回到北京。当时北京附近农民起义蜂起，王阳明又要献书朝廷，提供韬略。这一切，都让父亲王华深感不安，斥责他"狂妄"。然而，王阳明"狂妄"的背后，是非凡的志向。少年时代的王阳明显示出一切皆不循规蹈矩的潜力。十七岁那年，他因为要完婚，到了江西南昌，娶诸氏为妻。他甚至在结婚当天偶然信步走到南昌的铁柱宫，听道士谈养生之说，一谈就是一夜，次日清晨才回到家中。浪漫而豪迈的气质，决定王阳明决不愿意呆板地生活。既然不能循规蹈矩，又用什么来指导自己的生活呢？那就是"乐"，而乐是"心之本体"。

王阳明自小有一种乐的精神气质。他的门人、妹夫徐爱在为其《传习录》所作的序中说："先生明睿天授，然和乐坦易，不事边幅。"明睿天授，指王阳明智商极高、天资聪慧；和乐坦易，指王阳明处世的性情自然从容平和，乃一极不欲与人竞争的人格；不事边幅，指王阳明的言行举止洒脱而浪漫。物质、得失、荣辱这些外部事物，不在王阳明的心目间。若非父亲王华的压力，王阳明对科举并没有兴趣。弘治五年（1492），王阳明在杭州参加乡试，顺利通过，成了举人。然而，次年的会试，王阳明却失败了。据说他对失败全然不挂在心上，反而安慰同屋的落第士子。他对那位士子说："世人以不第为耻，我却以不第而动心为耻。"换句话说，王阳明认为科举考试通过与否并不重要，对考上、考不上的结果总是萦然在怀，也不是正确的态度。这些可能最初未必能称之为哲学的人生态度，最终也许都会带到他的哲学中去。这位极富天资的、追求自由浪漫的富贵公子王阳明，其哲学是绝不喜欢苦涩的。后来他大量的言论其实证实了这一点。例如，他说："乐是心之本体……良知是乐之本体"；孔子所说的"学而时习之"，是"复此心之本体"；一个人心中感到愉悦和快乐，是心之本体的自然呈现。王阳明还说："君子之学，求尽吾心焉尔。……心尽而后，吾之心始自以为快也。惟夫求以自快吾心，故凡富贵贫贱、忧戚患难之来，莫非吾所以致知求快之地。"换言之，王阳明认为哲学是应该让人更快乐的。

2. 做天下第一等事

王阳明不像同时代的许多人那样，把科举视为人生最重要的事情。在王阳明十一岁时，他问他的家庭老师说："何为天下第一等事？"老师说，自然是读书应科举了。王阳明想了想，却说："登第恐未为第一等事，或读书学圣贤耳！"在他幼小的心灵中，早把做圣贤当作人生的最高目标。即使要准备科举考试，他那要做圣贤的学问之心却一刻也不停搁。在北京读书应考的岁月里，王阳明曾认真地钻研宋儒朱熹的格物之学。

对于任何一个明代学子而言，朱熹的学说是不陌生的。明代的科举制度规定乡、会试头场要考《四书》以及五经中的一种经典，其中《四书》答题的标准答案是朱熹的《四书章句集注》，而五经也基本上以程朱派理学家们的注释为标准答案。王阳明不仅要读考试必读书《四书章句集注》，还"遍求考亭遗书读之"。对于朱熹的说法，王阳明最初也是深信不疑的。朱熹认为，世间"一草一木，皆涵至理"，而人对于道理的把握来源于对外物的认识的不断积累，"今日格一物，明日又格一物，积习既多，然后脱然有贯通处"。于是，按照这个道理，十五岁那年，王阳明对着父亲官署中的竹子格起来了。他整天对着竹子冥思苦想，最后不仅没有悟出大道理，反而得病了。王阳明的"格竹"，自然是要失败的。朱熹讲从格物到致知的认识升华的过程，既是从实践到理论的过程，也是认识在量的积累与质的突破上的问题，格物绝非像王阳明那样对着一件事物冥思苦想。但是，年轻的王阳明想要通过格物悟得大道成圣成贤失败了却是事实。这让王阳明对于朱熹的学说失望了，他转而开始沉溺于辞章，为考科举而努力。当然，在学习朱熹的问题上，科举考生与立志成为圣贤的人的区别，就在于他对朱熹的解释敢不敢有疑。王阳明有疑，而且这种疑会让他另辟蹊径，不过他成为圣贤的志向却一直未变。十八岁那年，他在婚后由江西南昌返回浙江的途中，在江西上饶见到理学家娄谅。娄谅是理学名儒胡居仁的门人。他对年轻的王阳明说："圣人必可学而至。"这句话对王阳明影响很深，坚定了他的信念，他坚信自己可以通过后天学习而成为圣人。

但是，少年时代的王阳明对于怎么成圣成贤，尚谈不上有深刻的认识。不过，懵懵懂懂之中，他似乎已感到心的妙用。他在南昌岳父官署中寄住的一年里，书法大进。他自己的经验，就是要从心上端正自己的学习态度。他自己后来反复以此教育他的学生。他说："我刚开始学书法时，对着古帖临写，只是写得字形上相像。再后来，我写字时不轻易落纸，凝思静虑，心中摹写字的形状，久而久之，对于书法就通了。后来看明道先生程颐书中说人写字首先要'敬'，才知道古人随时随事只是在心上学。这个心精明了，字自然就写好了。"应该说，这种从实践中悟出的道理虽浅显，却隐含着对"物"与"心"对立统一的认识。如果说之前的王阳明完全向人们展示的是豪迈的一面，这种说法大概已展示了这位哲学伟人细密的、收敛的一面。《年谱》在他十八岁那年也写了一句，说："先生接人，故和易善谑，一日悔之，遂端坐省言。"一个昔日豪情满怀的少年，开始懂得了责任与收敛。

为了超凡入圣，王阳明在弘治十五年（1502）告病回乡后的一段时间里还曾经沉溺于仙佛之学。他在家乡会稽山找到一个适合修行的地方——

阳明洞，在洞中"行导引术"，据说养成了先知先觉的能力。然而，正是在阳明洞中，王阳明突然悟得仙佛之术并不可靠，不是自己终身要追逐的学问。他从一个最浅显的道理悟出，仙道人士抛弃家庭独自修行是不合理的。尽管一个人修道中好像可以忘却一切尘事，然而王阳明却深感昔日疼爱自己的祖父母始终萦萦在怀。终于有一天，他明白了这样一个道理：一个思念自己的祖父母或父母这样的想法，是一个人还是自己是孩子的时候就有的，是本能；如果将这样一种先天带来的、本能的思念刻意地断绝，无异于断灭人性。修行是为了自己做一个人，而若是连这种做人的根本都断却了，还能叫人吗？有了这样的念头，王阳明从此抛却了他对仙佛的偏好。他从阳明洞出来，来到杭州西湖。在杭州虎跑寺，他见到一位禅僧。他对禅僧说："这和尚，终日口巴巴说甚么？终日眼睁睁看甚么？"正在打坐的僧人睁开眼，起身。王阳明又问："你有家室吗？"和尚说："有母亲在。"王阳明说："想念她吗？"和尚说："不能不起念！"王阳明对和尚说："爱亲，是人的本性。"僧人流着泪向王阳明道谢，第二天就还俗了。看得出来，到十六世纪初，当初驰骋古文、沉溺佛道的王阳明，渐渐与这些学问决裂了。如果成圣成贤的意志还是那么坚决的话，剩下的只有儒学一条道路了。

二、政治挫折与王阳明心学的形成

弘治十二年，王阳明以会试第二名的成绩通过考试，殿试赐二甲第七人，从此正式成为文官政府中的一员。科举胜利对于王阳明的哲学之路也是有重大意义的。在他之前，不少离群索居的思想家，像吴与弼、陈白沙，都有一定的社会影响，但他们偏居一隅的现实终归使他们的思想只能局限在一定范围内传播。通过科举考试，可以使思想家获得更高的社会地位，而更高的社会地位可以使他们有更多的倾听者。因此，科举的胜利对于将来王阳明思想的发展，绝非可有可无。从这一点来说，科举从来不妨理学，而理学发展反而可能得益于科举。不过对于刚入仕的王阳明来说，报效朝廷的心情尚正在澎湃，不能顾及其他。他迫不及待地上书言事，要把自己对于政治、边防的想法和盘托出。只不过，政治残酷的现实很快会将此一腔热情浇灭。

1. 政治挫折与人生转向

入仕不久，王阳明还只是观政工部，也就是在工部实习的时候，就向朝廷上了一道奏疏《边务八事》。《边务八事》不仅仅谈论边防，还直击官场弊政。弘治皇帝朱祐樘是明代历史上一个比较勤政的皇帝，与文官政府的关系也比较好，被视为"中兴令主"，而弘治年间也一向被视为承平的治世。然而，王阳明却对当时的吏治感到隐忧。在他看来，虚伪、因循守旧而不思进取、结党营私是当时官场最突出的陋习。他说："臣愚以为，今之大患，在于为大臣者外托慎重老成之名，而内为固禄希宠之计；为左右者内挟交蟠蔽壅之资，而外肆招权纳贿之恶。"王阳明还认为，朝廷大臣的嫉贤妒能和结党营私，比地方叛乱的危害还大。官场习气不好，士风就会因之败坏，士人就会追名逐利，虚伪相待。看得出来，即便是很现实的谏疏，王阳明所针对的依然是人心。他没有过多地讨论当时的政治现实或者制度的弊病，或者是因为他认为人心陷溺才是最危险的。但是，上疏会有效果吗？自然没有。要让官场上下改变自己的作风，是封建官僚们做不到的。

上疏言事得不到皇帝的重视，让王阳明多少有点失望，但更大的挫折还在后面。王阳明很快又卷入另一场政治风波当中。王阳明受刘瑾打击之事，《明史》的记载很简单："正德元年冬，刘瑾逮南京给事中、御史戴铣等二十余人。守仁抗章救，瑾怒，廷杖四十，谪贵州龙场驿丞。"正德元年，即位不久的明武宗朱厚照宠信宦官刘瑾等人。刘瑾等人在正德皇帝做太子时就小心侍奉，故深得皇帝宠信。八名宦官引导皇帝逸乐，时号"八党"。这引起了内阁大学士刘健等人以及文官集团的不满。他们请求驱逐刘瑾等人。然而，斗争的结果，是刘健等人请求退休养老，而刘瑾成功出任司礼监掌印太监，获得更大的权力。这引起了言官们的不满。南京科道官戴铣等人上疏切谏，请求挽留刘健等人。正德皇帝见到奏疏后大怒，命令将戴铣等人逮系诏狱，施以廷杖，而后除名。王阳明当时虽然只是一名正六品兵部主事，且无言责，却也按捺不住，要上疏为戴铣等人争个是非曲直。他向正德皇帝上了一疏，说："我听说君仁则臣善，像大舜之所以伟大，正在其能隐恶扬善。戴铣等人居谏官之职，以言为责。他们的话如果是对的，自然应当嘉纳；如果不对，亦宜包容隐覆。"这篇文集中标名为《乞宥言官去权奸以章圣德疏》的奏疏，并无慷慨激昂之气，只是一篇委婉劝谏的文字。即便如此，这一奏疏仍是引起了刘瑾的不满。于是，二十四岁的王阳明被投进了诏狱。

不久，王阳明自狱中提出，廷杖四十，被贬到了贵州龙场驿（今贵州省贵阳市西北修文县境内）去做一名驿丞小官，遭受仕途中第一次重大打击。三年后，他从龙场驿丞起复，出任江西吉安府庐陵知县，虽然当时刘瑾依然在把持朝政。孟子说得好，"天将降大任于斯人也，必先苦其心志，劳其筋骨，饿其体肤"。如果不是因为政治上的挫折，从容地在宦途上平稳地走着，辅以其超出常人的才华与文学，王阳明在正、嘉年间也许会是像李梦阳、康海这样明代文学中"前七子"那类人物。挫折将他甩入另外一种体验中。因此，龙场孤寂忧难的三年，对王阳明而言是转折性的。

2. 勘透生死的龙场悟道

贵州在永乐十一年开始设置布政司，又偏处西南，无论经济上还是文化上都很落后。正德三年（1508）春，王阳明来到龙场驿。《王阳明年谱》中记载说："龙场在贵州西北万山丛棘中，蛇虺魍魉，虫毒瘴疠。"环境恶劣、水土不适、语言不通，使王阳明的生活极为不便。挫折已使王阳明似乎再也见不到政治上的前途了，此时的王阳明对于人生的荣辱得失也有更多的体悟，不过对于生死，他还缺乏切肤的体验。为了让自己能够超然于生死之外，克服对生死的计较，他为自己做了一个石椁，自誓："吾惟俟命而已。"然后他日夜端居澄默，以求静一。

也许最初王阳明只想通过一种自弃的方式，让自己能够心如止水，让自己能够从容地度过难熬的贬谪岁月。然而，如果只有心死，如同死灰一般，必然不会有后来的悟道。王阳明的伟大之处在于他即便在绝境中仍有一丝对世情的怜悯，仍有一颗救世之心。对他而言，个人既是个人的，也是社会的。他能够突破个人的困境，突破个人的局限而建立一种为社会所接受的哲学，也在于此。在龙场，随他前来的仆人们一个个病倒了，王阳明不但不以为这是拖累，反而自己打柴、挑水、做饭，照顾自己，照顾本该照顾他的仆人们。仆人们一个个心情抑郁，王阳明便给他们吟唱诗歌。然而，仆人们即便听着王阳明唱的诗歌，仍然高兴不起来。于是，王阳明重拾自己年轻时诙谐幽默的本性，试着创作家乡的越曲，在曲中插科打诨。这样，仆人们听着听着，一个个也跟着高兴起来，似乎忘了大家还身处蛮荒之地，似乎也忘记了疾病与忧愁。仆人们一个个由忧虑转向快乐，王阳明却陷入了沉思，他想到他自幼立志要做的圣人。他自己问自己："如果圣人跟我一样，处在这样的境地，还会有什么更好的办法呢？"他想到，一个人的快乐或忧愁可以转换得如此自然，为什么却还要苦楚地生活呢？那些感到苦楚的人，到底是因为外界的事物没有让自己得到满足，还是因为自己内心的欲望膨胀而不懂得自足呢？

日有所思，夜有所梦。这样的思索持续到晚上，睡梦中，王阳明忽然惊醒。他感觉自己对于之前一直疑惑不解的格物致知的问题一下子豁然开朗了。他开始明白了"圣人之道，吾性自足"的道理。他一下子明白，之前他所迷信的朱熹所主张的"求理于事物者"的思想，其实是错误的。朱熹讲格物，认为人应该于万事万物间理会道理。但是，王阳明在这一刻却认为，人不应该向外界寻求真理，相反应该反观内心，向自己的内心去寻找理。如此一来，心就是理，格物就是致知，不但人的内外相通，而且经典理论中的格物与致知也从此相通了。王阳明感觉，吾性自足，心即理，这是多么简单、直接的道理啊！沿着这样的思路，他把自己熟悉的五经再默默地背诵一遍，觉得经典中所陈述的道理，无非是自己刚刚悟出的道理，可以一一印证。如果说之前王阳明在年轻时练习书法所悟得的"随时随事只在心上学"，还只是一种朦朦胧胧的感觉，此刻王阳明却要把这种"心即理"的思想自觉地放入儒学的传统中去，要与五经印证，故而写成了《五经臆说》。当然更要与时时刻刻的实践和认识印证。

心即理的思想也许不完全是王阳明所创造的。在他之前，宋代的陆九渊、明代的陈献章（白沙）都是重要的心学思想家。陆九渊"吾心即是宇宙"，陈白沙"静中养出端倪"，都强调心的主观能动性。只是，王阳明的认识或许更深刻，因为在蛮烟瘴雨的荒山绝域中，在离却了繁华和政治，身处蛮荒之地，王阳明要求得内心的平静，唯一的途径便是向内求索，超脱于荣辱得失与生死之外，从而让自己的心灵获得最大的能动性和创造性，以克服客观的困境。这是特殊环境下自我的超越。王阳明后学中如陈嘉谟就说，龙场的数年对于王阳明来说是一个心死的历程。陈嘉谟说："身死易，心死难。天尝以死心机会教人，而人未易受。一切危境危病，及遭际人伦之变，异常拂逆，皆教人心死也。……世人福薄，故未易受。龙场驿万死一生，阳明先生福气大，故能受。死尽世情心，洞见万物一体本原，然后静坐工夫可安而久，久则用功愈密，心量愈无穷际，无终始，见得一体愈亲切有味,此心与此理渐渐有凑泊时也。"

3."知行合一"与"心即理"

在悟得"吾性自足,不假外求"之后,王阳明似乎开始从困境中走出来了。不仅他的心灵已然自由舒放,他的生活环境也开始得到改观。在贵州龙场周边的少数民族与王阳明也日渐熟悉起来,他在龙场驿周边营建居所,修建了龙冈书院、寅宾堂、玩易窝等建筑。当地的水西土司安氏听说王阳明的大名,派人送来了米肉鞍马,有事就来向王阳明请教。正德四年,提督贵州学政的按察副使席书给了王阳明很高的礼遇,请他到贵阳书院讲学。在贵阳书院,王阳明提出著名的"知行合一"之说。

"吾性自足"的认识,成了王阳明哲学思考的出发点。但是,"知行合一"的提出,才是王阳明在其思想成熟后第一次明确提出有异于朱子学的命题。既然知识与行动都根源于人的内心,无内外之别,它们就必然是合一的、统一的。由此理解,从正德三年王阳明谈一个人的"吾性自足",到正德四年谈"知行本体"和"知行合一",过渡其实很自然。自此以后,王阳明在很多场合都谈到知行合一的话题,学生也多就知行合一的问题发问。回到内地以后,他与学生徐爱谈了很多知行关系的话,如"知是行的主意,行是知的工夫","真知必行"。那样相对深邃的表达,是以后的事情。至少在贵州的时候,"知行合一"的命题,似乎还只是从"吾性自足"之悟向前迈进的一小步。正因如此,学者对此都表示很难理解,或者以为王阳明所说知行合一是故意与朱熹唱反调,是标新立异。王阳明自己也对自己在思想还不成熟的时候就提出新理论而后悔。他说:"悔昔在贵阳,举知行合一之教,纷纷异同,罔知所入。"这是可以理解的。这样一个挑战朱子"知先行后"的命题的提出,注定要承受较多压力;而且,正如陈来先生所指出的那样,王阳明谈"知行合一"是从本体上说的，是指"真知"与行的合一性，在分疏时却又不免经常要将"知"理解为一般意义上的"非本体意义的知"，而这样的"交互使用着两种语言"的做法不免"使得他在与他人沟通时面临着误解及其他困难"。后来他的学生王栋也说："阳明老先生初讲知行合一，辩者纷纷；后讲良知，听者唯唯。"这可能不是影响力大小或真理认识的真假问题，而是思想成熟及表达完整与否的问题。但是，"知行合一"的提出，正是针对当时"知而不行"的社会现象，在当时是有现实意义的。

"知行合一"说的提出对于王阳明的意义还在于：它让王阳明勇敢地迈出了离开朱子学故径的第一步。正德五年（1510）春，王阳明离开贵州，出任江西吉安府庐陵县知县，十一月入京，十二月升任南京刑部主事。此后的宦途平稳地升迁，波澜不惊。他也开始认真地思考哲学问题，与湛若水等名儒讲学。王阳明的学问和思想，也在这一阶段迅速而平稳地发展。正德七年（1512），王阳明正式提出"心即理""心外无理"的命题。在讨论《大学》中的"止于至善"时，门人徐爱问他："至善只求诸心，恐于天下事理有不能尽。"徐爱的意思是，天下事还有许多道理要一一讲求。然而，王阳明却回答说："心即理也。天下又有心外之事、心外之理乎？"

三、思想传播的两翼：事功与讲学

王阳明不是一个离群索居、冥思苦想的哲学家，而是一个政治家、军事家。因此，王阳明的哲学不只属于他个人，而且属于整个社会，要推广到整个社会，要起到重大的社会作用。他曾经对学生说，人如果只知道静养，只知道冥想，只知道修养自知，临事便要未必能立得住。他说："人须在事上磨，方立得住，方能静亦定，动亦定。"

宁静存心的状态，在王阳明看来，只是定得住了气，而且滋生了喜静厌动的毛病。要克服这种弊端，就要注重事上磨炼。正是这种事上磨炼，成就了王阳明的事功，也最终成就了王阳明心学思想的发展与成熟。带着这样的一种思想，王阳明不但没有因为要做一个哲学家而离开社会，相反比传统的儒家士大夫更认真、更自觉地投身于政治和社会的各种事务之中，创下了赫赫的事功。事功让王阳明的思想得到了检验，也让更多人信服。事功与讲学，如车之两轮、鸟之两翼，让王阳明思想在十六世纪初期驰骋飞翔。

1. 事功成就学术

正德十一年（1516），在兵部尚书王琼的荐举下，王阳明升任都察院左佥都御史，巡抚南（安）、赣（州）、汀、漳等地。赣南、闽西、粤北一带，群山环绕，既是客家人聚居的地方，也向来是私盐贩子和流动的盗矿者的地盘，治安一向不稳定。这样的任命，就是要王守仁去镇压赣南、闽西山区的农民起义。

在南赣巡抚的任上，王阳明显示出卓越的经世才能。他平定了谢志珊等人领导的横水、桶冈等地（在今江西省赣州市崇义县）的农民起义，在之前农民起义频繁的地区增设平和、崇义、和平三县，在基层推行乡约与十家牌法，使南赣一带的局势逐渐稳定。在处置这一切的过程中，他不拘一格用人，使不同的人才皆为其所用。晚明内阁大学士黄景昉赞叹说："王新建（阳明）能用度外人，收罗甚富，如致仕县丞、捕盗老人、报效生员、儒士、义官、义民、杀手、打手，皆在笼络奔走中，即土目永为心死。大都眼高襟豁，从学问澄彻来。"学问的深邃，成就了他笼络豪杰之心胸。而且，亲身参与军事行动，使得王阳明对于人性的思考更深刻。在平定横水、桶冈起义之后，王阳明感慨地说："平山中贼易，平心中贼难。"在他看来，治心是人最难的问题。因此，他认为军事手段不是解决社会矛盾的根本途径，讲学与教化才是让人的心灵撇去尘翳的手段，才能让人们的心重归本来之善。在这一阶段，即便戎马倥偬，王阳明也从来不忘记讲学。赣州的通天岩等地，留下了他与门人弟子们讲学唱和的诸多遗迹。很多人专程赶赴赣州去向他问学。有人从广东入京，在路过赣州的时候停了下来，从此一住就是半年，跟着王阳明讲学。王阳明对于心的认识，也更深刻了，而"良知"的概念呼之欲出。在正德十三年（1518）以前王阳明与门人徐爱的对话中，对"致知"问题的解释已然完全具备了后日"致良知"之说中所有重要的思想。

正德十四年，朝廷调王阳明赴福建。于是，王阳明离开赣州，循江而下，准备经江西往北折而东入福建。这次行程，成就了王阳明在江西的一次更伟大的军事行动——平定宁王朱宸濠的叛乱。明代藩王的军事和政治权力在永乐朝、洪熙朝、宣德朝相继解除，分封外地的藩王逐渐变成一个地位很高但不得干涉政治的群体，养尊处优而无所事事，基本上没有再次入京的机会，甚至无故不许出城游玩，对中央集权很难构成威胁。弘治年间，朝廷又规定王府姻属也不得出任京官，加以防范。如此一来，明朝宗室逐渐沦为一个纯粹的寄生阶层，除不劳而获外，政治上注定没有任何空间。然而，正德皇帝朱厚照的放荡以及他没有子嗣的事实，让一些皇室成员开始对皇位有了觊觎之心。明朝正德年间，相继出现两次藩王反叛，一次是正德五年安化王朱寘鐇的叛乱，一次则是正德十四年江西宁王朱宸濠的叛乱。当朱宸濠叛乱的消息传到北京，时任兵部尚书王琼扬言于众说："王伯安在江西，宁王的叛乱掀不起大浪。"当时王阳明正行至吉安与南昌之间的丰城，得到朱宸濠叛变的消息，立即返回吉安募集义兵，发出檄文，出兵征讨。宁王朱宸濠虽然平时善于结纳人心，但在明代理学思想的熏陶下，多数士民是不会支持一个藩王的叛乱的。因此，当朱宸濠率兵六万自九江沿江而下窥伺南京时，王阳明率领仓促组建的八万平叛军队直捣宁王的老巢——南昌，迫使朱宸濠回援。最终，叛军与平叛军在鄱阳湖樵舍相遇激战，而王阳明的军队在此战中获胜，生擒朱宸濠。从叛乱发生到平定，前后仅四十三天。当有人问王阳明平叛用兵的战术，王阳明说："用兵何术？但学问纯笃，养得此心不动。"

尽管学术是阳明建立事功的基础，但阳明的事功对于阳明学术的发展却也起到了重要的作用。虽然因为明武宗的荒诞不经，王阳明平叛的军功一时未得表彰，但王阳明的社会影响却因此很大。王阳明的军功与伟业，加速了他的思想的传播。明人胡松在《刻阳明先生年谱序》中说，在此之前，人们认为王阳明的思想不过是抄袭佛教的禅宗思想而已，然而"山贼、逆藩之变，一鼓而歼之，于是人始服先生之才之美矣"。

2. 思想的完善与传播

在王阳明生命的最后八年中，他的主要精力是向门人讲学传播他的思想。因为宦官及江彬等人的干扰，王阳明平定朱宸濠的大功没有在正德年间立刻得到朝廷的回报。直到正德皇帝1521年逝世，即位的嘉靖皇帝才在正德十六年（1521）十一月对王阳明的军功予以褒奖，封他为"新建伯"，荫其子正亿为副千户。然而，以文臣获爵位并没有让王阳明在政治上走得更远。功高受忌，他先后被内阁大学士杨廷和、费宏、桂萼等人排斥。杨廷和对王阳明的抑制，或因杨廷和与王琼交恶，而王琼素来与王阳明关系极好。既然是政敌的朋友，杨廷和自然也就视王阳明为自己潜在的敌人。吏部尚书乔宇、继任内阁大学士费宏和桂萼等人也都忌惮王阳明勋臣的身份，怕他一旦入朝地位超越自己。嘉靖四年（1525）王阳明丁忧期满，例当起复，但"当路忌之，六载不召"。直到两广战事无人可以收拾，朝廷才不得不起用王阳明，前往镇压思田之乱，但也只是授予他地方督抚之职。自始至终，王阳明一直未能像人们期待的那样进入内阁，走入政治权力的核心。相反，越城绍兴那些年成了新思想的中心，致良知说提出，门人络绎而来问学。

正德十六年八月,王阳明回到绍兴。之前的格竹失败、龙场苦难、平定朱宸濠叛乱时的处变不惊,使王阳明的思想得到不断升华。正德庚辰(1520),王阳明开始提出他的核心哲学命题——"致良知"。什么是良知呢?王阳明说:"知是心之本体。心自然会知。见父自然知孝,见兄自然知弟,见孺子入井自然知恻隐,此便是良知。"因此,良知即是非之心,是认识的根源和是非的标准。王阳明用很浅近的比喻告诉人们,当人见到一个小孩子掉入井中,那种油然而生的恻隐之心便是良知。这种良知是每个人天生就有的,但因为人经常会遇到私意阻碍,所以要有致知、格物之功来战胜私意,使良知不再受阻碍,而可以充塞流行。即便小人,他们之所以沦为小人,也并不是因为他们没有良知,只是因为没有发现自己的良知而已。因此,"致良知"三字可以说既谈了本体,也谈了功夫,"本体功夫一齐收摄"。从此以后,"致良知"三字成了王阳明哲学的核心,王阳明也始终以"致良知"三字为教,传授给学生。有人请王阳明讲学,问他:"除良知之外,还有什么可讲的呢?"问话人希望他不要只讲良知,不要老抱着"致良知"三字不放。王阳明却用一模一样的话反驳他:"除良知之外,还有什么可讲的呢?"

在绍兴的岁月里,王阳明的思想传播最为迅速。受王阳明思想与事功的感召,王阳明的门徒渐广。在绍兴府,不少学者闻风师从,如同为余姚人的钱德洪、孙应奎等人。钱德洪"与同邑范引年、管州、郑寅、柴凤、徐珊、吴仁数十人会于中天阁,同禀学焉",孙应奎"率同县七十余人往师之,由是乡间教泽浃行"。原本很讨厌讲学的王畿在嘉靖二年(1523)因魏良器的劝说而师从王阳明。更多的学子不远千里来到绍兴府从学于王阳明。后来积极参与最早的地域性讲会惜阴会建设的江西安福门人刘邦采、刘文敏,在嘉靖三年(1524)到绍兴府师从王阳明,与刘文敏同行的有同族弟侄八人。门徒日多,王阳明无暇接引，就命钱德洪与王畿两位大弟子先接待那些初学者，为他们疏通大旨。为了接引来学者，王阳明还在绍兴故居拓地筑楼。他建了五十间楼房，只为准备亲自接引的学者而备。门人梁日孚在嘉靖二年为王阳明延引了广东的著名学者黄佐，促成黄佐与王阳明的见面。黄佐见时提到，"公方宅忧，拓旧仓地，筑楼房五十间而居其中，留予七日，食息与俱"。更多的学者只能散居于绍兴城内的天妃寺、光相寺。《传习录》中说："癸未年（1523）已后，环先生而居者比屋，如天妃、光相诸刹，每当一室，常合食者数十人；夜无卧处，更相就席，歌声彻昏旦。南镇、禹穴、阳明洞诸山远近寺刹，徒足所到，无非同志游寓所在。先生每临讲座，前后左右环坐而听者，常不下数百人，送往迎来，月无虚日，至有在侍更岁，不能遍记其姓名者。"大部分门人，都成了王阳明思想的忠实信徒，成了王阳明心学思想的传播媒介。王阳明生前，其门人已开始积极地传播他的思想。嘉靖五年（1526），因为大礼议而被贬谪到广德州任判官的王阳明门人邹守益创建了复初书院，敦请王阳明的门人王艮前来讲学；在安福，刘邦采、刘文敏等人创办了一个专门讨论阳明学的讲会——惜阴会。书院和讲会，在此后近百年的时间里也成为阳明学传播的重要机制。

  比授徒更让阳明思想不胫而走的是其语录的出版。尽管王阳明曾向门人徐爱表示，自己的语录是"因病立方"，学者不应该拘于语言，但其门人很注意保留他的讲学语录。正德十三年（1518）八月，门人薛侃得到徐爱记录的王阳明讲学语14条，以及另一位门人陆澄记录的80条，加上自己所记，共129条，在江西赣州刊刻。这便是《初刻传习录》，也是我们今天所看到的《传习录》的上卷。《传习录》刊行让更多人获得了与阳明思想接触的机会。阳明学的信从者都是从读到《传习录》之后才开始追随王阳明的。刘邦采、刘文敏等人正是读到初刻《传习录》，才萌生了要到绍兴师从王阳明的念头。嘉靖三年十月，时任绍兴府知府的门人南大吉对《传习录》进行增订，在初刻

《传习录》的基础上另录了王阳明讲学书信9封,在浙江绍兴府刊刻,形成了续刻《传习录》。三十二年之后,门人钱德洪对《传习录》再加增订,编成上、中、下三卷,遂成定本,成了反映王阳明思想的最基本文献。钱穆先生曾说,中国古代有关人的修养而人人必读的书有七种,《论语》《孟子》《老子》《庄子》《六祖坛经》《近思录》之外,另一种即王阳明的《传习录》。

四、思潮激荡百年

嘉靖七年(1528)秋,刚刚平定思田之乱的王阳明,深知自己的身体决等不到朝廷允许他回家养病的批复。那时候黄佐在广州再次见到王阳明。黄佐后来记载说:"予见其面色黧悴,时咽姜蜜以下痰,劝之行。公以为然。……逾岭卒。"从广东进入江西后,王阳明在南安府大庾县青龙铺(今赣州市大余县青龙镇)码头病逝,时维嘉靖七年十一月二十九日(1529年1月9日)的清晨。王阳明的逝世不代表王阳明学说的结束。在他生前与身后,围绕阳明学的争论就从未停止过。然而,在争议声中,王阳明心学的影响却越来越大。

1. 提倡"邪说"却从祀了孔庙

王阳明鞠躬尽瘁而死,朝廷非但没有表彰他,反而惩罚性地不给他恤典,就连新建伯的爵位,也规定只到他一生为止,不得世袭。王阳明逝世后,吏部最初对王阳明所持的态度还算公正,因为毕竟王阳明刚刚平定思田之乱,他的死是勤于王事的结果,而且是因病笃而擅离职守,所以"情固可原"。然而,嘉靖皇帝正着力整顿大臣擅自离任、延期赴任的官场弊端,更兼嘉靖皇帝平时一贯以圣人自居,对于王阳明号召门徒抱有成见,因此,吏部请求"宽宥",皇帝的批复却严厉得多:"守仁擅离重任,甚非大臣事君之道。况其学术事功,多有可议,卿等仍会官详定是非及封拜宜否以闻,不得回护姑息。"领了嘉靖帝定下的调子后,吏部尚书桂萼就知道如何对王阳明下结论了。吏部会议的结论是:"守仁事不师古,言不称师,欲立异为名,则非朱熹格物致知之论;知众论之不与,则著《朱熹晚年定论》之书。号召门徒,互相唱和。才美者乐其任意,流于清谈;庸鄙者借其虚声,遂敢于放肆。传习转讹,悖谬日甚。其门人为之辩谤,至谓杖之不死,投之江不死,以上渎天听,几于无忌惮矣。……今宜免夺封爵,以彰国家之大信;申禁邪说,以正天下之人心。"这样,吏部对王阳明的讨论由之前把焦点集中在王阳明擅离职守之事转移到了王阳明号召门徒、传播伪学对整个国家是否有利的问题上。皇帝批复说:"守仁放言自肆,诋毁先儒,号召门徒,声附虚和,用诈任情,坏人心术。近年士子传习邪说,皆其倡导。……所封伯爵本当追夺,但系先朝信令,姑与终身,其殁后恤典,俱不准给。都察院仍榜谕天下,敢有踵袭邪说,果于非圣者,重治不饶。"不仅剥夺了王阳明新建伯的世袭权,还给王阳明学术定了一个"邪说"的结论。

然而,不公平的政治打压,带来的却是反作用。原本,王阳明之死对其思想传播应当是一个沉重的打击,但是政治上对王阳明的不公正待遇,反而激起了王阳明的弟子们更为热烈地倡导师说的讲学运动。虽然朝廷定义阳明学为"邪说",但阳明门人的活动非但没终止,相反士人阶层还出现一种逆反心理:越是朝廷要禁的,就越要传播。早在嘉靖二年会试中,面对"阴诋阳明"的会试策问试题时,王阳明的门人徐珊就敢扔下一句话,"我岂能昧着良知以媚俗",不答题就出了考场,宁远放弃自己的政治前途而选择了老师。王阳明逝世后,他的门人无论从数量到地位,都已今非昔比了。在王阳明死后,相继而来的纪念和祭祀活动,就开始催生了许多的祠堂与书院,而这些地方多是阳明学派的讲学之所,如著名的杭州天真书院。在嘉靖年间，南直隶、江西、浙江等地书院林立。王阳明的信从者多有任高官的，如后来的兵部尚书聂豹、礼部尚书欧阳德、内阁大学士徐阶和李春芳；也有一生都不愿汲汲于政治，而始终以讲学为事的，如王畿、王艮等人。因此，无论是在政治上还是在社会上，阳明学都有巨大的影响力。这些门人以特殊的讲会方式致力于其学说的传播，彼此往来，瑞士哲学家耿宁称之为阳明学的"弟子共同体"。

在号称"讲学护法"的徐阶等人的保护下，阳明心学讲学之风盛极一时。从京城到乡村，遍处是阳明学讲学的书院。《明史·儒林传序》云："明初诸儒皆朱子门人之支流余裔，师承有自，矩矱秩然。……学术之分，则自陈献章、王守仁始。……宗守仁者曰姚江之学，别立宗旨，显与朱子背驰，门徒遍天下，流传逾百年，其教大行，其弊滋甚。嘉、隆而后，笃信程、朱，不迁异说者，无复几人矣！"万历十二年（1584），在王阳明死后五十四年，在众多官僚士大夫的推动下，朝廷决定让王阳明增祀孔庙。次年，王阳明入祀。终明一朝，朝廷所增补的从祀孔庙的当朝学者只有四人，即薛瑄、胡居仁、陈献章和王阳明。王阳明从祀孔庙，表明王阳明心学在晚明得到了官方认可。

2. 背离了正统却收获了社会

阳明学的发展离开了程朱之学的正轨。这种背离从最初就引发了上自嘉靖帝下至一般守旧官僚的抵制。嘉靖二年礼部主持的会试中，最后一场考试所考的策论中的一道题"阴诋阳明"，正是后来继杨廷和出任内阁首辅的蒋冕所出。门人们请王阳明上疏为自己申辩，而王阳明却洞透一切。他甚至认为，会试策问出题指斥自己从另一个角度看，反而是让更多人了解自己学说的机会，他说："今会试录，虽穷乡深谷无不到矣，吾学既非，天下必有起而求真是者。"这体现了王阳明对自己心学学说的自信。

王阳明的自信是有道理的。他的思想在十六世纪注定是受欢迎的。明朝建国以来一百多年，在科举风向标指引下，士子非程朱之书不读，程朱理学成为正统官学。明初的程朱理学家号召大家都只要遵从朱子的思想就可以了，不用有独立的思考与写作。然而，一味因袭程朱旧说而缺乏创新，使一些学者感到压抑，并开始寻求新的思想出路。正统十四年土木堡之变的战争惨败以及之后系列的政治事件，使得明代的学术世界发生巨大的改变。政治乱局使士大夫们怀疑主流的意识形态程朱理学并不完美，并尝试对它进行修正，对于社会的注意力也由之前单纯尽力于齐家睦族开始向寻求经世良方转变。寻求良方的路分两条：一种人认为问题出在人的因素，遂开始强调儒学所提倡的心的至高无上的地位，号召人们正心修身，成为君子，即便不能入仕，亦可有益社会，其代表是陈献章；另一种人则坚信人们要掌握各种实用的知识，从而发展出"经世之学"，代表人物则是丘濬。但是，那位在弘治初年曾经入阁为内阁大学士的丘濬所代表的经世之学证明是不能成功的，因为正如王阳明在弘治末年所上的《边务八策》中所谈到的情况那样，政治腐败、官员因循的风气依然很普遍。于是，思想家们有理由号召人们从自己的身心入手，而不是从实用的典章制度和经邦治国之术入手。然而，既然宋元理学家们在外向的宇宙与人的关系的构筑上，做得扎实而全面了，思想要再有突破，就必须回到人的自身上来，向内探索。于是，到明朝中期，心学的萌芽从程朱之学中悄然冒出。率先突破程朱理学的思想家是陈献章。他是广东新会人，号白沙，主张"静中养出端倪"，强调内心体悟，不拘束于外在教条，因此也被视为由朱子学转入王学的中间环节。有了陈白沙"心学"的抬头，才有了十六世纪初王阳明心学的出现。因此，阳明思想的形成，既与十六世纪初政治形势的恶化、人身束缚的弱化等社会现实相伴，更是自陈白沙以来学者摆脱经典束缚、专注内心世界的结果，而因此也成就了著名哲学史家陈荣捷先生所说的"心学之最高峰"。

最为关键的是，十六世纪明代社会需要王阳明的哲学。科举壅塞、出版业发达，开始造就了一个人数越来越多的拥有知识但却没有政治出路的知识阶层。识字率的提高，也使得商人和庶民阶层有更多精神需求。王阳明的哲学提出，是非标准是良知而不是外在权威，而良知人人皆有，因此每个人的内心都是自己可以直观的，可以由自己掌握。这样的哲学使众多普通人的内心得到安顿，获得存在感。正如钱穆先生所说，王阳明演畅着"愚夫愚妇与知与能的真理"。因此，王阳明的门人在传播其学说时，越来越有儒学平民化的趋向，而且强调自我，突出自我。在那样的社会中，王阳明的哲学让每一个人获得了自我的存在感。

3. 解放自我同时却破坏了秩序

王阳明的思想强调自我，但从来没有忘却社会。他的思想能够在自我与社会间找到平衡。但是，沿着王阳明的思想继续前进，则隐含着对社会秩序的破坏。其中，以王畿为代表的"四无"说、以何心隐和李贽为代表的泰州学派，均对封建秩序构成破坏力。

当初王阳明被朝廷征召前往镇压思田之乱时，临行前他召见了钱德洪和王畿两大弟子，在天泉桥上进行了一次讨论。这便是明代哲学史上著名的"天泉论道"。王阳明说过四句话："无善无恶心之体，有善有恶意之动，知善知恶是良知，为善去恶是格物。"当然，王阳明的"无善无恶心之体"其实并不是强调善或者恶，而是强调"有"或者"无"。当人性推到极限，推到超出善恶的"无"的境界时，人的本体便非但不体现为"恶"，甚至也不体现为"善"。在哲学家王阳明的冥想中，人的本体是一个恍恍惚惚、无声无臭的存在，所以是"无善无恶"的。这是一种境界，而不是一个定义。这种境界无疑糅合了传统儒学与佛道的精华。正是在这种意义上，陈来先生以"有无之境"四字来概括王阳明的哲学精神。"无善无恶",正是一种无我之境。然而,王阳明的学生王畿将"无善无恶心之体"之说发挥到极致。王畿认为,既然心体无善无恶,那么意、知、物都应该是无善无恶的,从而提出了"四无"说。因为心体是无善无恶的,所以性也是无善无恶的。这自然与孟子以来儒家的性善论是冲突的。这样的思想在王畿的门人周汝登等人那里得到充分的表达。在晚明,王阳明的"无善无恶心之体"成了众多学者讨论的话题:一些学者表示赞成,另一些学者表示反对。在东林书院讲学的顾宪成,就强烈反对这一说法。顾宪成认为,"性善"才是儒家的正宗,而"性无善无恶"其实是借用了禅宗的说法而已。一位名叫冯从吾的学者就说:"既然知是良的,为什么性不是善的呢?"这些反对性无善无恶论的学者认为,主张性无善无恶将导致人们的行为似乎再不需要道德的约束,可能会对整个社会造成危害。

如果说王畿的学说的危害性还只是一种可能,由王阳明另一位门人王艮所开出的泰州学派一系,则对明朝的社会秩序造成了实实在在的冲击。在泰州学派之中,后来涌现了一些被清初思想家黄宗羲形容成"赤手以搏龙蛇""非名教之所能羁络"的叛逆思想家,包括江西永丰人何心隐、福建晋江人李贽。何心隐亦儒亦侠,行事奇特,被顾宪成形容为一个"坐在利欲胶漆盆"中的人物,最终在万历年间被迎合张居正的官员杖杀。李贽追求个性与行动自由,攻击儒家经典,认为不能以孔子之是非为是非,要求人们有一颗没有受到知识和伦理熏染的"童心"。李贽的著作流传很广,引起了儒学卫道士们的恐惧。万历三十年(1602),朝廷逮捕正在通州养病的李贽。在狱中,李贽以剃刀自刎。这说明王阳明哲学既是宋明理学的发展,但潜在地却又对主流意识形态构成威胁。李贽之死,也表明王阳明心学的末流越来越跟当时社会脱节而受到扼制。在整个明末清初,对王阳明心学的批评和对朱子学的重新提倡越来越明显。晚明著名的东林学派的顾宪成和高攀龙，都提倡学术上回归程朱之学。明朝灭亡后，清王朝观察到学术界的动向，转而尊崇程朱理学。至此，在明朝流行一百余年的王阳明心学逐渐衰微。

参考文献

钱穆：《王守仁》，上海：商务印书馆，1930年。

秦家懿：《王阳明》，北京：生活·读书·新知三联书店，2011年。

陈来：《有无之境——王阳明哲学的精神》，北京：人民出版社，1991年。

严嵩

在皇权的阴影下

严嵩履历表

姓名	严嵩
字号	字惟中,号介溪、勉庵
籍贯与出生地	袁州府分宜县(今江西分宜)
家庭出身	以耕读传家的普通家庭,高祖严孟衡曾中永乐十三年进士
生卒年及所处时代	1480—1565,主要活动在正德、嘉靖朝,嘉靖后期内阁首辅
生平履历	成化二十三年(1487),八岁入县学,有神童之誉
	弘治十八年(1505)中进士,此后远离官场,正德三年(1508)至十一年(1516)间读书钤山八年
	嘉靖四年(1525),出任国子监祭酒
	嘉靖十五年(1536),代夏言出任礼部尚书
	嘉靖二十一年(1542),入内阁,为大学士,此后在阁近二十年
	嘉靖二十三年(1544),排挤翟銮,取而代之出任首辅
	嘉靖二十四年(1545),夏言回京,入阁复为首辅,严嵩处境艰难
	嘉靖二十七年(1548),夏言被处死,严嵩再度成为内阁首辅
	嘉靖四十一年(1562),严嵩被罢黜,其子严世蕃被逮系,不久后被处死
	嘉靖四十四年(1565),严嵩死于袁江之畔介桥村一处墓地的草舍

严嵩是十六世纪最重要的政治人物之一，也是一个复杂的人物。清朝人所修《明史》将他列入明代少有的几个奸臣之列。然而，任何人物也许都有他的两面性。他似乎曾经淡泊名利，中进士之后竟然能够在家读书十年而不去做官。这样对学问的虔诚，大概只有后来的学者罗汝芳中举十年而不参加会试可以相提并论。十年的钤山堂读书生涯，不完全是能装出来的，更不完全是沽名钓誉。严嵩败后，"严分宜"三字确实代表的是不好的政治文化。例如，张居正在与陆光祖一番不愉快的交谈之后，就恨恨地说："与绳（陆光祖之字）故欲'分宜'我耶？"可见，严嵩的名字、地望自此代表的是负面的政治信息。不过，当时的明朝人似乎也并没有把严嵩视为万恶不赦的权奸。明代嘉隆年间重要的文人与学者，几乎都与严嵩有不少诗文唱和及赞誉，而且似乎也没有人认为必须要把他们所写的跟严嵩有关的文字剔除出他们的文集，由严嵩撰写的墓碑文字也照样会出现在他们的文集前后的附录中。严嵩的声名扫地，或许很大程度上与《明史》把他列入《奸臣传》中有关，虽然不清楚清初的《明史》纂修者何以会对严嵩评价如此负面。这样说不是要为严嵩开脱，他贪贿的罪名也不可能开脱。但是，作为一个政治人物的多面性，是需要我们多问一问的：首先，一个曾经潜心于读书作文的读书人，是怎么蜕变成一个令人厌恶的老官僚的？其次，为什么内阁大学士严嵩能拥有几乎不受限的"宰相"的权力？最后，严嵩的专权对明代的政治文化起了什么样的作用？

一、走出钤山堂：声誉是无形的资产

严嵩的家族是在北宋末年从福建邵武移居江西袁州，数代后从袁州府移居分宜县。成化十六年正月二十二日，严嵩便出生在分宜县城北十里许的介桥村（今江西分宜县介溪村）。到严嵩高祖严孟衡的时候，严家的族望上升了。严孟衡中了永乐十三年进士，官至四川布政使。从严孟衡开始，读书考科举成了严家的传统。严嵩的从曾祖父严瑛曾到南昌去参加过乡试，但没有考中举人。此后虽然经历了数代没有高级功名的沉寂，但耕读传家的传统仍在。严嵩的父亲严淮年轻时务农习儒，做过塾师，教习蒙馆，在弘治八年严嵩十六岁那年逝世。严淮生前一直希望严嵩能够刻苦读书，考取功名，光耀门庭，而严嵩也不负父亲所望，自小有神童之誉，八岁入县学读书，成了一名小小的秀才。父亲逝世后，严嵩是在祖父严骥和母亲晏氏的抚育下长大成人的。

1. "钤山堂养望"

弘治十一年，十九岁的严嵩到省城南昌参加乡试，以第十六名的成绩中式，成为一名年轻的举人。身材羸弱、衣衫破烂的严嵩，并没有引起考官们的重视。但是，严嵩羸弱的身体内却有巨大的能力。天资聪慧的他在科举的道路上走得很顺利。弘治十八年（1505），严嵩以第三十八名的成绩通过会试，殿试二甲第二名。按照明代惯例，一甲三人的状元、榜眼与探花立即授翰林院官，分别授予修撰和编修等职，而二甲进士中年轻而有文采的人则通过庶吉士考试选拔到翰林院中读书，等庶吉士结业后再授官。严嵩以庶吉士入翰林院学习了三年，正德二年（1507）散馆时，他被授予了正七品翰林院编修之职。翰林院编修与外官中的知县一样，都是正七品官员。但是，翰林院的位置一向清要，被视为将来出内阁大学士的渊薮。明代的内阁大学士中，由翰林院出身的占到"十之九"，故而有"非翰林不入内阁"的说法，因此翰林院官员也被视为"储相"，就是替人写写应酬的文章，润笔的价码也相对要高于其他京官的。士人中进士之后有幸进入翰林院，在世人看来其前途不可限量，而一般人也不会轻易放弃在翰林院里慢慢地攒资历的机会。严嵩却迥然不同，他离开了翰林院，在家乡的钤山读书近十年。

正德三年五月、正德四年六月，因祖父严骥、母亲晏氏先后去世，严嵩按照礼制家居守孝。孝期三年即满，但严嵩却一直到正德十一年才回朝任官。这近十年时间，除却守制的三年，大概有五年他是心甘情愿地离开官场。这样的举动，是极不寻常的。人们或解释说严嵩在面对宦官浊乱朝政时选择了逃避，或解释说严嵩本人是刻意地想通过一种隐居行为来提高自己的声望。然而，如果只是为了逃避激烈的政治斗争，严嵩完全可以选择在为母亲守制结束后不久就回朝，因为当时刘瑾被诛，正德一朝宦官专擅最高潮的阶段已然结束。严嵩是一个有翰林院清要身份的进士，翰林院本身就是一个养望的地方，并不需要利用隐居的手段来沽名钓誉。况且，虚无缥缈而且并不一定完全能够落实的"望"，与实际政治生活中的"资历"相比，何者更为重要？相信这是任何一个重视实际的政治人物都清楚的。因此，后人常夸赞严嵩"钤山养望"，只能说是一种结果，而无须揣摩其动机。严嵩可能只是因为身体的原因，或者志趣的原因，而心甘情愿地要在山中读书，提高自己的文学修养。

钤山堂的一番沉浸，使严嵩的诗文达到一个很高的水平。当时的文坛领袖、"前七子"之一的李梦阳在任江西提学副使期间，曾专门到钤山探望严嵩，作《钤山堂歌》以赠。钤山时期，严嵩的诗文婉丽而清雅。张显清先生在《严嵩传》中称赞严嵩在钤山的诗文"曾在诗坛一放异彩，为其漫长的生命历程投下一束光辉"。这样的文学修养，无论是将来为皇帝撰写制诰文字时，还是为皇帝撰写颂谀道教神仙的"青词"时，都可以派上用场。当然，钤山的隐居也并不完全是与世隔绝的隐居。那段时间里，严嵩博览群书，研习礼乐和明朝的典章制度，培养其识体达用的经世之学。那段时间里，他还为家乡分宜县修撰《分宜县志》，对当时地方上的社会现实有更多的理解。凡此等等，都使他积累了相当厚重的作为一个封建官僚所应具备的文学和知识素养。接下来等待的，只是一个厚积薄发的机会。更重要的是，这样的一番沉淀也使当初二十几岁的青年进士对政治有更深的领悟。严嵩回朝那年，恰好三十七岁，可以说是最恰当的活跃于官场的年龄了。

主动归隐和韬光养晦，使严嵩在朝野获得了广泛的声誉。毕竟，这样的一种对于官场毫无沾染与留恋的气质，让人觉得崇高并且神往。著名的思想家王阳明巡抚南赣期间，也曾前往钤山，为钤山堂写下匾额。晚明的内阁大学士、学者官僚朱国桢说，严嵩任礼部尚书以前，声誉好，诗文佳，品格高，隐居不仕，耐得住寂寞。朱国桢感慨说："钤山隐居九年，谁人做得？"

2. 得委重任

正德十一年三月，严嵩离开钤山，北上京师。重新投入官场的严嵩仍然任翰林院编修，但之后数年里相继被委派了一些重要的任务：正德十二年（1517）二月同考会试，正德十二年十一月被委任教馆内书堂，正德十三年七月出使广西靖江王府，代表朝廷对袭封的靖江王朱经秩予以册封。

会试是由礼部主持的全国性科举考试，每三年举行一次，由历科举人参加，考中的将通过殿试由皇帝排定名次，正式成为进士。由于殿试只是重排名次，会试便成为举人能否上升为进士的重要门槛。明朝的选人用人制度，重进士而轻举人、监生。进士、举人虽然都是科举功名，都能做官，但实际的升迁却是重进士而轻举人，官员考察中往往也苛责举人而回护进士出身的人。因此，将来能不能成为明朝政府的高级官员而不是永远地浮沉于下僚，就看自己是否能够通过会试，由举人升格为进士。因此，出任会试考官对很多人来说是一种很高的荣誉，而且实际上也会有一定的政治利益。通常，翰林院中所出考官往往最多。正德十二年会试的考官共有十九人，其中内阁大学士靳贵和翰林院学士顾清是主考官,同考官十七人中排名第四的是严嵩,负责《诗经》第二房的阅卷。虽然我们现在不知道在该科考试中经由严嵩录取的到底有哪些人,但按照明代的惯例,那些被录取的士子将终身视严嵩为他们的"座主"和恩师。明代政治中门生、座主利益相结的程度不像宋代那样深,但毕竟这样的一种人与人之间的关系对于"座主"的政治声望而言是有益的。严嵩也很看重自己同考会试的经历,曾经将会试的二十多天逐日记载,写成《南省志》一文,从中也可以看到严嵩对自己同考会试的荣誉感。不过,浏览《正德十二年会试录》,可以发现后来与严嵩斗得你死我活的夏言,恰恰是正德十二年以《诗经》考取的进士,会试成绩是第一百四十九名。夏言虽然未必是严嵩所在的《诗经》第二房的门生,但会试中考官"互批"的规矩——阅同一种经典的几个考官在将要录取的考生考卷上写下自己的意见——有理由让严嵩认为夏言不过是自己的学生而已。后来严嵩一入内阁便欲取代夏言的心气,未必不是建立在昔日这样一种考官、考生的尊卑关系上来的。

教馆内书堂对于严嵩来说也是难得的、有利的经历。内书堂是专门用来教习宫中小太监们的场所。据后来曾经主教过内书堂的一位翰林官员黄凤翔说,一般宫中各监局会遴选八九岁以上、十八岁以下的聪明伶俐小宦官到内书堂学习。内阁则向皇帝推荐五名翰林院的有才学的官员前往任教,一般必须在资历十年以上。由于资历深的翰林院官员很有可能将来会进入内阁,而内阁因为代皇帝对皇帝提出章奏处理意见、草诏等职命,与宫中的司礼监文书房往来非常密切,这样的一种规制竟间接地促成了内阁大学士与宫中掌管文书的宦官之间的"师徒"关系。据说,那些往来内阁取送文件的宦官,无论品秩尊卑,都称呼内阁大学士为"师傅",就是这样的一个缘由。因此,对于翰林院官员来说,教习内书堂,是难得的与司礼监太监们接触的良机。他们可能因此为司礼监的权贵所知,从而为他们将来入阁打下很好的基础。严嵩在正德二年被授官翰林院编修，到正德十二年，年资恰好满十年。虽然他实际在翰林院中任官的时间不长，但显然他的才华、学问以及声誉，得到了当时的内阁大学士们的欣赏。

代表朝廷出使藩王府同样是一种荣誉，而且往往会得到藩王很丰厚的馈赠，当然清廉的官员们往往会拒绝。严嵩出使广西靖江王府的归途中却遇上了麻烦。他在六月中旬行经江西临江府（今江西樟树）时，听到了宁王朱宸濠反叛的消息，继续北上的路断了。严嵩没有像王阳明那样倡义平叛，而是就在临江府的慧力古寺栖息下来。叛乱平息之后，他再一次回到家乡养病，直到正德十六年春才重新返回京城，四月抵达京师，而正德皇帝已经在之前的三月驾崩，嘉靖皇帝正在从湖广安陆（今湖北钟祥）前往北京的途中。新帝登基，将给严嵩带来全新的政治生命。

二、被扫荡的士风：堕落成为多数人的选择

内阁自永乐朝设置以来，其作为皇帝私人秘书班子的性质便非常明确，不仅办公场所在宫城之内的文渊阁，与皇帝密近，而且内阁大学士的人选也必须由皇帝钦点，并不完全拘于其人在官场的资历。当然，大部分皇帝对于"超擢"的兴趣不大，内阁大学士人选渐渐地多循资历进行选拔，皇帝只是利用他的最高权力适时对内阁大学士进行撤换而已。同时，内阁大学士的制度性权力也在上升，不仅从正统朝（1436—1449）开始就独享为皇帝拟写奏疏批阅意见的票拟权，到天顺年间（1457—1464）李贤任内阁大学士时还逐渐发展出"首辅"的制度，即入阁时间最长或资历最老的大学士被习惯称为首辅。这样一来，内阁是政治中枢，首辅更是中枢之中枢。此后，不仅群臣有入阁之争，内阁诸臣又有首辅之争。不过，归根结底，皇帝的需要才是阁

臣入选的标准。从这个意义上来说，在明代君主专制下，无论是出现了擅权的宦官，还是出现了擅权的内阁大学士，原因都出在皇帝一人身上，或是因皇帝幼弱而不得不授权，或是因皇帝纵容或者因阁臣逢迎而放任，前者如后来的张居正，后者如严嵩便是一个典型的例子。不过，严嵩跟张居正都是权倾一时的人物，但却又不完全一样：严嵩的专权为私，权倾一朝的同时，更有对皇帝柔佞的一面。

1. 皇权碾压文官政府

嘉靖皇帝朱厚熜本是分封在湖广安陆的兴王朱祐杬之子，而朱祐杬是成化皇帝朱见深之子、弘治皇帝朱祐樘的弟弟、正德皇帝朱厚照的叔父。正德十五年（1520），兴王朱祐杬逝世，赐谥献，所以又称兴献王。朱厚熜是正德皇帝朱厚照的从弟，自小一直在京外的安陆王府中长大，十六岁才入京。入京之前的朱厚熜，正准备袭封兴王，却赶上正德皇帝在正德十六年驾崩无子，遂按兄终弟及的原则入京接替皇位。当时的张太后和内阁大学士杨廷和等人计议，以皇帝名义发布遗诏，以朱厚熜"即皇帝位"，并派人迎接远在安陆的朱厚熜入京即位。

在张太后与杨廷和等人看来，天上掉馅饼，朱厚熜应该对他们感激无比，言听计从。然而他们看错了人，也打错了主意，朱厚熜比他们想象的要成熟，对权力更敏感。矛盾几乎是进北京城的那一刻起就埋下了。朱厚熜以遗诏中让他"即皇帝位"的话为依据，不同意杨廷和安排自己由侧门入城的计划，坚持要以皇帝的身份由大明门入城。后来，双方妥协，大臣们先在城外完成请求朱厚熜即皇帝位的劝进程序，然后朱厚熜以皇帝身份由大明门入城。第一回合的较量，朱厚熜小胜。之后他开始孜孜不倦地追逐他作为皇帝所应享有的权力，不断突破文官政府为他设置的种种限制。他要迎接母亲入北京，礼部提出的方案却不是皇太后仪驾，而是一个王妃的仪驾。朱厚熜反复命礼部再议，礼部大臣闹情绪，说既然兴王妃由通州入京，不如让兴王妃从朝阳门入城，由东安门入宫，直接简便。对此挑衅，朱厚熜盛怒下直接下旨，由大明中门入，皇帝出午门迎驾。一旦皇帝金口玉言既出，文官政府也只能乖乖照行。几番博弈之后，朱厚熜自然完全理解了皇帝之尊贵及皇权之不受限制。

接下来的大礼议，朱厚熜更是以一人之力，加上几个同情他的小臣，完成了对整个文官政府坚持的礼仪的扭转。按杨廷和的安排，朱厚熜即位后，尊其伯父孝宗皇帝为父亲，而把自己的生父兴献王当皇叔父来对待。但是，朱厚熜却不甘心受此摆布。他利用皇权，为他的生父兴献王朱祐杬不断争取各种荣誉，"始而争考（即父亲谥号中'本生考'三字）、争帝（给朱祐杬谥号加'帝'字）、争皇（给朱祐杬的谥上加'皇考'字），既而争庙及路（即为父亲建世庙），终而争庙谒及乐舞"，斗争了二十余年。当然，最初几年对朱厚熜来说很艰难，因为他得到的支持少，反对的文官居多，支持他的人又只是像张璁、桂萼、方献夫等新科进士或者资历较浅的官员。然而，朱厚熜逐渐熟练地使用他的人事大权，使支持他的人陆续走上重要的岗位，而反对者如杨廷和、蒋冕等人陆续罢斥。嘉靖三年，朱厚熜更对左顺门摇门大哭表达反对的两百多名官员进行处罚，其中一百八十多人被廷杖，一时廷杖被打死的官员达到十七人。礼仪之争一旦以血腥的方式结束，皇权从此便畅通无阻。正是因为他所获得的权力是通过政治斗争而得以巩固的，朱厚熜的自大心理和猜忌心理也在这一系列的斗争过程中相应得到加强。整个明代，嘉靖帝朱厚熜对朝政操纵之严，对皇权理解之透彻，在明代可能除明太祖和明成祖之外，无人出其右。

2. 皇权大张，士风颓靡

猜忌之主，只能用柔媚之臣。嘉靖一朝的内阁大学士，前期主要用议礼诸臣，如张璁、桂萼、方献夫等人；后期内阁诸臣则必须有为代皇帝撰写向道教神仙所上表章"青词"的能力，一时间内阁中尽皆

"青词宰相"，如李春芳、高炜等人。大部分议礼诸臣由身份卑微的官员迅速得到嘉靖帝重用，对皇帝感恩涕零，更兼其道德为人所议，更不得不完全成为皇帝附庸，在皇帝面前实在没有太多"宰相"的体面。以张璁为例，他三次被嘉靖皇帝贬斥，而贬斥不久立即又被召回。有人议论说，张璁应该在被贬后拒绝回朝，以保全一内阁大学士的体面。其实，这种议论不仅不理解张璁，也不理解朱厚熜。在一个"集众美自居"的皇帝治下，嘉靖朝的君臣关系十分单纯，臣下对于君上，只有服从和逢迎。

十六世纪上半期士风之颓靡，或许是一个长期积累的结果。明朝的士大夫先是在十五世纪末和十六世纪初受到太监汪直、刘瑾的摧辱，一时间逢迎者比比皆是，包括一些内阁大学士和各部尚书，如成化年间的万安、尹旻和正德年间的焦芳等人。作为文臣之首的内阁大学士如此，对于士风的影响可知。嘉靖八年（1529）的状元罗洪先，就曾经在自己的文字中说正德年间"士大夫为阉瑾摧，习娼幸以自利"。然而，被宦官折辱尚且还有反弹的时候，被皇帝打压就不可能有翻身的机会。大礼议中，杨廷和等人不仅代表孝宗、武宗一脉，也代表了士大夫独立于皇权的气节。然而，在皇权的高压下，士大夫内部分化，投机分子们向皇帝献媚，最终导致士大夫在皇权面前一败再败。

清初史学家万斯同认为，嘉靖一朝士风的颓靡是大礼议的后遗症。他认为，大礼议使大批元老重臣如杨廷和、蒋冕等人被斥，使得一个国家元气因此受到戕伤，而新进后辈像张璁、桂萼等人骤得高位，自然完全不敢与皇帝抗衡，这成为明代政治文化的一大转折。万斯同说："至大礼议定，天子之视旧臣元老真如寇仇。于是诏书每下，必怀忿疾，戾气填胸，怨言溢口，而新进好事之徒复以乖戾之性佐之。君臣上下，莫非乖戾之气，故不数十年遂致南北大乱，生民涂炭，流血成渠，盖怨气所感，不召而自致也。由是观之，和气致祥，乖气致戾，岂不谅哉？故愚尝以大礼之议，非但嘉靖一朝升降之会，实有明一代升降之会也。呜呼，旧臣元老，国家所视以为安危也，乃去之惟恐不尽，而尽用新进好事之徒。彼新进好事者，何尝无矫矫可喜之功，顾消国家之元气亦已多矣。故张璁、桂萼用而元气为之一丧；汪鋐、夏言用而元气为之再丧；迨严嵩父子用而元气为之丧尽矣。"万斯同的话很多，但有几层意思。其一，嘉靖皇帝驱逐了当初杨廷和这些元老重臣，而且对他们一直怀有怨恨的乖戾态度，改变人们对一直以来君贤臣良、相辅相成的理想君臣模式的追求。其二，作为这种理想君臣模式丧失的替代品，则是新进小臣对皇帝无底线的顺从，以及对皇帝乖戾之性的助长。嘉靖初年张璁任内阁大学士时推行的诸多政治改革，如对向来养尊处优的翰林院官员不按惯例优待而授以外官之职，鼓励科道官员互纠等，都有苛刻之嫌。这其实正是在助长皇帝打压士气，打击读书人的尊严。其三，这种元气的丧失从张璁等人开始，此后日渐一日地低落，到夏言是一个阶段，到严嵩父子，国家元气已丧失殆尽，而国家出现的南倭、"北虏"等政治的和军事的危机，与此不无关系。

在极端的专制皇权之下，内阁大学士不是辅佐，而近乎奴才了。不仅张璁三黜三召，夏言也是三次被黜之后召回。严嵩之后，即便著名的政治家如徐阶、高拱等人，对嘉靖帝也是极尽逢迎之能事，不仅徐阶为嘉靖帝写青词，而且更有甚者，高拱曾主动上疏请求皇帝给予他一个代写青词的机会。由此可知嘉靖一朝士风在皇权之下彻底地颓靡了。海瑞在嘉靖末年所上的著名的一道奏疏的一句话——"举朝皆妇人"，可谓一语道尽。海瑞和杨继盛正是在一种弥漫的颓靡士风的映衬下，才显得更铮铮铁骨，是嘉靖年间官场的异类。可以说，嘉靖一朝旅进内阁诸臣，前期以议礼、议庙进，后期以青词进，而任职期间也只是一味逢迎，从无体面可言。严嵩柔佞的人格，正是嘉靖年间政治风气下的产物。

三、官阶向上灵魂向下：走向权力中心

柔佞是严嵩能够得到嘉靖帝信任的重要原因。严嵩善于逢迎的功夫，似乎是天生的。十余岁时，知县曹忠出上联"关山千里，乡心一夜，雨丝丝"考严嵩，要他对下联。于是，知县极具文人气的上联征来了严嵩的官场祥瑞文字——"帝阙九重，圣寿万年，天荡荡"。会说话，说好听话，将伴随严嵩的官场升迁之途。当这种谄媚的话终于有机会说给嘉靖帝听的时候，严嵩迎来了仕途的转折。

1. 迎合帝心初获赏识

严嵩是一个谨慎的人。嘉靖初年，严嵩在议礼上的态度不敢像张璁、桂萼等人那样反对杨廷和，更不敢像杨廷和那样反对嘉靖皇帝。他态度暧昧，但隐约地有向皇帝示好的意思。嘉靖帝从湖广安陆迎来自己的母亲，身为翰林编修的严嵩写了一首诗《奉迎慈圣歌》。其中一句说："濮园议礼伸舆论，代邸崇恩本圣情。"这样的诗仍然是两不得罪，既说让皇帝入继为孝宗之子的安排是朝野的主流舆论，又强调尊崇父母养育之恩是作为人子的皇帝的孝情，强调礼与情的对立。但归结起来，在当时朝野舆论一边倒地站在杨廷和一边的背景下，把皇帝的"情"拿来说事就代表了对皇帝的"同情"。接下来两句说，"正阳圣母遵门入，王凤英皇却辇迎"，则赞叹皇帝的"人情"战胜了礼仪。有这样的态度，首辅杨廷和自然对严嵩不满，借着升迁的机会，把他从正七品翰林院编修升为正六品南京翰林院侍读。品秩虽然提升了，人却离开了北京，落得只能在南京翰林院这样闲散的机构中任职，又有什么前途可言呢？直到嘉靖四年五月，距杨廷和被罢官一年

多之后，严嵩才重新回到北京，出任正四品国子监祭酒。

嘉靖六年（1527）五月，严嵩与侍郎桂萼、张璁、詹事董玘、谕德顾鼎臣等人一同被命直经筵日讲。经筵、日讲是明朝正统元年确定下来的对皇帝进行儒学教育的正式制度。经筵一般于每月逢二之日在文华殿举行，参与人数多，较为隆重，更具有仪式性；日讲在文华殿前后殿之间的工字穿廊举行，只有内阁大学士、讲官、太监们参与，较简约，但更具有教育的实效。无论经筵还是日讲，都是讲官接近皇帝的机会。因此，参与经筵日讲，严嵩有机会接近皇帝了。皇帝也可以借经筵日讲了解讲官。一旦皇帝对讲官比较欣赏，这名讲官将来入阁的机会就会增加。不过，对于嘉靖帝来说，此刻的严嵩仍然不过是众多讲官中平凡的一员，张璁、桂萼这些议礼功臣要比他显目得多。严嵩可能多少对自己在嘉靖初年议礼时没能勇敢地站在皇帝一侧而感到后悔。不过，严嵩是一个谨慎的人，既深知臣下对大礼议态度在皇帝心目中的地位，又不能冒冒失失地返回去将旧日的点滴拿来献媚，而是静静地等待下一次机会。

机会在嘉靖七年七月终于来了。这一次，皇帝要给他的亲生父朱祐杬加尊"恭睿渊仁宽穆神圣献皇帝"的谥号，派往湖广出差的使臣分别是成国公朱麟和刚刚在三个月前升任礼部右侍郎的严嵩。往来途中，严嵩充分地发挥自己的文学才能，歌颂了途中所观察到的各种祥瑞，不仅夸赞皇帝"崇孝理"，而且歌颂这样的加尊谥号的举动是"盛事"。十二月回京后，严嵩向皇帝奏报各种祥瑞：祭告显陵时出现的"云石风雨，鹤集河涨"；恭上册宝时的"灵风飒然，若神灵仿佛而下"；安放神主时"祥曦散彩"；为显陵采集碑石时，"有群鹤集绕之祥"，"有河流骤涨之异"。尽管这些祥瑞都是"恍惚有无"之事，但经严嵩的一番添油加醋的歌颂与描写，却让迷信道教的嘉靖帝深信不疑。更何况，对嘉靖帝来说，没有什么事情比称颂他的父亲更让他心情愉悦了。经由此事，嘉靖帝对于严嵩的好感顿时上升，当时人都认为这是严嵩"得君之始",他已在帝王心目中占了一席。三个月后,嘉靖八年三月,严嵩由礼部右侍郎升左侍郎。之后他的升迁非常迅速:嘉靖十年(1531)十月改吏部左侍郎;同年十二月升任正二品南京礼部尚书,进入九卿大臣的序列;十二年(1533),改南京吏部尚书。

2. 以皇帝称心如意为办事宗旨

嘉靖十五年(1536)五月,严嵩由南京回到北京,出任礼部尚书,并在该年的年底接替他的同乡夏言,事实上掌管礼部。嘉靖帝是一个特别自作聪明的人,自视为圣人,乐于"制礼作乐"。因此,嘉靖年间,礼部事务较之前更为繁剧。严嵩掌管礼部六年,很好地完成了任务。嘉靖年间的一名官员万镗曾说:"人主所取于下者,曰任怨,曰任事,曰恭顺,曰无私。"意思是说皇帝喜欢官员能任劳任怨,恭顺而无私心。这四条标准,严嵩在礼部尚书任上至少形式上都做到了。恭顺不用说,严嵩自有,且说任劳任怨之事。礼部尚书任上,严嵩一共上疏277件,"凡礼乐之兴修,禋祀之秩叙,政教之设施,四夷之朝贡,既已概具",可谓任劳。当时,王阳明的门人遍天下,四处建书院讲学。严嵩与王阳明虽有交情,家乡江西又是阳明讲学最盛的地方,但严嵩仍然上疏请禁书院讲学,认为阳明门人"创为读书房舍,遍称书院"有乖典制,应予处理,将城乡各处书院改为社学。这种行为可以说很容易招致士大夫的批评(后来张居正因毁书院而招致激烈的批评),但适足以向皇帝展现其任怨且无私的品格。

更足以展现严嵩任劳任怨的是,嘉靖十七年(1538)严嵩主持的礼部顺利地让嘉靖帝的亲生父亲朱祐杬"称宗入庙"。皇帝生前称皇帝,死后入太庙,称祖称宗。在中国古代,庙号是帝王死后在太庙里奉祀时追尊的名号,是帝王独有的。从来没有做过皇帝的朱祐杬既已谥为"献皇帝",让他称宗入庙就是朱厚熜的下一个心愿。但是,这个心愿的完成更难,因为它牵涉太庙礼制。嘉靖帝的父亲朱祐杬虽然因为生了嘉靖帝,且谥为献皇帝,但让一个没有做过皇帝的藩王称宗入太庙实在太过分,连当初力赞大礼议的张璁、桂萼、席书等人都深知不可。嘉靖四年,光禄寺署丞何渊上疏"崇祀皇考于太庙"。时任礼部尚书席书就说:"太庙不敢议入者,以献帝未为天子,正统之正不可干。"意思是说,兴献帝没有做过皇帝,不能入太庙,否则就是扰乱正统之正。张璁也说:"今何渊请入献皇帝主于太庙,不知序于武宗之上欤?抑武宗之下欤?"张璁的意思是,兴献帝是叔,武宗是侄,但武宗做皇帝时,兴献帝又是臣,因此兴献帝的主位是放在武宗的上面,还是放在武宗之下呢?这显然是不合适的。但是,正如明人黄景昉批评张璁等人说:"既开其源,思节其流,难矣!"既然在大礼议之初已经让皇帝尝到了甜头,此时要让他在不遵礼法以尊崇生父的路上停下来,已经不可能了。嘉靖十七年,当初率领群臣在左顺门哭谏的丰熙死后不久,他的儿子丰坊改变昔日支持父亲反对大礼议的立场,向皇帝上书,请求给献皇帝朱祐杬加上庙号。皇帝将丰坊的建议发给礼部尚书严嵩,要他组织人讨论,皇帝则自撰《明堂或问》来阐述自己的主张。在这种情形下,严嵩提出了具体方案:兴献皇帝与孝宗皇帝是兄弟,其神主祔入孝庙,同居昭位,位于穆位的武宗之上。随之而来的是称宗入庙的典礼的实施。严嵩不仅以礼部尚书的身份在前台忙前忙后,还不忘对这一典礼以诗赋的方式大加歌颂,当然其中少不了对祥瑞的祝贺。于是,嘉靖十七年的大礼议最后的演出中,严嵩成了皇帝朱厚熜最喜欢的人。

从嘉靖十八年(1539)起,嘉靖皇帝基本上不再上朝,大臣们也基本上见不到皇帝,但严嵩却享有优待,时常能见到皇帝。有时,嘉靖帝一天可能给严嵩下几道手诏,其受宠信可见一斑。尽管人们对严嵩任礼部尚书时的贪腐行为指责不断,朱厚熜却不以为然,而且为酬报这位任劳任怨的礼部尚书,在嘉靖十九年(1540)正月加严嵩为太子太保,秩从一品,嘉靖二十年(1541)晋少保。嘉靖二十一年(1542)八月,严嵩以少保、礼部尚书兼武英殿大学士入阁,进入权力核心,时年六十三岁。

四、焦点只有一个:获取权力、巩固权力、寻租权力

严嵩入阁之时,内阁中位列在他之前的有两人:夏言、翟銮。夏言在嘉靖十七年兴献王称宗入庙一事上表现退缩,已经失了皇帝的欢心;翟銮资历虽然在严嵩之上,但"权远出嵩下"。于是,严嵩主政指日可待。从嘉靖二十一年到嘉靖四十一年(1562),从六十三岁到八十三岁,严嵩在阁整整二十年,除了其间短暂的两年多时间嘉靖帝故意重新召回夏言以"杀离其势"外,大部分时间都极为嘉靖帝宠信。追寻严嵩政治上长期屹立不倒的秘密,大概不外乎三点:其一,于君臣关系的维持上,对皇帝极尽阿谀奉承之能事;其二,于个人形象上,在皇帝的面前始终伪装成一个忠君爱国之人;其三,在同僚关系上,对有不同意见或潜在威胁的政敌,采取毫不容情的整肃手段。贪腐至极的严嵩长时期掌控政权,折射了皇权专制体制下官场的荒诞。

1. 青词宰相

正德二年出生的朱厚熜开始做皇帝时只有十五岁,但很快就迷信上了道教。入宫一两年之后,朱厚熜便在宫中举行道教斋醮仪式,士大夫也批评不断。皇权稳固后,朱厚熜对道教的迷信变本加厉,给自己封上"真君""帝君"之类的道教仙人封号,招来道士邵元节、陶仲文专司祷祀,还妄想长生不死,遣道士秘制长生仙丹。按说,自小受儒学熏陶的士大夫应该对此加以抵制,就像正德朝的士大夫对皇帝崇信喇嘛教进行抵制一样。但是,嘉靖一朝的士风在皇帝打压下如此

颓靡，已很少有人敢于站出来指责皇帝。不仅不敢指责，无耻的士大夫还仿效道士行径向嘉靖帝献秘方，或四处编造各种祥瑞以博取皇帝欢心，做成一个阿谀的盛世！嘉靖二十三年（1544）起开始担任首辅大学士的严嵩，对此又是怎样的一种态度呢？

严嵩不是杨廷和，没有与皇帝抗衡的实力，甚至连张璁都不如，因为张璁自议礼之初与皇帝结下的共进退的关系使张璁在皇帝心目中自有其特殊的地位。严嵩对于皇帝的价值，只不过是一个顺从和善于阿谀的办事者，不会再有别的价值。因此，严嵩得君的本领，也就只有是继续讨好皇帝。要讨好嘉靖皇帝，第一桩要紧的事就是写好青词。青词又称"绿章"，是道教举行斋醮时奉献给上天的奏章，因为写在绿色的青藤纸上，故称青词。之前的成化皇帝朱见深对道教也有过偏爱，曾经让内阁大学士李贤代他写青词，结果李贤回答说："我自小受儒学训练，不知道青词要怎么写！"但是，嘉靖朝的士大夫没有这样的气节。相反，那一朝的风气是，要做好大官，必须学会写青词。严嵩的进士同科、状元顾鼎臣，是那个年代第一个靠写青词而得到皇帝宠信的人，并得以入阁。之后，以善写青词而闻名的内阁大学士有袁炜、郭朴等人，也包括嘉、隆年间几位著名的政治家——夏言、严嵩和徐阶。严格地说，他们都是"青词宰相"。官僚集团的代表人物如此，整个士大夫阶层的气节可知。也许正是在这样的背景下，嘉靖晚年敢对皇帝斋醮和不理政事开骂的海瑞才那样的突兀。当然，嘉靖朝后期写青词的大臣不少，但严嵩写的青词据说最合嘉靖帝胃口，所谓"醮祀青词，非嵩无当帝意者"。这是皇帝始终离不开严嵩的一个原因。明人范守己说，严嵩"据位二十余年不动摇者以此"，指其善撰青词。除青词之外，严嵩还与道士们紧密配合，支持皇帝的修仙炼道行为，甚至向皇帝推荐各种号称会制造长生药物的人去炼制"御药"。

为了让皇帝满意自己，严嵩在个人形象上始终伪装成一个忠君爱国之人，始终以忠、勤、谨来标榜自己。刚做礼部尚书的时候，他上了一道疏，疏中说："现在的大臣到最后都是观望祸福，使皇上变得孤立而劳碌。"嘉靖帝见后非常高兴，说："这样的话，已经足够表现出你的忠诚了！"为表示忠诚，严嵩甚至亲身为皇帝尝试道士们炼的丹药，"以验其性味"，而后将试药的反应详细向皇帝报告，尽管有时候药物带来的不良反应让严嵩异常难受。如此贴心，自然让皇帝感动，非但让人在无逸殿附近给严嵩单独打造住所以便办事，又念他年老允许他乘小轿出入西苑，赏赐更是家常便饭。为了让自己随时保持与皇帝的联系，同时隔绝别人与皇帝的联系，严嵩在未老迈之前委实勤于政事，时刻做到皇帝随叫随到，以防被人钻了空子。任礼部尚书时，皇帝有时候住西苑，而严嵩住城西，每有召见，来不及备轿时，六十多岁的严嵩会"单骑疾驰"去面圣。为了更方便地伺候皇帝，严嵩把家宅搬到离西苑更近的西长安街。嘉靖十八年后，朱厚熜在西苑无逸殿营建直庐，让侍直大臣们居住。身为礼部尚书的严嵩为皇帝修建泰宫"皇穹宇"和玄坛，日夜在直庐值守，很少回家休息。成了内阁大学士后，尤其任首辅后，严嵩更时常在道教仪式的场合随时陪祀，不离左右。在受到别的官员弹劾时，皇帝安慰严嵩说，你不要介意人言，要"勉尽忠诚"。为了表示自己牢记了皇帝这些话，严嵩给自己取了个别号——"勉庵"。谨慎方面，严嵩也一直保持着。有一次皇帝要加封严嵩为上柱国，严嵩赶紧请辞，说："一个国家没有两个'上'，人臣不应该称'上'。"在古代，"上"是臣民们指称皇帝的代词。面对一个猜忌之主，严嵩的谨慎不是没道理。忠、勤、谨三字，是严嵩着力在皇帝面前营建的个人形象。严嵩吃透了嘉靖皇帝的性格，"帝以刚，嵩以柔；帝以骄，嵩以谨；帝以英察，嵩以朴诚；帝以独断，嵩以孤立"，君相之间，"竟称鱼水"。

2. 党同伐异巩固地位

权奸的手段，就是欺上罔下。严嵩对皇帝一味讨好，而对政敌则严加打击。自任礼部尚书以来,严嵩不断遭遇挑战。嘉靖十七年严嵩让兴献帝称宗入庙的把戏,也让一些正直的官员不满。于是,嘉靖十八年京察之年,言官薛廷宠等攻击严嵩,指责他是一个奸佞小人。嘉靖二十年,郭勋案起,言官戚贤等又纷纷攻击严嵩"党附郭勋"。面对这样的攻击,严嵩的辩护很有政治艺术。他不是直面那些攻击为自己辩护,而是向皇帝乞怜,把自己说成是一个可怜的代皇帝受过的人。他声称自己所做的事情都是承皇帝旨意,而攻击他的人党同伐异,目的是要孤立皇帝,所以要清除任何对皇帝完全忠心的人。

严嵩深知,皇权体制之下,皇帝宠信是权力的唯一来源,而与道德和能力无关。正因为此,一方面是不停的攻击,一方面却是皇帝宠信下不断地加官晋爵,直至入阁,而那些攻击他的人则陆续被他借故罢官除名。入阁之初,南京吏科给事中王烨上疏弹劾严嵩父子"贪污赃贿播闻,不当处以具瞻之地"。严嵩恨王烨入骨,嘉靖二十四年考察官员时命人带话给参与考察的吏部郎中薛应旂,要他罢黜王烨,作为回报将对薛应旂"不次殊擢"。薛应旂不同意,严嵩便在考察结束后票拟将薛应旂降调,不过没有成功。严嵩专权,引得群臣侧目,便也有不怕死的人来指斥他。广东南海人何维柏"疏论嵩罪,至比之李林甫、卢杞",被逮至京,"杖濒死,下狱",而办案法司"承嵩风旨,逼供诸科臣同党,酷掠不变,免归"。嘉靖三十一年(1552),湖广京山人王宗茂冒死上疏弹劾严嵩八大罪状,疏上后却被通政使赵文华扣留数日,以便让严嵩准备应付的时间。后来王宗茂被责以"诬诋辅臣",降为平阳县丞,他的父亲广东布政使王桥也被严嵩借故罢官。嘉靖三十二年(1553),兵部车驾司员外郎杨继盛弹劾严嵩十罪、五奸。疏中有"皇上或问二王,令其面陈嵩恶"的话,意思是说皇帝不信的话可以问居于宫外的皇三子裕王和皇四子景王,他们能知道严嵩之恶。严嵩以此为理由,说杨继盛"以二王为词",动机叵测,挑起皇帝的猜忌之心。最后,杨继盛被廷杖,投入死牢,被严嵩于嘉靖三十四年（1555）将名字窜入张经案中处死。

　　严嵩为了巩固自己的权力，一方面消除敌对势力的威胁，一方面在朝廷中安插亲信。为此，严嵩不断侵夺六部职权。作为六部之首的吏部尚书，完全无法与严嵩抗衡。闻渊任吏部尚书时，严嵩甚至"数以小故夺（闻）渊俸"。另外一名吏部尚书李默，博雅有才，刚正不阿，常常被命入直西苑，渐有入阁之势，引起了严嵩嫉恨。严嵩便命心腹赵文华找到李默主持会试时策论出题谈汉武帝、唐宪宗"以英睿兴盛业，晚节乃为任用非人所败"的话，挑唆说李默影射皇帝与当下。这果然激怒了嘉靖帝，最后李默被问了斩刑，瘐死狱中。李默死后，严嵩以大学士李本兼掌吏部，利用京察的机会大肆清洗异己，使严氏私党均位列上等，予以升迁。严嵩势力最盛时，文武官员的选拔都必须是得到严嵩的同意才有可能。吏部文选司的郎中万寀、兵部职方司郎中方祥，被人称为严嵩的"文武管家"。拥有相当大的人事权之后，严嵩的权力也达到巅峰。当然，必须承认严嵩所赏识的人之中，也有不少能臣。他主政的二十年里也发现和起用了一些人才，如著名的学者官僚唐龙。但是，他确实过多地集中权力，而且将权力转化为自己的牟利工具，使嘉靖朝的官场浊败不堪。

　　严嵩在明代以贪贿闻名。早在礼部尚书任上，严嵩已经受到多桩腐败的指控。嘉靖十六年（1537），四夷馆招收120名译字生，报名者却多达千余人。京城内外的官僚富商纷纷向主考官严嵩行贿，"通贿无算"，因此被御史桑乔等人弹劾。严嵩辩解说不少被录取的富商子弟其实是"分托阁、部两处"，或者"当轴大臣央托"。朱厚熜对贪贿并不在意，睁一只眼闭一只眼，他只要臣下顺从就好。嘉靖二十年，御史谢瑜弹劾严嵩处理宗藩事务时向王府索取贿赂，查核下来实有其事，皇帝仍然没有处理严嵩。有贪腐痕迹的严嵩非但没有被追责，反而带病被提拔，一路进入内阁，而桑乔却被严嵩打击报复，廷杖后发配到九江，在戍所一住就是二十六年直到死。一桩小事足以影射一个时代。这就是一个贪腐可以不被追责而检举者却可能遭遇不测的时代。一个人始终会受到一时风气之渲染的，无论社会风气还是官场风气。严嵩也是那个时候社会风气与政治风气中的产物，不过，严嵩更是风气的败坏者。王世贞说，严嵩做礼部尚书时已积资巨万。做了内阁大学士，严嵩之门"鬻爵如市"。京师民谣暗指严嵩贪腐，有"臊子在门前，宰相还要钱"之谚。据田艺衡《留青日札》和不知著人是谁的《天水冰山录》，严嵩家产被抄时净金超过1.3万两，净银超过200万两，金器、银器、珠宝玉器、古玩书画不计其数，以及大量的土地房产。在明代被抄家的权贵中，严嵩与宦官王振、刘瑾、冯保以及正德年间的佞幸江彬、钱宁的家资排在前六名。这些钱对于严嵩而言又有什么意义呢？天水冰山，涣然瓦解，良足可叹！

不过，严嵩虽然专权近二十年，但这种权力从来都不是真实的。换言之，嘉靖帝从来没有完全放权于严嵩。嘉靖二十四年，皇帝重新召回夏言任内阁首辅，曾使严嵩处于非常尴尬的境地。那时间，因为儿子严世蕃违法之事，严嵩携着儿子来到夏言府上，跪在夏言床边求情。清修《明史》清楚地指出，嘉靖帝有时察觉严嵩的骄横，所以虽亲礼严嵩，却也不完全相信严嵩的话，偶尔做出一些很专断的决定，如像杀兵部尚书丁汝夔、大将军仇鸾这样的事情，或偶尔不同意严嵩的话，以"杀离其势"。严嵩专权十余年，然而不过始终在嘉靖帝的阴影中。

五、恶劣的先例：清算前首辅和自己被清算

严嵩在明代政治文化中起到的作用是：他制造了明朝清算前任首辅的政治文化。在此之前，争夺首辅的竞争尽管一直存在，但从未像嘉靖朝严嵩时代那么激烈。之前内阁竞争中的失意者，往往因为是皇

帝近臣得以全身而退。但是，严嵩诱导嘉靖帝杀了前任首辅夏言，使夏言成为明朝第一位被杀的内阁大学士，从而开了一个恶劣的先例，也开启了此后数十年清算前任首辅的政治文化：徐阶挤垮严嵩，高拱迫害徐阶，张居正以阴谋手段驱逐高拱并企图以王大臣案彻底除去高拱。清算前任首辅的政治文化，对明朝政治生态形成了巨大破坏。每一任首辅为了保证身后不受清算，都要费尽心机培养接班人，在朝中培养党羽。晚明的党争风气，间接也受这种政治文化的刺激。然而基于个人关系亲疏及宠信与否之上的权力，终归会有失落的一天，因为一个人无论如何费尽心机固宠，终归会有失宠的时候。严嵩的失败，虽然是因为他的贪腐，以及他在皇帝心目中宠信程度的下降。但是，清算前任首辅的政治文化是他晚景凄凉的一个重要原因。

1. 得宠与清算夏言

严嵩是在江西贵溪人夏言的帮助下成为礼部尚书的。夏言与严嵩是同乡，都是江西人。夏言比严嵩年轻两岁，中进士的时间比严嵩晚十二年，尤其他中进士的正德二年，严嵩是该科会试的同考试官。因此，从辈分上来说，严嵩是夏言的老师。但是，夏言发迹更早。他在嘉靖十五年以礼部尚书入阁，虽然居李时之后，但当时"政事多自（夏）言出"。嘉靖十八年正月，夏言晋特进光禄大夫、上柱国、少师，升为首辅。夏言视严嵩为自己的人，所以推荐他接替自己出任礼部尚书。

但是，严嵩在礼部尚书任上取得皇帝信任后觊觎入阁，他奸险柔佞的性格也让相对刚直自大的夏言感到不舒服，两人矛盾越结越深。但是，严嵩很少让自己对夏言的怨恨表露出来。相反，他一方面不断地向皇帝进谗言，表面上却对夏言十分谦恭。他曾经很谦卑地请夏言到家中赴宴。夏言屡屡拒绝，有两次答应赴宴，一次在宴请的前一天改期不来，一次则是到了傍晚才来，喝了三杯酒、一勺汤后便傲然而去，视严嵩如无物，让陪客的翟銮也不敢再多坐。多年后，严嵩对徐阶谈起这两件事，认为夏言让他最下不来台的事"狼藉不可胜数"，而"最不堪者"是这两回。夏言的傲慢让他付出了代价。

为了扳倒夏言，严嵩必须在皇帝面前与他争宠。夏言入阁后，常常在皇帝那里摆老资格，"放恣欺慢"，"面谀退诽"，私底下对皇帝又有些不满，为人架子也大。时人尝说："不见夏言，不知相尊。"算是夸赞，也是讽刺吧。做首辅时间长了，夏言也变得懒散，经常不赴阁办事，告了病假，在家中"拥诸姬妾为欢"，对皇帝安排的事或者拖延，或者抵制，君相间的矛盾越结越深。嘉靖十八年四月，皇帝要到天寿山谒陵，命夏言草拟《居守敕》。结果，直到皇帝要从天寿山回銮，夏言才将敕稿交上。《居守敕》本来是皇帝命人留守京城的敕令，都已要回京了，敕稿才呈上还有什么意义呢？这显然是夏言办事不认真不及时。皇帝怒骂道："你的职责是什么，到今天才呈上敕草？"于是这一年的五月，皇帝命夏言以尚书官秩退休。但是，当皇帝见到严嵩从夏言府中拿回的装帧完好的四百余道手敕和谕帖以及银印后，又后悔了，下诏夏言复官，回阁办事。嘉靖二十年八月，夏言又因为武宗生母逝世时讨论皇太子服制时误写字号挨了皇帝的斥责，被勒令退休，但十月却再度被恢复官职，入阁办事。但是，屡屡被斥责的夏言依然不接受教训，怠慢了起草青词的任务，有时抵制皇帝的决定，傲慢地在西苑乘轿出入，拒绝顶戴皇帝所赐的道士黄冠。他的竞争对手严嵩为了取宠嘉靖帝，却使尽了浑身解数。与夏言的傲慢懒散相比，严嵩表现得非常的"忠""勤""谨"。嘉靖皇帝经常派小太监去探视夏言和严嵩的举动。严嵩则通过事先结交内廷太监，事先做好准备，深夜坐在家里写青词。夏言则总是茫然不知，酣然大睡。可以想象，一方是善于伪装和取巧的严嵩，一方是粗莽的夏言。他们之间的权力斗争，谁胜谁负，一判立决。嘉靖二十一年闰五月，皇帝单独召见严嵩。严嵩顿首雨泣，楚楚可怜地控诉夏言对他的欺凌。皇帝让他把所知道的夏言的罪过都说出来，于是严嵩便"奉圣谕列其罪状"，激怒皇帝。七月，夏言被革职闲住，驱逐出京。八月，在清除了自己入阁的阻碍夏言之后，严嵩顺利入阁。

凭借议礼得宠当权六年之久的夏言被罢免。两年之后，排在严嵩前面的内阁大学士翟銮也被严嵩以科举案排挤出了内阁，跟两个儿子一齐丢了官，被削籍为民。但是，严嵩必杀夏言而后快。数年后，嘉靖二十七年（1548），严嵩借曾铣一案使夏言斩于西市，清算前任首辅的政治文化发展到最血腥的极端。

2. 败由失宠

在挫败两任首辅后，此后近二十年，除嘉靖二十四年到二十七年的三年，严嵩基本上是一手遮天。嘉靖皇帝晚年一味玄修，很少接见大臣，唯一经常见的人是严嵩。在极端专制的皇权政治体系里，谁控制与皇帝沟通的渠道，谁就可能获得权力。然而，基于个人亲疏关系之上的权力终究也会因为宠信的丧失而失去。老迈的严嵩随着精力的不济也开始渐渐失宠。首先，他再也写不出很精妙的青词来。由于精力不济，严嵩总是请别人代写青词，所以皇帝总是不满意；其次，他最善于揣摩皇帝心思的儿子严世蕃，因为要为母亲欧阳氏守孝，不能跟着严嵩办事，所以严嵩的票拟往往不称皇帝之意。

然而，严嵩之败的关键，是因为在皇帝的身边出现了另外一个精明人物——徐阶，渐渐与严嵩争宠。徐阶（1503—1583），字子升，号少湖，晚号存斋，嘉靖二年进士第三名探花。其人精明能干，又善笼络人才，倡率讲学，得到朝野士大夫的支持。在夏言、严嵩的斗争中，徐阶小心地依违其间，不参与直接冲突。嘉靖二十四年，徐阶出任吏部右侍郎。在任吏部侍郎的两年里，当时的吏部尚书先后有熊浃、唐龙、周用等人，年老气衰，无大作为，而徐阶认为吏部有考察官员之责,所以应该折节下士,了解官员贤否。他经常接见相关官员,留坐至深夜,详细询问边腹要地吏治民瘼。这段经历不仅帮他积累了政治经验,而且得到朝野一片赞誉。嘉靖二十八年(1549),徐阶出任礼部尚书兼翰林学士,次年入阁。

徐阶的聪明伶俐与勤慎任事,比严嵩有过之而无不及。在两人的斗争中,徐阶总能巧妙地化解并占据上风。据说,有一次严嵩想借大将军仇鸾之狱来陷害徐阶,却发现徐阶比他更早一步行动了——仇鸾之狱是徐阶先告发的。严嵩为此十分激动,啧啧称怪。徐阶在内阁中的票拟,总是迅速敏捷,切中事宜,很称皇帝之意。相反,严嵩却越来越糊涂。皇帝住的西苑永寿宫失火,只能迁居到低湿狭窄的玉熙殿,一心想重修永寿宫。严嵩怕麻烦,出了一个馊主意,建议皇帝移居当初景帝幽禁英宗的南宫。徐阶却说,皇帝住在玉熙殿,就像露宿似的,做臣子的实在于心不忍,所以要尽快修复永寿宫。三个月后,永寿宫在徐阶的规划下修复,富丽堂皇,胜于旧宫。这样一来,皇帝更偏向徐阶而疏离严嵩。

嘉靖四十一年,道士蓝道行在宫中替嘉靖帝扶乩。沙盘上出现一行字:"贤不竞用,不肖不退耳!"嘉靖皇帝问,谁是小人?蓝道行说:"贤如徐阶、杨博,不肖如(严)嵩。"这件事被一个在太监家避雨的御史邹应龙知道了。于是,善于投机的邹应龙主动上疏攻击严嵩、严世蕃父子。同年五月,嘉靖帝令严嵩致仕,严世蕃充军雷州卫。据当时人的记载,这件事是徐阶一手布置的。后来,御史林润继续攻击严世蕃,并想把严嵩打击报复杨继盛的事情当成罪状列进去,被徐阶阻止了。徐阶说,杨继盛之狱是嘉靖帝确定的,翻杨继盛案等于指责皇帝也有过错。于是,徐阶捏造了一个莫须有的罪名,说严世蕃结交倭寇。既然是叛国,自然死有余辜了。这样,严嵩近二十年的政权经营一朝瓦解。继严嵩而起的,是更有心术的松江华亭人徐阶。不过,徐阶为人宽和,人称"四面观音",又能接引士人,于是朝政逐渐改变了过去严嵩当权时的峻刻之风,变得相对的宽松。嘉靖最后的五年时间,气象略有些回复。

参考文献

张显清:《严嵩传》,合肥:黄山书社,1992年。

曹国庆、赵树贵、刘良群:《严嵩评传》,上海:上海社会科学院出版社,1989年。

张居正

被扑灭的『希望之光』

张居正履历表

姓名	张居正
字号	字叔大，号太岳
籍贯与出生地	湖广荆州卫（今湖北荆州）军籍，生于荆州府江陵县（今湖北江陵）
家庭出身	下层读书人家庭，祖父为辽府护卫，父亲张文明为府学生
生卒年及所处时代	1525—1582，历仕明嘉靖、隆庆、万历三朝
生平履历	嘉靖四年（1525）出生，其祖张镇夜梦白龟浮水而上，为取名"白圭"
	嘉靖十五年（1536），十二岁入学，荆州知府李士翱为改名"居正"
	嘉靖二十六年（1547），二十三岁中进士，入翰林院为庶吉士
	嘉靖二十九年（1550），归乡安葬妻子顾氏，秋天回京，正赶上蒙古族俺答汗率兵围困北京，史称"庚戌之变"
	嘉靖四十二年（1563），以右春坊右谕德兼裕邸讲读（裕王即后来即位的隆庆皇帝朱载垕）
	隆庆元年（1567）二月，以吏部左侍郎入阁办事
	隆庆六年（1572）六月，隆庆皇帝驾崩，十岁的万历皇帝即位张居正联合司礼监太监冯保驱逐首辅高拱，取而代之
	万历十年（1582），张居正病逝，赠上柱国，谥文忠，时年五十八岁
	万历十二年（1584），张居正家被抄，长子张敬修自缢，子张嗣修、张懋修、弟张居易等戍边

当本文的主角张居正开始步入政治生活时，大明王朝已享国一百八十年。此时的大明王朝早已过了辉煌的正午时分，虽未呈现出日薄西山的苍凉景象，但表面的光鲜越来越遮掩不住内藏的危机——"北虏"、南倭之患如恶疮除之不尽，边境屡屡损兵折将；贵族豪强鲸吞土地、巧避赋役，导致流民激增、府库空虚；内阁大学士严嵩专权纳贿，官僚阶层因循之风日久，行政效率低下，完全看不到振作的气象。帝国的巨轮，无疑已走上下行的轨道。

这就是张居正所处时代的历史背景。只有对这个历史背景有所了解，我们才能对作为政治家和改革者的张居正做出公允的评价；只有对这个历史背景有所了解，我们才能对张居正的悲剧命运有更深切的体悟。

张居正，嘉靖二十六年二十三岁时中进士，自此开始走上政治舞台；隆庆元年（1567）四十三岁入阁为大学士，进入政治核心层。他供职内阁十五年，先是追随徐阶、李春芳、高拱等政治家协理国政，但从万历元年（1573）到万历十年（1582）任首辅内阁大学士，进行了大刀阔斧的改革。这十年，是名副其实的"张居正时代"。

这不长不短的十年，成就了张居正的历史地位。明末崇祯年间吏部尚书李日宣等人对张居正的评价，代表了晚明的官方评价："肩劳任怨，举废饬弛，弼成万历初年之治。其时中外乂安，海内殷阜，纪纲法度莫不修明。功在社稷，日久论定，人益追思。"意思是说，张居正鞠躬尽瘁、任劳任怨，为国兴利除弊、事不避难，有功于社稷；就实际成效来说，在他的治下，内外安定，国民富足，法度修明。清初学者蔡廷治说得更简洁："明只一帝，太祖高皇帝是也。明只一相，张居正是也。"在他看来，明朝真正可以说对于国家有贡献的"丞相"，只有张居正一人！

然而，这只是后人的评价。如果回溯几十年，看张居正倾心辅导和扶助过的万历皇帝的一番评价，就不免令人寒心了。万历十二年八月十三日，万历帝对张居正的政治结论是："张居正诬蔑亲藩，侵夺王坟府第，钳制言官，蔽塞朕聪，专权乱政，罔上负恩，谋国不忠。本当斫棺戮尸，念效劳有年，姑免尽法，伊属居易、嗣修、顺、书都永戍烟瘴，都察院其榜居正罪状于省直。"在万历皇帝眼中，张居正不仅无功于国家，而且其罪行严重到足以"斫棺戮尸"。因此，张居正死后不仅被抄家，其弟弟和儿子们也受牵连被戍边。足见，万历皇帝对张居正恨之入骨。

张居正治国政绩之斐然与其身后家族之败落、生前之荣与身后之辱，形成鲜明对照，令人唏嘘。张居正的同事，另一位著名的历史人物海瑞（1514—1587）对他的悲剧性下场有一个概括，说张居正是一个"工于谋国，拙于谋身"的人物。在晚明众多官僚精于算计自己的利害得失时，张居正尽心尽力为国家擘画，从来没有想过为自己的身家性命留"后路"。张居正的儿子张懋修的另一段话，同样可以印证这样一种价值选择。他说，张居正"苟利公家，专行一意，不以远嫌自累，不欲沾沾令人喜，为众哗沮绌"。其意思是说，在对国家有利的事情上，张居正可以一意孤行，从不刻意讨好别人，也不为别人阻拦而放弃。这便是张居正在"工拙"之间的价值选择，令人肃然起敬。

张居正真正地走上"谋国"之路，不是从考中进士任官开始的，而是从嘉靖四十五年（1566）的遗诏开始的。

一、通向巅峰之路

1. 嘉靖遗诏

嘉靖四十五年十一月，享国四十五年的嘉靖皇帝在北京西苑病笃。十二月，皇帝病情加重。皇帝弥留之际，朝中却无太子。适合继位的皇子裕王朱载坖，由于嘉靖帝迷信道士陶仲文"二龙不相见"的谶语，基本上无法接触到皇帝。在西苑能够与皇帝接触并掌握最新信息的大臣，只有内阁首辅大学士徐阶一人。因此，徐阶（1503—1583）便开始着手为皇帝筹备后事。

十二月十四日，嘉靖皇帝被众人从西苑抬到紫禁城之内的乾清宫中，至午时龙驭宾天。皇帝驾崩，向来有遗诏。当然，遗诏有时未必真的是老皇帝的遗言，更多的情况是身边的人代皇帝起草的。所以在这样的一个承先启后的时间段里，身负重望的大臣常常能趁机把前朝的一些弊政，用遗诏的名义进行总清算。例如，正德皇帝在正德十六年驾崩，第二天内阁首辅大学士杨廷和就拿着拟好的遗诏，呈请太后批准，通过遗诏命令边军从京城返回边镇，从边镇召回镇守太监，遣返僧侣。所有这些条款虽然都是写在正德皇帝的遗诏之中，但其实却是杨廷和的主意。

入阁已经十五年的徐阶，政事纯熟，对于时弊的认识也很深刻，他正好可以借此机会一展拳脚。他连夜提取了先朝各位皇帝的遗诏进行参阅，准备拟写遗诏。他不敢轻易把这件事情透露给别人，不告诉的原因大概有两点：皇帝哪怕还有一口气就不能提遗诏的事，除了因为不吉利，还因为迷信道教而想长生不死的嘉靖皇帝对死一事极其忌讳。这是有先例的。前一年的嘉靖四十四年（1565），皇帝也曾病重。太医徐伟遵诏前往医治。嘉靖皇帝坐在小床上，龙衣拖在地上。徐伟怕踩着龙袍，远远地站住，不往前走。嘉靖皇帝非常奇怪。徐伟说："皇上龙袍在地上，臣不敢进。"诊视完毕后，嘉靖皇帝给阁臣们下了一道手诏，说："徐伟刚才说'地上'，最能体现他的忠爱之情。地上，人也；地下，鬼也。"徐伟听内阁大臣一说，吓得一身冷汗。刚才若是无意中说"龙袍在地下"，恐怕自己早已先变作鬼了。当时的内阁大学士徐阶岂能不知道皇帝的忌讳。之前十一月二十五日，外面就已经谣传嘉靖皇帝驾崩，另一位大学士高拱将此谣言传给裕王府内官李芳，李芳便派人问徐阶。徐阶大惊："圣躬无恙，何得有此妄言？"他警告李芳等人不得妄动。可见，皇帝之死，不但是极为不祥之事，不到真正的龙驾宾天断不可以讹传讹，而且皇帝是国家政治的根本，牵一发而动全身。因此，事先拟写遗诏草稿的事情，知道的人越少越好。王世贞记载说："（徐阶）夜饮泣，具遗诏草，恐泄之，不敢以语同列。"徐阶谁也没告诉，唯一就遗诏问题有过商量的人就是张居正。

徐阶甩开了其他内阁成员，包括一直与他配合默契的恭静简默的大学士李春芳，以及与他略有嫌隙的大学士郭朴、高拱，而与刚刚过了不惑之年的张居正商议。这充分地体现了徐阶对张居正的看重。当时，张居正官任从五品翰林院侍讲学士，掌翰林院。《明史》载："（徐）阶代嵩首辅，倾心委居正。世宗崩，阶草遗诏，引与共谋。"

徐阶看好张居正，自然是因为两人之间有比较深的渊源。张居正刚考中进士时，入翰林院为庶吉士进行学习，当时的教官就是徐阶。而且，徐阶对张居正的看重，也不是一天两天的事情。嘉靖二十八年，翰林院庶吉士们结束学习，散馆授职。二十五岁的张居正被授官翰林院编修。时任礼部尚书的徐阶看到张居正为人"沉毅渊重，所为文虽旁列子史百家者言，而其学一本之躬行，根极理道，以此独深相期许"，对他说："张君他日，即荩臣重国矣！"这可见，徐阶已对张居正寄予了深切的厚望。而且，张居正的性格与才能，也决定了他可以为徐阶所倚重。《楚宝》之《张居正传》中云："（张居正）性谨严敏决，博闻强识，尤练习本朝故实。"《明史纪事本末》说："（张）居正性深沉，机警多智数，为史官时，尝潜求国家典故及时务之切要者剖晰之，遇人多所咨询。"况且，翰林院是清望之地，明代内阁大学士多出自翰林院，故而翰林院的官员有"储相"之称。像张居正这样的人物，"官翰苑日，即已志在公辅，户口厄塞，山川形势，人民强弱，一一条列"，很留意时事。张居正还曾经熟读《大明会典》。据说嘉靖帝驾崩，由于四十多年没有举行过这样的皇帝的丧事，懂得这些礼仪的人都不多。可见，熟悉礼仪典章制度，正是大变故时期所特别需要的，而张居正是这样一个熟悉朝章典故的人物。就这样，六十四岁的徐阶和四十二岁的张居正在一个微妙的时期共同决定了明朝的政治走向。

这样的信任，让张居正感佩终身。多年以后，他在写给徐阶的信中还说："丙寅（1566）之事，老师手扶日月，照临寰宇，沉几密谋，相与图议于帷幄者，不肖一人而已。既而获被末光，滥蒙援拔。不肖亦自以为不世之遇，日夜思所以报主恩、酬知己者。"对张居正来说，徐阶既是知己，也是伯乐，而对于徐阶来说，让张居正参与拟写遗诏以及次年援引张居正入阁，实际上是为自己身后留下了一个政治继承人。这种托付之意，不仅徐阶、张居正二人神通意会，跟他俩熟悉的朋友耿定向也看得清清楚楚。隆庆元年，耿定向就在写给徐阶的信中说："某尝念门下士无虑千数，乃阁下独属意江陵张君，重相托付，诚为天下得人矣！"

当然，很难说张居正能多大程度地影响到遗诏的内容。遗诏所要处理的事情，都是嘉靖末年很具体、很现实的事情，如停止道教的斋醮活动，停止大兴土木工程，停止珠宝与丝织品的采办，起用嘉靖朝中因大礼议和李福达狱而被贬谪的官员。张居正的政治抱负应该远不止于这些具体事务的拨乱反正。他在二十五岁时的《论时政疏》所提出的朝廷的五大病——宗室骄恣、庶官瘝旷、吏治因循、边备未修、财用大匮，都是根本性的大病痛，也不可能是一道诏书就可以解决的。但参与遗诏的草拟，对于张居正而言是一个重大转折。它至少在心理层面上给了张居正强烈的暗示。

在此之前，张居正的仕宦生活是那么地波澜不惊，那么地平淡无奇。二十五岁那年那次勇敢地讨论时政的上疏如泥牛入海，没有消息。之后，对素有政治抱负的张居正来说，翰林院中闲散的生活并不能让他满意。嘉靖三十三年（1554），张居正上疏乞归，次年还乡，

"卜筑小湖山中，课家童，锸土编茅，筑一室，仅三五椽，种竹半亩，养一癯鹤，终日闭关不启……翛然无当世意"，过着隐士般的生活。他曾自述说："甲寅，不肖以病乞归，前后山居者六年，有终焉之志。"他的《七贤咏》大概也是在此时写下的。在《七贤咏序》中，他这么写道："余读《晋史·七贤传》，慨然想见其为人。常叹以为微妙之士，贵乎自我，履素之轨，无取同涂。故有谤讟盈一世，而独行者不以为悔；沉机晦于千载，而孤尚者不以为闷。"这段序文说明，张居正所仰慕竹林七贤的是那种不顾世间毁誉而极度自我、特立独行的境界。"无取同涂（途）"，表明张居正不愿意做一个世俗的、没有原则的人。他羡慕竹林七贤，不是他们的遁世不闻，而是他们如空谷幽兰那样的风节。极度自我的同时，他仰慕西汉汲黯的气节，也仰慕西汉张良、唐代李泌的勋业。他的儿子张懋修说他"居常慕子房（张良）、邺侯（李泌），……风节棱棱，似汲长孺（汲黯）"。因此，他究竟不能忘世。居乡的几年，相当于闭关，使他"神气日益壮，遂下帷，益博极载籍，贯穿百氏，究心当世之务"。所以，那几年的时光于张居正而言既是休息，也是蓄力。

嘉靖三十九年（1560），张居正回到北京，以右春坊右中允管国子监司业事。由于时任首辅大学士的严嵩"亦器居正"，加以次辅徐阶已非一日的器重，他的宦途开始进入快车道。嘉靖四十二年（1563），张居正以右春坊右谕德的身份担任裕王府讲官。裕王即后来即位的隆庆皇帝朱载坖。在明代中晚期从翰林院出来的内阁大学士中，大部分人都得经过先为太子讲官的一个步骤。可见，出任裕邸讲官，也是徐阶为张居正铺下的一块基石。但是，可以说，在嘉靖四十五年十二月之前，张居正一直蛰伏着。他教书育人，编写《承天大志》，却很少接触实际的行政事务。

徐阶让张居正参与遗诏的起草，无疑明白地告诉他：是时候走向前台了。

2. 内阁中的新人

嘉靖皇帝一死，隆庆皇帝朱载垕即位。一朝天子一朝臣，裕王府的讲官张居正、陈以勤很快就入阁了。隆庆元年正月，张居正由从五品的翰林院侍讲学士升任正三品的礼部右侍郎。二月初九，张居正转任吏部左侍郎兼东阁大学士，入阁办事。到隆庆元年四月的时候，张居正升任正二品礼部尚书兼武英殿大学。由从五品到二品，入阁，在短短四个月内完成。

隆庆皇帝朱载垕不像他父亲那样敏感，性格也相对宽和，对大臣比较信任，讲究"垂拱而治"。即位以后，朱载垕虽然每天也按时上朝，但似乎更多地只为履行某种仪式，而不愿过问朝政。皇帝的缄默，反而让大臣们有足够的空间来施展抱负。隆庆年间的内阁之中，人才济济。徐阶、高拱和张居正，都可以说是明代相业中最杰出的人物，而赵贞吉、李春芳等人亦都是学问、事功不落人后的人物。人才扎堆，都不甘居于人下；皇帝清静无为，又大有施展舞台，所以这段时间内阁里的斗争就特别剧烈：先是徐阶与高拱斗，之后是赵贞吉与高拱斗，最后是张居正与高拱斗。在这一系列的政治斗争中，张居正作为一个旁观者看着徐阶赶走了高拱，再引入高拱排挤掉赵贞吉，等到内阁只剩高拱和自己两人时，便联合宦官冯保驱逐了高拱，从而成为这一朝内阁混斗中的最后胜出者。

高拱（1513—1578），字肃卿，号中玄，河南新郑人，嘉靖二十年进士。他比张居正大十二岁，比徐阶小十岁。与徐阶牢固地掌握嘉靖末年政局、张居正掌控万历初年朝廷政局一样，隆庆一朝六年的政局，留下的多是高拱的烙印。高拱是隆庆皇帝最信任的人，因为两人之前有十余年的私人关系。嘉靖三十一年，裕王朱载垕出阁讲读，由翰林院编修高拱和翰林院检讨陈以勤出任讲官，伺候朱载垕读书。《明史》称："拱侍裕邸九年，……（裕）王甚重之，手书'怀贤忠贞'字赐焉。"高拱离开裕王府出任太常寺卿掌国子监祭酒事时,朱载垕"至哽咽别"。裕王的亲信宦官李芳也曾向高拱问学,与高拱有师生之谊。因此,以九年裕王府讲官的生涯而论,高拱是隆庆皇帝朱载垕的潜邸之臣,而朱载垕即位后对高拱的倚重也就可想而知了。隆庆皇帝即位时,选择年号,命大学士徐阶、高拱、郭朴各拟一年号,而最终选择了高拱所拟"隆庆"年号。晚明的黄景昉就评价说,仅就年号一事言,隆庆皇帝已经心有所向,而当时徐阶应该看到这一点,早早让出首辅之位,则后来的一番"纷纭"就不会出现了。

徐阶人称"四面观音",当然不会看不透形势,也不会看不到高拱的政治潜力。实际上,高拱自从嘉靖三十九年以太常寺卿掌国子监祭酒事,到嘉靖四十五年为文渊阁大学士,先后得到了严嵩和徐阶的举荐。徐阶最初"甚亲(高)拱"。但是,高拱的性格缺点在于外露、急迫、恩怨分明,不能濡忍,以"骤贵负气,颇忤(徐)阶"。两人之间的矛盾在嘉靖末年已经产生。嘉靖帝晚年住西苑,一次病情加剧,外面误传皇帝驾崩,高拱便离开内阁大学士在西苑的办公场所直庐,回到附近家中。此事被吏科给事中胡应嘉弹劾。胡应嘉是沭阳人,与徐阶同属南直隶,所以高拱怀疑胡应嘉是受徐阶指使来弹劾他的。嘉靖帝遗诏的草拟,徐阶同张居正商议,而不与内阁的另两位大学士郭朴、高拱商议。这也使得郭、高二人对于徐阶"独柄国"产生了极大的怨恨。于是,新皇帝一登基,高拱和郭朴就准备联合起来对付徐阶。

郭朴(1511—1593),字质夫,号东野,河南安阳人,是高拱的老乡,嘉靖十四年(1535)进士,嘉靖四十五年入阁。面对徐阶的"专权",郭朴说出的话已是杀气腾腾:"徐公(指徐阶)谤先帝,可斩也。"意思是说徐阶在嘉靖帝去世之后的很多安排有毁谤嘉靖帝名誉之嫌,比如,惩罚道士王金就会让人们联想到皇帝是吃了王金的丹药而死,是不得善终的暴死。这样对嘉靖帝名誉有损的做法则可以是死罪。高拱也抓住这一点攻击徐阶。王世贞记载内阁中的一次会议后徐阶与高拱的冲突。高拱质问徐阶："公在先帝时，导之为斋词以求媚，宫车甫晏驾而一旦即倍之，今又结言路而必逐其藩国腹心之臣，何也？"徐阶回答说："夫言路口多，我安能一一而结之，又安能使之攻公？且我能结之，公独不能结之耶？……公言我导先帝为斋词，固我罪。独不记在礼部时，先帝有密札问我：拱有疏愿得效力于醮事，可许否？此札今尚在。"高拱谈到嘉靖皇帝晚年大臣们都要给皇帝代写上呈道教神仙的青词之事，徐阶既然都曾经代撰青词，现在又在停斋醮，所作所为跟当初的行为完全是两回事。因此，他借此讥讽徐阶当初"媚主"弄权，现在此结纳各种人物来为自己张目。而且，高拱的问话也是语含杀机，所谓"逐藩国腹心之臣"，固欲结穆宗而罪徐阶。然而，徐阶的反驳更有力，高拱你说我写青词，你不是还主动请求写青词吗？这样的回击，使高拱"颊赤语塞"。不过，高拱说"言路"尽皆徐阶之人部分属实。徐阶通过遗诏起用了大批之前在嘉靖朝得罪的诸臣，而这批人则多被安排在御史、给事中这样的"言路"之上。《明史·徐阶传》也说："给事、御史多起废籍，恃阶而强。"因此，当郭朴、高拱借吏科给事中胡应嘉在考察中的失误将其逐去时，言官们群起而攻之，"交章劾之"。给事中欧阳一敬甚至攻击高拱"奸险横恶，无异蔡京"，将其比为北宋末年的奸臣蔡京。隆庆帝朱载坖留恋故人，认为高拱"昔侍藩邸，讲读年久，端谨无过"，命高拱安心供职。然而，身处风暴旋涡中的高拱自知不能久留，遂于隆庆元年五月告病引退。言官们仍然攻击不止，于是郭朴也于九月致仕了，徐阶获得了斗争的胜利。

隆庆朝的第一幕内阁的政治斗争以徐阶胜利告终。这场风暴中，张居正干了什么呢？他是一个旁观者。

在内阁中，张居正是个新人，资历和年龄都排在徐阶、李春芳、郭朴、高拱、陈以勤之后。在这场斗争中，徐阶还用不着让张居正出手，而高拱的怨恨也不会撒到刚刚入阁的张居正头上。据说在徐阶、高拱斗争最厉害的时候，张居正还为高拱"往请于徐阶"，似是要说情，但徐阶"不听"。不过，张居正在这场风波中终归是一种中立的态度，既没有得罪老师徐阶，也没有得罪朋友高拱。额外的收获则是对言官的嚣张留下一个不可磨灭的印象。他在写给朋友的信中说，隆庆初年的士习人情"渐落宋人窠臼"，因党争而肆无忌惮地议论和攻击，而议论横生带来的后果则是行政执行力的下降。

3. 六年的隐忍与等候

高拱走了，张居正却继续升迁。隆庆二年（1568）正月，朝廷为张居正加衔，加少保，兼太子太保。少保是从一品。由从五品的翰林侍讲学士，到从一品的少保兼太子少保，时间仅一年多，《明史》称"去学士五品仅岁余"，张居正可谓青云直上。

赶走高拱、郭朴之后，徐阶的执政也没有延续太久。尽管隆庆皇帝不喜欢理朝政，但老资格的徐阶此后的多次抗旨，却让皇帝心生厌烦。隆庆元年八月，皇帝想去天寿山秋祭，其实是想找个借口到宫外走动走动，徐阶却说皇帝不能轻出，因为天寿山后的黄花镇外就是蒙古人活动的地域，很不太平，惹得皇帝骂他"违旨烦言"。隆庆二年正月，皇帝想让成国公朱希忠代行春祭太庙之礼，又遭到徐阶的反对，说皇帝应该亲祭太庙，以示隆重。隆庆二年三月，皇帝想巡幸南海子，到邻近的皇家花园里散散心，又遭徐阶反对。于是，隆庆二年七月，当有人弹劾徐阶时，皇帝借徐阶本人避嫌而上疏乞休的机会，同意他退休，干干脆脆地把徐阶送回了松江老家。

这件事背后，据明代史学家王世贞说，张居正起了一定的作用，因为张居正也"不欲（徐）阶久居上，且与高拱有宿约"，于是私下里通报皇帝身边的太监李芳说，徐阶如果不想再任首辅，就答应他。张居正与高拱昔日是否有约定，张居正又是否曾派人向李芳密报，都是难以考实之事。不过，就张居正要获得更大的权力而言，首辅徐阶已经是一个障碍了，清除一个，便扫荡一个。因此，徐阶走后，接任首辅的李春芳又何尝不是张居正要扫荡的对象。据称，徐阶走时，李春芳感叹说："徐公尚不任调停，我何以胜之，旦夕唯有归耳！"张居正在旁，冷冷地说："如此，庶几成一名。"意思是说，既然知道自己能力不堪胜任，早点引退，还能保全自己的声誉。如此赤裸裸地挑战首辅李春芳的权威，视李春芳"蔑如也"，张居正的倨傲可见一斑。而且，徐阶在隆庆二年七月离开内阁，八月，张居正便向皇帝进呈了其全面改革的政纲性奏章《陈六事疏》，其急于用事之迫切也跃然纸上。但是，机会显然还没到完全成熟的时候。

隆庆二年七月之后的内阁，只剩下李春芳、陈以勤、张居正三人。次年八月，内阁来了一个新人：赵贞吉以礼部尚书兼文渊阁大学士入阁。赵贞吉（1508—1576），字孟静，号大洲，四川内江人，嘉靖十四年进士，明代著名的思想家，既崇尚王阳明的良知学，又讲求佛学。他早年因反对朝廷允许蒙古俺答汗通贡的要求，挨了廷杖，贬到外地任官。隆庆皇帝即位以后，赵贞吉以吏部侍郎兼翰林院学士，掌国子监祭酒，兼任日讲官。也许是因为给皇帝讲课，赵贞吉受到了器重，因而入阁。虽然赵贞吉入阁时间短，排序在张居正之后，但是他的年龄和任官的资历都比张居正长，入阁的时候已经六十一岁了。而且，嘉靖二十六年张居正参加礼部会试考进士时，赵贞吉正好是那一科的同考官，虽然未必阅过张居正的试卷，辈分上却可以说是张居正的老师。而且，赵贞吉其人"学博才高""好刚使气"，对于当朝的九卿大臣从不礼貌，张口就叫别人的姓名。所以，对于张居正，赵贞吉更自负儒宿长者，丝毫谈不上客气，每次都直接叫张居正的名字，呼为"居正张子"。谈话间，赵贞吉也常轻视张居正，总说："非尔少年所解！"有时谈起妙理玄禅，赵贞吉便嘲笑张居正："妙理哪有这么容易谈的，你只知道韩愈、柳宗元的文章罢了。"首辅李春芳性格宽和，不愿揽事，而赵贞吉却很嚣张。张居正城府深，不愿与赵贞吉撕破脸直接剧斗，就选择了另外一条路，那就是把同样脾气暴躁的高拱请回来，让他收拾赵贞吉。更何况，隆庆皇帝在高拱去后，"思公不置"，想念高拱。于是，在张居正与司礼监太监李芳的运作下，隆庆三年（1569）十二月，高拱回来了。再度入阁的高拱，虽然位居李春芳下，但"兼掌吏部事"，不仅有辅政权，还有实际的行政和人事权。张居正这样做的目的有二，一则"扼（赵）贞吉"，一是"夺（李）春芳政"，而他本人或者也从中第一次尝到与内廷宦官们合作所带来的便捷。作为反击，赵贞吉请求让自己兼掌都察院。很快，在与高拱的斗争中，赵贞吉败下阵来，在一次考察科道官员中皇帝支持高拱，而令赵贞吉致仕，时在隆庆四年（1570）十一月。隆庆五年（1571）五月，李春芳也致仕了，高拱代为首辅。同年十一月，先一年入阁的殷士儋因不能忍受高拱极度傲慢的性格，也致仕了。

张居正却忍下来了。他能忍受严嵩，能追随徐阶，也就能与高拱共事。与历任首辅都能友好地相处，这是张居正城府深处。《明史·高拱传》云："拱性直而傲，同官殷士儋辈不能堪，居正独退然下之，拱不之察也。"曾同在裕王府做过讲官的张居正大概深知，隆庆皇帝对于高拱的私人感情，远不是与徐阶、李春芳等人的正式的君臣关系可比。与张居正结纳的内廷太监李芳，与高拱也有师生之谊。因此，若想效仿徐阶驱逐高拱，不仅难度大，而且可能再落得徐阶、赵贞吉那样的下场。张居正还可以再等，毕竟自己小高拱十二岁。况且，张居正在任国子监司业时，与当时的国子监祭酒高拱曾结下很深的友谊，两人"极友善"，"欢相得，不啻兄弟"。因此，张居正在面对最受皇帝宠信的高拱时，深明谦抑退让的道理，所以没有被高拱视为政治上的对手，相反还被视为政治上的得力助手。在俺答封贡等重大政治问题上，张居正与高拱都有共同的立场。两人唯一的矛盾，便是在对徐阶诸子横行乡里问题的处理上。再度入阁的高拱要追查徐阶的三个儿子鱼肉乡里之罪，派前任松江府知府蔡国熙出任苏松兵备副使，穷治徐府子弟不法事，徐阶的长子徐璠、次子徐琨被充军戍边，少子徐瑛被削籍为民，而且田产被没官，门庐被焚毁，"所以扼（徐）阶者无不至"。无奈之下，徐阶写信给高拱请求宽释，词极哀婉。张居正自然怀念徐阶的恩情，屡屡向高拱为徐阶说情，两人之间的关系因而也就开始破裂。清初史学家全祖望说张居正为报徐阶之恩，故"护华亭（即徐阶）者甚至，卒之倾新郑（指高拱）而攘其位"，说张居正之驱高拱，起因是为保护徐阶。这有一定的道理，因为决裂大概是自此始的。

当然，张居正应该还有自己的政治规划。二十五岁的《论时政疏》，四十四岁的《陈六事疏》，尽管都彰显了张居正的政治洞察力与任事魄力，但哪一份奏疏得到了重视？哪一件政事又实现了呢？不在其位，难以谋其政。宏大的政治抱负，没有首辅大学士的位置，终是难以施展。所幸，从次辅到首辅，张居正只剩一步之遥。

二、张居正时代：以集权推动改革

1. 新首辅和他的内阁

隆庆六年（1572）六月十六日早朝，一场针对高拱的"政变"发生了，距离隆庆皇帝五月二十六日驾崩不过二十天。"政变"的策划者与直接获益者就是张居正。清晨，太监捧出一道圣旨，称："张老先生接旨！"相信只此一语，已让高拱感觉气氛不对了：自己才是首辅内阁大学士，该是"高老先生接旨"才对啊。老皇帝刚死，年仅十岁的小皇帝刚刚在六月十日即位，高拱相信一切应该均在自己的掌握之中。然而，圣旨下颁，怎么会突然找上次辅张居正而不是自己呢？紧接着，太监宣读圣旨："今有大学士高拱，专权擅政，把朝廷威福都强夺自专，通不许皇帝主管。不知他要何为？我母子三人惊惧不宁。高拱着回籍闲住，不许停留。"刹那间，高拱面如死灰，汗下如雨，浑身瘫软，伏地不起。第二天，高拱便坐着一辆骡车离开了京城。当然，如果高拱更敏感一些的话，他应该知道，"政变"其实在隆庆皇帝死后不久已经发生。隆庆皇帝五月二十六日卯时（5—7点）驾崩，巳时（9—11点）宫中传出诏书，"斥司礼监孟冲，而以（冯）保代之"。冯保在嘉靖年间就已经任司礼监秉笔太监，兼提督东厂，相当于太监里的第二号人物。但当司礼监第一号人物秉笔太监有空缺时，高拱先是举荐陈洪，然后又举荐孟冲，冯保在千年老二的位置上憋了太久。但是，显然冯保取得了皇太子朱翊钧及其生母李贵妃的信任，因此高拱押在孟冲身上的宝输了，而冯保和张居正两位二把手却联手起来。高拱在内阁中口无遮拦地说："十岁孩儿安能决事？"这话经张居正传给冯保，就变成"十岁孩子安能治天下"。这无疑极深地刺激了处在皇位之上的孤儿寡母敏感的神经。于是，高拱的政治生涯就此终结。总之，高拱的时代结束了，张居正的时代真正开启了。高拱走了，张居正接任内阁首辅大学士。从隆庆六年六月起到万历十年六月整整十年间，张居正牢牢控制着内阁和朝政。

在这期间，先后被张居正引入阁中的其他辅臣，有吕调阳、张四维、马自强、申时行等人。吕调阳（1516—1580）是位忠厚老实人，据称能与张居正"同心体国"，而入相六年，《明史》竟无传，其平庸可知。张四维（1526—1585）具有见机行事的商人性格，其父亲为山西商人，家里有钱，所以在万历初年"岁时馈问居正不绝"，给张居正送了不少礼，在万历三年（1575）入阁。入阁之后，张四维"谨事"张居正。马自强（1513—1578）是万历小皇帝出阁讲学时的讲官，在"夺情"一事上曾要求张居正应恪守礼制，回老家丁忧守制，因此从来没入阁的奢望，但意外得到张居正推荐，与申时行一同入阁，倒塑造了张居正不计个人恩怨选拔人才的形象。申时行（1535—1614），"以文字受知张居正，蕴藉不立崖异"，是个儒雅君子，张居正"安之"，对他没有防范的必要。可见，张居正引进的内阁成员，都是资历比他浅的人。补充马自强、申时行进内阁，更有一个重要的原因是为了增加内阁的员数，以免自己回乡葬父的时候，资历深的高拱、殷士儋等人乘虚而入。内阁中唯一或者对张居正敢于提不同意见者如马自强，不过于万历六年三月入阁，十月去世，而其在阁时，"小事张四维代拟旨，大事则驰报居正于江陵"，马自强也不过是"守位而已"，影响微乎其微。这固然受到十六世纪初以来内阁首辅大学士权重凌驾于其他阁臣之上的惯例的影响，但张居正个人的威望、能力，以及其受太后及小皇帝的无与伦比的信任也是重要原因。因此，万历一朝最初十年的内阁，就是张居正的内阁。

万历皇帝年幼，凡事都要受他的母亲李太后和太监冯保的约束，他们要求其凡事听从张居正的计议。明朝自太祖以来，对后妃干政严格防范，"后妃虽母仪天下，不可俾预政事"，所以从未有后妃临朝听政的先例。当初正统皇帝朱祁镇在宣德十年以九岁幼龄即位，大臣请皇帝的祖母太皇太后张氏"垂帘听政"，而张太后说："毋坏祖宗法。"此后正统朝前期的政治决策多依靠内阁的"三杨"——杨士奇、杨荣与杨溥，也间接强化了内阁作为辅政机构的作用。万历皇帝生母李太后是漷县（今北京市通州区漷县镇）人，隆庆年间为贵妃，万历帝即位后进徽号"慈圣皇太后"。她对皇帝管教非常严厉。如果皇帝不读书或胡作非为，她不仅要罚他长跪，有时还威胁让他的弟弟潞王来取代他。这样的时间持续了六年之久。到万历六年（1578），十六岁的皇帝大婚后，李太后从乾清宫搬到了慈宁宫，但把看护皇帝的任务交给了张居正，敕张居正云："吾不能视皇帝朝夕，先生亲受先帝付托，其朝夕纳诲，终先帝凭几之谊。"意思是说，我不能再像以前一样早晚看护皇帝，但求先生时常劝谏，以尽先帝临终托付之意,其始终信任之意溢于言表。所以,《明史》对李太后的评价还是比较高的:"万历初政,委任张居正,综核名实,几于富强,后之力居多。"可见,李太后在万历初年的主要贡献是知人善任,把朝政托付于张居正。皇帝身边另一位重要人物,是司礼监掌印太监冯保。在明朝的专治体制下,凡事都要由皇帝决策。但是,皇帝精力有限,其批阅章奏的任务其实主要由内阁协助他完成——皇帝收到章奏后发内阁,内阁阅后在一张小票上写下供皇帝参考的处理意见,贴在原疏之上,进呈宫中,皇帝再据内阁"票拟"进行批红。一传一递之间,都是由司礼监之下的内书房宦官们来完成的,且皇帝往往并不一定自己批红,而是授权司礼监太监代为批红。这样,皇帝处理公文时实际上有内阁、司礼监两个秘书班子,而万历初年内阁的张居正与司礼监的冯保是政治上的盟友。正是借助着这样稳定的"李太后—冯保—张居正"宫府一体的铁三角权力结构,以皇帝的名义,张居正开始对整个国家按他的理想进行改革。因此,不但内阁,整个万历初十年的朝政,也由张居正掌舵。张居正曾对此毫不掩饰地说,我不是辅政,而是摄政。

2. 考成法与政治改革

还记得张居正二十五岁时写的《论时政疏》吗?那里有他年轻时的政治理想和抱负。"宗室骄恣""庶官瘵旷""吏治因循""边备未修""财用大匮",朝野间五种疾病之中,有两种都指向吏治。《陈六事疏》中的六事,"振纪纲""重诏令""核名实"也都是针对吏治而发。因此,在获得中枢权力之后,张居正首先要做的就是整顿吏治,目标十二个字——"尊主权、课吏职、信赏罚、一号令",即尊重皇帝权威,官吏恪尽职守,赏罚严明,号令统一。然而,如何才能让因循惯了的官吏们恪尽职守呢?万历元年,针对官场不求实效、敷衍了事的积弊,张居正开始实施"考成法"。为保证各衙门处理政务时严格遵守公文事先设定的处理程限,张居正建立起一套随事考成的制度，即要求各衙门将逐日章奏登记，分别将其内容及处理期限登记在两份文册上，一份送到六科，一份送到内阁，实行一件，注销一件，然后每年每月按事情的完成程度加以考察。稽查的原则是，内阁稽查六科，六科稽查六部和都察院，部、院则稽查各省的巡抚、巡按，各省抚、按考察地方官员。在这几个环节中，位于中央的六科和各省巡抚、巡按都很重要。六科设于午门外的东、西朝房，章奏必经其手，其设官给事中官秩仅为七品，但负责稽查驳正六部之违误，并有建言、进谏之责，位低权重，向来也有稽查之责。以内阁稽查六科，则是张居正的创举。如此一来，大权全部集中到了内阁，而各级官吏对中央政令不敢敷衍塞责，吏治因而得到很大改观。六部在处理行政事务时，都很注意设立期限。例如，兵部在批复大同总督王崇古修理边墙的禀文中，就专门规定了边境地区每一段城墙筑成的时间：五年之内，修好大同沿边墙垣；三年之内，修筑好浑源右卫工程；两年之内，保证广灵、威远等墩堡的交付使用；如果到期限完不成任务，就要对王崇古按考成法黜斥记过。这种对行政事务限以时日完成的做法，对于矫正晚明官场拖沓的作风无疑是极有意义的。

　　整顿吏治之余，是整顿士风。《陈六事疏》中的省议论，多半是就士大夫偏好无端的议论而发。在张居正生活的嘉、隆、万年代，正是王阳明倡导的讲学之风最流行的时间段，甚至像徐阶、李春芳这类高级官员都在京城倡行讲会，聚集学人讲求心性之学。张居正早年也曾经一度迷恋过心性之学，与讲学人士如耿定向、罗汝芳等人也有密切的往来。隆庆初年他初入阁时，似乎还保持着一种理学家惯有的谨小慎微，主张行事不留形迹，心不为物累。隆庆元年，张居正在写给耿定向的信中说："骤冒非分，日夕惶惶，罔知修措，思所以酬主因而慰知己者，惟虚平此心，不敢向人间作好恶耳。至于转旋之机，未免有迹，非心是之判。""虚平此心，不敢向人间作好恶""转旋之机,未免有迹"等语,都表明斯时的张居正还迷恋于心学思想家所倡导的那种心灵上的清高与不着痕迹。然而,隆庆二年,入阁两年的张居正便已按捺不住,其《陈六事疏》开始针砭当时的政治风气,对士习人情之"浮议"多有不满。《陈六事疏》起到了一些效果。他不久后说:"近来士习人情、纪纲法度似觉稍异于昔,实自小疏发之,然忌我者,亦自此始矣。"这是张居正第一次出头挑战他所认为的士人陋习,但因此也招来一些士人的反感。

在驱逐高拱独自柄政后,张居正的思想进一步发生变化,因政见的不同,尤其是一些讲学者自矜而不愿为张居正所用,张居正遂与讲学者越行越远,"待士倨"。显然,作为一个实干的政治家,他对于没有实际经世效果的空谈十分反感,认为他们浮薄而不切实际。到万历五年(1577)张居正的父亲去世,围绕张居正应不应该"夺情视事"产生的政治风波中,讲学者大部分是从道德的角度强调张居正应该回乡守制的,从而引起了张居正的愤怒。耿定向在万历七年(1579)写给友人刘应峰的信中说:"昔年相君(指张居正)遭丧,二三士绅倡议相君以宜少□,少而逸者因乘间潛言:倡此议者尽是讲学之党。相君稍稍蓄疑,而逸者益构之,以此,相君意谓:吾方欲振饬纪纲,而讲学者见以为申、韩操切;吾方欲致主安富,而讲学者见以为管、商富强;吾方忘家以殉社稷,而讲学者又见以为贪位遗亲。是今之讲学,皆迂伪取名,即昔之横议乱天下者也。"至此,张居正与谈心论性的讲学之风完全决裂。他甚至嘲笑讲学是"蛤蟆禅",即像蛤蟆一样呱呱地高唱着一些谁也听不懂的话。万历七年,他下令在全国范围内禁毁书院,严禁士人结会聚讲。一时间,王阳明的门人们讲学的著名书院,如杭州的天真书院,江西安福的复古书院、复真书院,都在禁毁之列。那位像游侠一样的讲学者何心隐,也在湖广巡抚王之垣的策划下被杖杀,其目的是要向张居正献媚。反讲学的倾向也间接影响到官学体系,因为正是全地的生员们才是讲学的主要参与者。也是从这一年起,张居正开始严格控制各个府、州、县的生员名额。从张居正来看,士人是官僚的预备军,整治士风就是从根本上改善吏治。然而,从一个普通读书人的角度看,限制生员的名额就是堵住了一个读书人的晋身之阶,"士心大拂"也就不难想见了。

3. 清丈田亩与一条鞭法

在政治和人事改革的基础之上,张居正还将改革向财政推进。之前嘉、隆两朝,明朝在南倭和"北虏"两条战线上开战,国库长期入不敷出。嘉靖七年到隆庆五年的四十多年中,太仓的银库没有一年有盈余。张居正的应对策略是开源和节流双管齐下。一方面,张居正裁减冗官冗费,抑制国家财政包括宫廷财政的支出,并加强对边镇钱粮的管理,减轻军费支出对财政的影响。甚至对于小皇帝本人,张居正也要反复劝告他厉行节俭。万历二年(1574)元宵节临近,小皇帝爱热闹,想举行元宵灯节,便问张居正说:"元夕鳌山烟火,祖制乎?"张居正说,元宵灯节不是祖制,接下来皇上大婚、皇帝的弟弟潞王出阁讲学,这些大礼仪都要花很多钱,所以皇帝要"加意撙节,稍蓄以待用"。另一方面,张居正要求地方官员积极清理历年拖欠的赋粮。官场拖沓之风盛行时,钱粮的拖欠往往成为司空见惯的现象,最后往往不了了之。但张居正掌权之时,"力振其弊,务责实效,中外凛凛,毋敢以虚数支塞"。

在开源方面,最重大的改革就是在全国重新丈量田亩,以及赋役征收上推广"一条鞭法"。之所以要清丈田亩,是因为官僚地主瞒报土地,造成赋粮无法落实到具体的田亩之上,而贫苦百姓又无力承担无穷无尽的摊派,要么四处逃亡成为流民,要么就积年拖欠,越拖越多,已经到了不可能偿还的程度。这直接造成了国家的税源不足。隆庆二年张居正的《陈六事疏》中指出,财源枯竭的根本原因在于"外之豪强兼并,赋役不均,花分诡寄,恃顽不纳田粮,偏累小民,内之官府造作，侵欺冒破，奸徒罔利，有名无实"，即大地主逃避赋税，而地方官府监管不力。因此，清丈的主要目的是要恢复和增加国家税收，故清丈时一条重要原则就是：税粮有漏失就需要重新清丈，如果税粮完整就不用清丈。实际上，从十六世纪初的正德年间，到隆庆年间，朝廷屡屡要普遍丈量田亩，各地也都偶尔有一些成功的案例，但全国性的丈量却未能在全国施行。万历六年，张居正主导下的清丈田亩工作率先在福建进行。时任福建巡抚耿定向是张居正的老乡兼好友，湖北黄安（今湖北红安）人。万历八年，福建清丈完成而且颇有成效，于是张居正决定将清丈之法推行全国。万历九年、十年间，清丈田亩的工作在全国展开。一些地方官因为不切实执行清丈田亩工作，还受到了惩处。万历九年（1581）二月，松江知府阎邦宁、汝州知府郭四维、安庆知府叶梦熊、徽州府掌印官李好问，都因为清丈田粮"怠缓"受处分，停俸或者戴罪管事。一些勋贵或宗戚试图阻挠清丈，也被惩办，像山西饶阳王府的几位宗室，因为阻挠清丈而或被革去封号、黜为庶人，或革禄米。在张居正的严厉督办下，清丈总体上是成功的。当然，在严令之下，地方官害怕清丈的成绩不突出而受到处罚，也有将大尺换成小尺的现象，即使用"小弓"进行丈量，从而使清丈辖内的耕地面积能够有大幅的增加。但这样的弊端，不足以否定万历清丈的成绩。清丈之后的全国田地面积，比清丈之前多出180多万顷。万历清丈的成就，于此可见一斑。

万历清丈除了使国家掌握的耕地面积扩大之外，还取得了其他几方面的效果：其一，清丈改变了税粮负担不均的状况，使长期以来税粮与土地分离的紊乱局面暂时得到改观，那些昔日没有土地但却要承担税粮的农民摆脱了不公平的税负；其二，在清丈基础上，明朝政府又重新编制了鱼鳞图册，而鱼鳞图册也成为此后按土地征收赋税的重要依据，所谓"坐图还粮"；其三，清丈的同时，张居正还在全国统一亩制和缴纳税粮的科则。凡此种种，又为之后的一条鞭法改革奠定了基础。

一条鞭法又称作"一条编""条编""条鞭"，实质就是将赋税和徭役合并，折成货币，即折算成白银进行缴纳，并且在征收方法上简化为一次编审。在实施一条鞭法前，赋和役的征收是分开的：赋以田亩为征收对象，收夏税和秋粮；役以户丁为征收对象，分里甲、均徭、杂泛。实行一条鞭法，可以化繁为简，赋役合并为一，以田亩、户丁两项为征收对象，从而使得以前以丁口为征收对象的役，可以部分地分摊到田亩上，从而改变少地农民承担重役的状况。政府所需要的役，则由政府从税银中拿出一部分统一雇人代役。这样的赋役征收，简化了程序，进一步避免吏胥在其中上下其手。一条鞭法不是张居正创立的，而是从嘉靖朝以来南方各地的赋役征收中逐步发展出来的，但张居正将之推行全国，使农民从繁重的役中相对解脱出来，也就相对松弛了国家对农民的人身控制，客观上是有利于生产力发展的，而一概折银的货币征收方法，也顺应并推动了晚明整个社会商品经济发展的趋势。总体来说，张居正的财政改革取得了很好的效果，缓解了明王朝的危机。张居正当国期间，户部太仓储银由之前每年的二百万两增加到每年三四百万两。到万历末年，北京的储粮也达到七百万石，而这个数字已经是隆庆年间的三倍了，足可以供京营官军消费六年之久。仅仅管马的太仆寺所储的马价银，就达到四百万两。因此，张居正的财政改革，确实收到了富国之效。明代财政史的专家黄仁宇先生说，没有张居正时代所积蓄下来的财富，万历三大征——1592—1598年的援朝抗倭战争、1592年平定哱拜的战争、1594—1600年平定杨应龙的战争——是根本进行不下去的。

4. 边防的整顿

张居正当上首辅不久，友人吴旺湖议论说："吾辈谓张公柄用，当行帝王之道。今观其议论，不过富国强兵而已，殊使人失望。"张居正听后笑了笑，说："旺湖过誉我矣，吾安能使国富兵强哉！"富国强兵对张居正来说，并不是道学家们眼中的见利忘义之举，而是张居正终身为之奋斗的目标。"边备未修"，是《论时政疏》中所指出的朝廷五大病之一，"饬武备"也是张居正《陈六事疏》中六事之一。因此，对张居正来说，强兵之事可谓耿耿于怀。张居正对于北部边防的经营，在隆庆年间任次辅时就已经着手。隆庆五年，明廷与蒙古俺答汗的议和，促成俺答"封贡"，就是他与高拱一手策划的。在此之后，明朝西北疆的形势得到了很大的缓和。但是，辽蓟之间的边防形势依然严峻。张居正在写给边疆将领的信中说："今全虏之祸，咸中于辽。"为此，张居正制定"西怀东制"的战略，即对俺答汗采取抚的手段，而对辽东的土蛮等部实行打压。谭纶、戚继光等名将隆庆年间相继调到北方，而张居正一直与他们保持着良好的关系和频繁的书信往来。军事的准备和训练工作，在万历初的十年间有条不紊。戚继光在蓟镇前线修筑敌台，两千里的分界线上筑敌台一千二百座，每台高五丈，分三层，各驻兵百人，储铠甲糗粮，平时眺望观瞻，战时应援，灵活便捷。《明史》称戚继光"在蓟镇十六年，边备修饬，蓟门宴然"。在张居正的支持下，驻守蓟镇的戚继光所募集并训练的军队堪称模范，蓟镇"军容遂为诸边冠"。二十年后，戚家军在援朝抗倭战争中还起到关键的作用。由此可见张居正、戚继光整饬军务之成效。更往北的辽阳一带，张居正则倚重李成梁加以镇守。李成梁在隆庆年间屡立战功，封宁远伯，辽东的土蛮、建州诸部，"心轻中国"而"独惮李氏"。张居正对李成梁一方面优容，鼓励他为国效力，另一方面对李氏的骄恣小加惩戒，挫折其虚报军情、杀降冒功及贪贿等劣行。

当然，正如《剑桥中国明代史》所指出的那样，张居正也并不能将戚家军的招募方法和训练方法扩大到其他军镇，因为他"没有能力摆脱王朝统治方式的模式""改革帝国官僚政治的努力不可能系统化"。这是自然的。任何人都不可能超越他的时代，张居正也不可能摆脱他生长和身处的社会环境、制度环境。他所能做的，只是在他所处的环境中创造出最好的政治、经济效果。还记得在万历初年，张居正给朋友写信，说他在读佛教的《华严经》时忽然有感悟，于是发一宏愿，称"愿以深心奉尘刹，不于自身求利益"。这样的献身精神，造就了后来"工于谋国，拙于谋身"的张居正。他的努力让大明王朝在万历朝的前十年发出"耀眼的暮光"，但是他的"拙于谋身"也造成了他死后立即被清算。

三、清算张居正：也清算掉了帝国中兴的希望

1. 张居正之死与皇帝亲政

"耀眼的暮光"在万历十年褪色。万历十年六月二十日，尽管京城百官和外省大吏数月以来一直在斋醮祈祷，祈求张居正康复，但太师张居正还是病逝了。万历皇帝为之辍朝一天，并给予张居正极高规格的待遇：谥文忠，赠上柱国衔，荫一子为尚宝司丞，派司礼监太监张诚为张居正治丧，给以治丧银五百两。

二十岁的皇帝，到底哀伤多一些，还是放松多一些呢？对于皇帝来说，解脱感可能是最真切的。十年来，张居正就像一位严厉的老祖父一样看顾着皇帝，有时严厉得不讲情面。万历帝胡作非为时，李太后罚他长跪，并命张居正代皇帝拟写罪己诏。罪己诏一点儿也不留情面，把皇帝自己看得都面红耳赤。文华殿日讲的时候，皇帝不小心读错一个字，把"色勃如也"的"勃"念成"背"，张居正也会当着众人的面厉声纠正。无意之间，张居正忽略了君臣之间应有的界限。

随着年龄逐渐长大，皇帝亲自执掌朝政的欲望越来越强烈。皇帝已经十八岁了，张居正在万历八年（1580）已然透彻，想急流勇退。他在写给湖广巡抚朱琏的信中曾坦露过他的心迹。当初张居正回乡葬父时，曾在一天之内接到皇帝三道诏书，因此，朱琏想为张居正在荆州建"三诏亭"作为纪念。张居正说："作三诏亭，意甚厚。但异日时异势殊，高台倾，曲沼平，吾居且不能有，此不过五里铺上一接官亭耳，乌睹所谓三诏哉！盖骑虎之势自难中下，所以霍光、宇文护终于不免。"将来我自己的房子尚且恐怕不能保全，哪里还谈什么三诏亭呢，张居正像是一个预言家。他想到霍光和宇文护。西汉霍光执政二十年，又迎立汉宣帝，但死后家族却被株连；西魏宇文护拥立宇文觉，建立北周，专擅朝政，结果被自己拥立的宇文邕（北周武帝）所杀。这两人都是历史上"威权震主"而受祸的例子，而张居正想到自己将来的下场恐怕也像这两人一样。他两次上疏请求致仕。皇帝拿着张居正的辞呈去请示李太后。李太后却说："待辅尔到三十岁，那时再作商量。"倘若照母亲的安排，二十岁的皇帝还要再等上十年才能亲自处理政事。"吾贵为天子，不得自由"这样的感叹，相信已在万历皇帝心中萦绕多年。

因此，"摄政"张居正的死，对二十岁的皇帝而言，绝对是一种解脱。况且，即便在张居正活着的时候，万历皇帝已经命人暗中在留意张居正与冯保的行动。他的亲信宦官张诚被冯保赶出宫，他便嘱咐张诚"密诇（冯）保及（张）居正"，可见成年的皇帝对冯、张二人的信任并不是完全不保留的。实际上，张居正致祸之由，以专权的手段打击士人、整顿吏治固然是一个方面。张居正执政时过于专权，"任法独断，操持一切，无所顾避毁誉"，因而得罪的官员太多，禁讲学一事又开罪了许多知识分子。但是，根本的原因还是他侵犯到了皇帝的权力。于慎行总结说："世徒以江陵摧抑言官，操切政体，以为致祸之端，以夺情起复、二子及第为得罪之本，固皆有之，而非其所以败也。江陵之所以败，惟在操弄主之权，钳制太过耳。"张居正过度自信，没有给皇帝足够的空间，所谓"过为禁，持不少假"，威权震主，最后才引来了皇帝的报复。

张居正死了，皇帝真正亲政了。万历皇帝最首先要做的，就是消除张居正的影响。张居正临终前的人事安排——推荐潘晟入阁，很快就被推翻。潘晟，嘉靖二十六年为会试同考官。虽然张居正的房考是陈以勤、吴维岳，但潘晟于张居正还算有师生之谊，而且据说是冯保极力向张居正推荐的人。潘晟的任命虽然下来了，但人还在从家乡入京的途中。御史雷士祯、王国，给事中王继光等人就上疏说潘晟不可用，潘晟只得主动引辞，没有入阁履职。原因虽然是"为论者所阻"，不过拿主意的应该是皇帝。取而代之入阁的官员是余有丁。仅仅四个月之后，张居正的政治盟友冯保也倒台了，从司礼监太监的位置上被赶到了南京，家也被抄了。冯保十年间"内倚太后，外倚居正"，积累了太多威权，钳制皇帝。据说皇帝有所赏罚，不经过冯保的嘴，宫中都没有人敢去办。所以，冯保相当于是一个宫中的张居正。久处积威之下，皇帝对冯保既怨恨又害怕。宦官张鲸、张诚等人则趁机说冯保的坏话，要皇帝撤换冯保。皇帝这时候还怕冯保来找他，说："若大伴上殿来，朕奈何！"张鲸说："既有旨，安敢复入？"恰巧御史李植、江东之等人弹劾冯保的奏章上呈，皇帝趁机贬谪保为奉御，安置到南京。冯保保住一条命，大概还是皇帝看在他多年伺候自己及皇太后的分上。倒冯的目的，是为了进一步倒张。李太后曾经问起皇帝，为什么要处置冯保？皇帝回答："老奴为张居正所惑，无他过，行且召还。"虽然只是应付母亲，但从中可以看到，万历十年十月冯保事发之时，张居正在皇帝心目中的地位，已经不是昔日功勋昭著的辅臣了，而是一个祸首，惩办是迟早的事了。冯保的倒台表明，张居正的宫中政治盟友已被清除，李太后此时也已然还政皇帝，并不想过多干涉。此后，宫中无人敢提"张先生"或"张太岳"三字。撤换张居正推荐的人选、清除张居正在宫中的政治盟友,万历皇帝释放了张居正时代结束和新的时代开启的信号。

2. 墙倒众人推——倒张居正运动

皇帝的信号释放出来之后,倒张居正的运动便迅速开始,从宫中到地方,波及甚广。在张居正执政的十年,虽然大部分官员在高压之下都表示服从,有甚者为政治功利之得失而抛弃道德伦理,厚颜无耻地向张居正阿谀奉承。张居正患病,朝中上至尚书、翰林、言官,下至部曹、冗散官员,无不设斋醮于寺庙,为之祈祷,就是一例。然而,他们真的拥戴张居正吗?张居正的权力又真正合法吗?明代内阁地位超越六部,是从宣德、正统间开始的,因为内阁大学士通常会加以三公(太师、太傅、太保)、三少(少师、少傅、少保)这样的正一品、从一品的官衔,而六部尚书只是正二品的官职。在此后的历史发展中,文官集团也接受内阁具有超越六部影响力的事实。但是,张居正时代的内阁权力达到极端,考成法带来的效果中有一点就是内阁的独裁。晚明学者沈德符也说,张居正辅政,"宫府一体,百辟从风,相权之重,本朝罕俪"。然而,在历史上,既有许多并未伴随权力的力量,也有一些并未伴随力量的权力。人们接受内阁的影响力并不代表他们承认这是一种合法权力,因为明朝的祖制从未授予内阁那种把六部作为下属的权力。万历四年(1576),张居正的门生巡按辽东御史刘台对张居正的弹劾很具有代表性。刘台指出,明成祖朱棣设立内阁,俾参与机密大事,但当时拟议于内者,官阶不高,所以没有专擅的可能。后来的内阁大学士虽然官阶渐高,但也都惴惴然避宰相之名。张居正却不一样,每每说"吾相天下,何事不可作止,何人不可进退",从而使朝廷大小臣工"非畏其威,则怀其德"。刘台还攻击考成法中六阁考察六科的做法:"阁臣无印信,衔列翰林。翰林之职备顾问,不侵政事,祖宗制也。居正创为是说,不过欲制胁科臣,总听己令……祖宗之法应如是耶？"刘台的奏疏上后，被从辽东械系回到北京，在锦衣卫诏狱中被严刑拷打，削籍为民。不久，地方官承张居正之风旨，找了个理由诬陷刘台，把刘台发配到边方，最后冤死在戍所。

官员们的反抗暂时压制下去了，但反抗的潜流必定还在。万历元年试图诬陷高拱的"王大臣案"、万历五年张居正在父亲去世时不回乡守制而"夺情视事"，也都使人们对张居正的品行产生怀疑。为此，万历六年张居正回乡葬父，户部员外郎王用汲乘机弹劾张居正专擅，并且说："以臣观之，天下无事不私，无人不私，独陛下一人公耳。陛下又不躬自听断，而委政于众所阿奉之大臣。"王用汲不仅攻击张居正自私，而且称他是被一群人的阿谀奉承包围的人物。应该说，批评是公道的。万历五年，张居正的次子张嗣修中进士第二名榜眼，万历八年长子张敬修、三子张懋修均中进士，张懋修为状元。两科连中三人，且均占据高第，这样密集的子弟登第岂能说完全没有张居正个人的影响？想来时人对此多是侧目而视的。后来在万历十年以后攻张居正最力者为李植、江东之、羊可立、丁此吕、王继光，均是万历五年进士，张居正之子张嗣修的"同年"。在当时社会比较重视同年之谊的情况下，五个人如疯狗一样的攻击不能说不让人诧异。它或许是一种政治投机行为，数人因此"以追论（张）居正受帝知"，也许可以理解为他们对张嗣修高踞一甲第二人产生了妒忌，因妒生恨，遂乘势宣其怨气，而不复顾同年之谊。清丈田亩的做法，则招致了大贵族、大地主的反对。禁毁书院、限生员名额这样得罪斯文的举动，几乎被人视为新时代的"焚书坑儒"，招致了众多读书人的不满。因此，到张居正死时，张居正已是人们怨愤所丛聚的对象，"结怨于上下"。这也是倒张居正运动迅速扩展开来的重要原因。

文官群体中，内阁的倒张运动率先开始。张四维这位当初靠给张居正送礼而得以入阁的人物，如今成了首辅。他先是在潘晟入阁的事件中暗中使手脚，在对潘晟例行性的受到弹劾时的请辞之疏进行票拟时，"拟旨允之"，从而使潘晟辞职成了事实，未能如张居正、冯保之愿。接着他开始事事刁难冯保。愤怒之下，冯保曾对张四维大骂："尔由谁得今日，而负我？"当时人大概也都能看出张四维对张居正落井下石的投机而卑鄙的心理。后来张居正之子张敬修在自杀时的绝命书中，也不忘反讽张四维，说："有便，告知山西蒲州相公张凤盘，今张家事已完结，愿他辅佐圣明天子于亿万年也！"申时行是张居正一直以来欣赏和提拔的人，对倒张并不热衷，在张家最困难时还不忘通过私人关系为张家说情。新入阁的余有丁据称"实赞巨珰之狱"，在冯保案中起到关键作用，在倒张运动中起到实质性的作用。

至于外廷，长期以来被张居正压制的官员们爆发了。陕西道御史杨四知在万历十年十二月弹劾张居正十四大罪，夸张地说张居正家光银火盆就有三百个，打碎的玉碗、玉杯就有数百。几天后，四川道御史孙继先也弹劾张居正，并且请求将之前弹劾张居正而被罢黜的吴中行、赵用贤、邹元标等人起用，得到皇帝允许。不久，南京刑科给事中阮子孝弹劾张居正的三个儿子"滥登科第"，结果张敬修等人的功名均被褫夺，革职为民。就是刚回朝任刑部右侍郎的丘橓，于万历十二年三月十六日条陈三款，款款皆为张居正而发。其中攻击原任湖广巡抚朱琏的一条中说："朱琏则又认冯保为义父，结游七为义兄。……捃剔湖广一省之脂膏，半辇载于张、王二家。"照这样的推测，查抄张府定能赚个盆满钵满。当日查抄冯保家，抄出来的"金银珠宝巨万计"，尚不能让皇帝满意。万历皇帝跟他的母亲解释说，冯保太狡猾，早早把银子转移出京了。对张居正，皇帝大概也会有同样的猜疑：十年间掌控国政，究竟拿了国家多少钱？《明史》说万历皇帝"疑居正多蓄，益心艳之"，猜疑与妒忌兼而有之。当然，上疏的丘橓，是与张居正有怨的。神宗初年，很多言官向朝廷推荐丘橓，但张居正却厌恶他，没让他重新出来做官。后来丘橓查抄张居正家时用法酷烈，不免有公报私仇的嫌疑。但是，此时丘橓有意无意的一句话，就拨动了以贪财闻名明史的万历皇帝的心弦。这时候，云南道御史羊可立的一道奏疏，无中生有地称张居正隐占了辽王府的府第田土。这时，原来分封荆州的被废黜的辽王府次妃也借机上疏，诬称张居正侵占了辽府珍宝，"金宝万计，尽入居正府也"。这估计同样打动万历皇帝。

3. 抄家

四月初九，一道查抄张居正家的谕旨下发了。四月初九当天，刑部查抄了张居正家在京财产，得到黄金二千四百余两，白银十万七千七百余两，以及金器、银器、珍珠、玛瑙、宝石等物。对于在封建时代做了几十年官、十余年为内阁大学士的张居正来说，这点财富极为正常。于是，皇帝把希望寄托在到湖广荆州府张居正老家的查抄上。奉旨前往荆州府查抄的带队官员四人，分别是太监张诚、左给事中杨廷相、锦衣卫官员曹应魁，以及那位怀疑湖广一半的财富都进了张家的刑部右侍郎丘橓。四月二十一日，虽然钦差大臣们还没有到达荆州，但湖广地方官员已经接到旨意，随即对张府进行查封。四月二十二日，荆州府知府、江陵县知县奉湖广巡按任养心之命，将张府封门，所有张府的人员都移居旧宅。混乱之中，"男女惊骇之状，惨不忍言"，而也有一些张府的家人趁机浑水摸鱼，盗窃财物之后逃跑。《明史·张居正传》还说："荆州守令先期录人口，锢其门，子女多遁避空室中，比门启，饿死者十余辈。"意谓封门时有人躲在房子里不出，饿死其中。这段记载应该源自王世贞的《明嘉靖以来首辅传》——"荆州守令以御史意，先期录其人口出，而子女遁避他所者不及发，已锢其门，则饿死者十余曹，皆为犬所残食。"而且，王世贞说得更残忍，还说到饿死者的尸体被野狗竞相残食。清初谈迁的《国榷》，以及历来与张居正相关的一些传记于此均笃信不疑。然而，饿死十余人的事情应该不是事实，因为几个月后关于这一说法曾引起一场风波。万历十二年七月初，神宗命文书官宋坤到内阁口传旨说："张诚等本说缢死的止是二人，如何说饥死的十余人，着出旨查问。"大学士申时行回话说："该臣等前日因见诸大臣疏内曾有此言，亦尝试问，云是湖广抚按承差传说。彼时大臣欲仰祈圣恩宽宥罪孽，惟知模写其可怜之状，而未及诘问，其传言之由一时轻信讹传，实无所逭罪。"可见，即便在当时，九卿大臣在一同上奏的奏疏中也将饥死十余人当成事实，而其实他们也只是听说。申时行当时给皇帝的票拟是两套方案：一是"免查究"，二是"回话"。得到的万历皇帝的御批是："张诚等疏云本内说缢死的止是二人，前日说饥死十余人的是何衙门？着回将话来。"显然，当时万历皇帝也想真正了解：到底张府在封门时究竟是不是死了十余人？当天，工科给事中杨毓阳就向皇帝承认，自己是"为风闻所误"。况且，如果饿死十余人是事实，张敬修自杀前那份声泪俱下的《绝命书》，既然都已经谈到"移居旧宅"的事情，怎么会遗漏如此重要的、足以唤起世人同情之心而且暴露那些抄家执行者残忍的细节呢？同月，李植的奏疏中也说，自己曾"询之楚人，以为并无此事"。可见，饥死十余人的说法只是谣传，而不是事实。但是，封门时阖府上下之惨，大概是可以想见的。据沈德符说，移居旧宅时，每个人都要被搜身，"其妇女自赵太夫人而下，始出宅门时，监搜者至揣及亵衣脐腹以下"，这已全然不顾官宦人家妇孺们的尊严了。

五月初三，丘橓抵达荆州府。入城之日，他给张居正的母亲送了些米和肉，还写了一封信给张居正的儿子。信中说："皇上此举，不忍罪旧臣之婴孺，而但姑示薄罚，以罄竭汝家之赀产。诸公子想皆震摄于圣怒之严重，或尚未知感激于圣恩之浩荡也。塞翁失马，安知非福？楚国亡猿，须妨流祸！故曲逆裸体以得生，季伦恋财以取灭，在在古有明镜焉。倘使汝辈无立锥之地，且并一锥而亦无之，则财与祸而俱去，身与家而举安矣！幸无私一钱，以惹人言，岂怕饿死而反干天诛哉？"一句话，"无私一钱"才是要害。丘橓果然严酷，上来便是正经的威胁，要张府倾家荡产以避祸。其实，在离京前，赵锦、于慎行等人都曾致信丘橓，要他在允许的范围内对张府手下留情，适当地留给张居正的老母亲一些家产。于慎行所言颇为中肯。他认为张居正是一个"以盖世之功自豪"的人，所以"不甘为污鄙"，下三烂的敛财之举不是张居正的性格，推断"其所入又有限"。然而，丘橓似乎并无对张家手下留情之念。两天之后的五月初五，恰是农历的端午节，张居正之子张敬修、张懋修、张嗣修等被拘押，对张府财产清点正式进行，得"黄金万两、白金十余万两"。跟严嵩不一样，张居正虽然也接受别人的礼物，但只接受最亲近的一些官员的礼物，最后抄家所得的财产，亦诚如清初谷应泰《明史纪事本末》所说，连严嵩的二十分之一都不到。当然，这个数字远远低于皇帝及丘橓等人的估计，他们认定要在张府至少抄出二百万两白银。于是，丘橓等人就说张府在之前已经转移财产。五月初七，丘橓等对张居正诸子用刑，要他们承认把银两转移到曾省吾、王篆、傅作舟等家，数目分别是十五万两、十万两和五万两。康熙《荆州府志》记载："刑部侍郎丘橓等至荆，方酷暑，暴诸子烈日中，掠治惨烈，因讽以诬所不快，且旁搤荆大姓。"几位自少养尊处优的公子，被搁在太阳底下暴晒和拷打，遭到前所未有的侮辱。五月十日，不堪忍受的张居正长子张敬修萌生了死的念头。他写下了血书。在血书中，他说："祖宗祭祀与祖母、老母馈粥，有诸弟在，足以承奉，吾死可决矣。而吾母素受辛苦，吾妻素亦贤淑，次室尚是稚子，俱有烈妇风，闻予之死，料不能自保。尤可痛者，吾有六岁孤儿，茕茕在抱，知亦不能存活也。"虽然萌生了一死了之的想法，但念及母妻以及六岁幼子，张敬修又不能不为留恋，其心可怜。五月十二日，张敬修再受刑，自知抵刑不过，于夜晚自缢身亡。其所遗血书最末说："丘侍郎、任抚按，活阎王！你也有父母妻子之念,……何忍陷人如此酷烈!"张敬修一死,妻子高氏自缢,被家人解救,"一日忽就婢手夺茶匕刺其目,血流被面,左目遂枯",以刺瞎自己一只眼睛的行为表示对丈夫的追随。张敬修的幼弟张懋修"冤愤投井,不死,不食者累日,又不死,遂脱屣一切,日抱其父奏对尺牍诸手迹,每有感触,则呜咽哭不成声"。今日读这些文字,亦觉无限凄惨,而斯时斯地张府之惨,大概万倍!

  张敬修之死,震惊朝野。作为故相张居正之子,又曾中进士,官礼部主事,张敬修既出身于官宦之家,自己也是衣冠人物,而竟至于不抵刑讯而死,是有伤"国体"的。在他死后,其绝命书也传闻朝野之间。申时行在稍后写给丘橓的信中说,查抄张居正家虽然是皇帝旨意,无可挽回,做臣下的奉命行事,应"于无可奈何之中而求有可少宽之路",像拷讯之类的事情,落到张府家奴身上就可以了,而张府诸公子都是读书人,却受到如此刑讯,令人不忍。他还说:"昨见传来遗帖,行道之人,皆为陨涕。"就是丘橓自己也承认:"(张)敬修一死,无论庶僚,即三相九卿,无不陨涕。"因此,张敬修以他的死换来了张府的一丝生机。六月十三日,宦官张诚向皇帝汇报抄家情况的奏疏到京。万历帝下旨,将"原给诰命及特降谕札都追缴。石兽等物,并应拆牌坊,变价解京"。七月初六日,宦官张诚另一道题本到京,汇报落实五月二十八日拨付"空宅一所、田十顷"的情况,万历皇帝再下旨:"家产既抄,眷属准保放。"但是,皇帝不忘又加了一句:"曾省吾等受寄银两,其查审追解以闻。"之后,抄家事继续进行,除了向张嗣修等人继续追查那些被家奴们盗窃走的财物外,就是进一步向湖广当地与张居正家有关联的士绅进行"追赃"。到九月二十七日抄家事最终了结之时,共从曾省吾、王篆、傅作舟三家追得白银十二万二千两,从王极、唐应运等人处追得十三万五千两,合计二十五万七千两。这很难说是"赃款",更多是在强大专制压力下破家以偿。然而,一时之间,荆湖骚然。

4. "世间已无张居正"

抄家事了结了,但清算张居正的影响却很深远。清算已死的张居正,首先是中断了张居正的改革事业。张居正生前提拔的重要官员斥削殆尽,从人事上已清除了改革完全沿着张居正的路线继续前进的可能。通过内阁高度集权的方式来推行考成法,也从此行不通了。最早继任的首辅张四维忙于与张居正撇清关系。在张四维之后,首辅申时行向皇帝建议停止考成法的实施,理由是地方政府没有足够的人员按考成法的要求来进行管理。在军事方面,戚继光在万历十一年(1583)由蓟镇总兵调任广东总兵,不再担负拱卫京城的重任。戚继光和辽东总兵李成梁也都作为张居正的党羽被弹劾,万历皇帝选择继续相信李成梁,但戚继光却被革职,晚景凄凉。关于之前清丈田亩的效果也发生了争论。一些官员主张万历九年的清丈记录应该予以废除,将赋税额复旧。一些官员主张应该让各地的巡抚、巡按更正之前清丈的结果。总之张居正辅政十年中的雷厉风行的作风不见了,取而代之的是反复的争论与缓慢的决策。

尤其严重的是,清算张居正对于万历一朝的政治生态带来了恶劣影响。用当时的首辅大学士申时行、都御史赵锦等人的话来说,抄家之事有伤"国体"。用翰林院侍读学士张元忭的话来说,有损于国家的"元气"。抄家事发时,曾经对张居正禁书院极度不满的张元忭,在写给同样受过张居正摧残的邹元标的信中为张居正叫屈,说:"十年翊赞之劳,岂容尽泯?即如筹边一事,十余年西北晏然,谁则主之?此其罪与功亦应少准,而一旦斩艾之,若此于国家元气得无少损乎!"照张元忭的话来说,即使张居正有过错,也应该和他为国家所做的功劳相抵,那也绝不至于要受到抄家和子弟惨死或流放的下场。"国体"和"元气"都是笼统的概念,此处应指政治文化言。良好、和谐、和衷共济的政治文化,对于王朝的发展是健康的,是有益于国体的；刻薄寡恩、肆意攻讦、党同伐异的政治文化，对王朝的发展是不健康的，是有损于国体的。万历帝在张居正生前还对他说过："先生功大，朕无可为酬，只是看顾先生的子孙便了。"然而，张居正死后，一手扶持的万历皇帝却对他家无情地惩处，充分展现了帝王的无情与刻薄忘恩，而这种刻薄寡恩足以让大臣产生兔死狐悲之感。因此，清算张居正造成两种恶劣的政治风气：朝廷间尽是意气之争，内阁再无担当之臣。

倒张居正风潮中万历皇帝对小臣的纵容，使万历朝的政治风气越发趋于浮躁。因攻击张居正而受皇帝重用的言官如羊可立、李植、江东之等，"自负不世之节、非常之功"，动辄攻击公卿大臣。隆庆初年张居正对于言官肆意诋毁大臣的印象，如今回到了内阁大学士的脑海中。内阁大学士许国在万历十一年无奈地说："昔之专恣在权贵，今之专恣在下僚。"懒散的最高仲裁者、缄默无为的"宰相"、放肆的小臣，共同培植了缺乏秩序感的晚明政治风气——"外人所是，庙堂必以为非；外人所非，庙堂必以为是"（王锡爵语）；"九列以上似是一班议论，一班意见；九列以下庶僚又是一班议论，一班意见"（耿定向语）。

与言官的嚣张相对，则是内阁的缺乏担当。张居正被清算后，政治风气大变，一些人高唱君权不可旁落、辅臣不可僭越的论调。内阁大学士申时行，目睹张居正生前与死后之宠辱的反差，自然也再不敢以张居正为榜样，而是吸取张居正的教训，一方面恭敬地顺从皇帝，一方面谦逊地对待整个文官政府，做一个和事佬。这位来自富饶的苏州府长洲县的嘉靖四十一年的状元，像他的字"汝默"一样，力求清静，因此也被人批评为"首鼠两端"。实际上，就像《剑桥中国明代史》所言，内阁自张居正以后，"具有张居正这样才干的政治家在明代再也没有出现第二个，没有人具有张（居正）的早期对手高拱和徐阶的才干，或者即使像十五世纪四十和五十年代严嵩那样得力"。导致这种现象的原因，也许不是"才干"，而是担当精神。曾有人以"相容"、"相才"和"相骨"来比喻内阁大学士应具备的素质，并且指出晚明内阁大学士强调"相容"，能够宽容和调济群臣，但缺乏"相才"——熟练处理政事的能力，而尤其缺乏"相骨"——担当的精神。没有担当的精神，就非但没有"格君"的能力和勇气，而且会纵容皇帝不负责任的行为。申时行在内阁首辅任上的时候就开创了两项很恶劣的先例——章奏留中和经筵讲义进呈。章奏留中，就是皇帝对于大臣们送上来的奏疏不予理睬，放在宫中，既不批示，也不发还。时人张邦纪称当时的"章疏停阁，十而七八"，有百分之七八十的章奏不会得到皇帝的批复。经筵讲义的进呈，就是皇帝不需要参加经筵和日讲，讲官们只需要把他们的讲义送至宫中就可以了，至于皇帝看还是不看，只有天知道了。这两件惯例的养成，就彻底地切断了皇帝与大臣们交流的渠道，而申时行也因此被人批评为要为神宗的"荒怠"负责。

  万历的怠政在明朝是有名的。在短暂的亲政之后，就是长达二十余年的不上朝和不与大臣们见面。然而，皇帝既然是唯一的决策者，一旦皇帝长期不愿处理政事且又不轻易授权于太监或大臣，整个文官政府运转就可能陷于停顿。到十七世纪初期，由于皇帝不理朝政，官员空缺的现象非常严重。以万历三十年为例，南北两京的尚书缺了25%、侍郎缺了42%，地方上负责民政、按察的主要官员也缺得很严重。为了地方行政的维持，有时必须由一个县的知县兼任邻县的知县。这种情况从万历二十年（1592）起，一直延续到万历四十八年（1620）七月二十一日万历皇帝朱翊钧逝世。跟他的帝师张居正一样，他们都恰好活了五十八岁。万历后期，皇帝的怠政削弱了政府运作的效率；对福王朱常洵的偏宠则危及帝位传承的合法性，也挑战着晚明群臣的事君理念；矿监、税监的四出，激起了各地民变，也掏空了明朝统治的经济基础。这样的恶果，未始不是由万历皇帝的荒怠造成的，而他的内阁辅臣们也缺乏振作的能力，明王朝的命运沿着衰败的轨迹不可挽回地往下滑落。清修《明史》委婉地"引用"别人的话来表述修史者自己的意见："论者谓：明之亡实亡于神宗。"事实也确实如此，在万历皇帝死的前一年，明朝军队在东北的萨尔浒一地与刚刚崛起的努尔哈赤后金军队作战，几十万大军覆灭，由此拉开了明清更迭的序幕。

参考文献

朱东润：《张居正大传》，武汉：湖北人民出版社，1981年。

韦庆远：《暮日耀光：张居正与明代中后期政局》，南京：江苏凤凰文艺出版社，2017年。

樊树志：《张居正与万历皇帝》，北京：中华书局，2008年。

袁崇焕

督师之死与君臣解体

袁崇焕履历表

姓名	袁崇焕
字号	字元素,号自如
籍贯与出生地	祖籍广东东莞,通籍广西藤县人
生卒年及所处时代	1584—1630,历仕万历、天启、崇祯三朝
生平履历	万历四十七年(1619),成进士,授福建邵武县令
	天启二年(1622),升兵部职方司主事,寻监军关外,开始其军旅生涯
	天启六年(1626),孤城抗金,击败努尔哈赤,时称宁远大捷
	天启七年(1627),以辽东巡抚节制关内外军事,同年辞职归乡
	崇祯元年(1628),起复赴京,以兵部尚书兼右副都御史,督师蓟、辽、登、莱、天津,受尚方宝剑,达到事业巅峰
	崇祯二年(1629)五月,擅杀毛文龙
	崇祯二年十月,以后金入关,率军队勤王。十二月,被逮系入狱
	崇祯三年(1630)八月,被凌迟处死

严嵩以来的政治溃烂的形势，经徐阶、高拱、张居正的救正依然未见起色。万历皇帝在摆脱了张居正的控制之后，以长期的怠政来对抗文官政府。万历三大征是万历皇帝留在明朝历史上最辉煌的业绩。军事胜利可以暂时地缓解王朝的危机，却也消耗了张居正改革留下的积蓄。在西北和西南安定之后，东北依旧是明朝军事危机的策源地，只是对手由之前的日本侵略者换成了新崛起的后金政权。从1616年以来，明朝在与后金的战争中一直被动，但一劳永逸地解决东北战事却是上起朝廷下至一般士绅们的夙愿。这种迫切的愿望使他们盼望一位能臣或者名将的出现。天启六年（1626）的宁远大捷，将袁崇焕推到了聚光灯下，使他成为人们期望中的名将。阎崇年先生在他的《袁崇焕传》中认为袁崇焕是堪与徐达、戚继光相提并论的明代名将。但是，平心而论，在战绩上他并不能与开国大将徐达相比，在军事理论和业绩上他也不能与剿倭平叛的戚继光相比，袁崇焕在晚明之所以引人注目，是因为那个时代太需要一场胜利了。然而，一场战役的胜利并不能改变王朝的颓势。于是，袁崇焕在一位庸主那里黯然隐退，而最终在一位急于求治的苛刻的"英主"那里复出，再以极其悲剧的方式谢幕。

一、名将的崛起

张居正死后一年，1583年，努尔哈赤开始崛起。他从明朝政府那里得到了建州左卫指挥使一职，后来又得到"龙虎将军"的封号。努尔哈赤的崛起，代表了明朝的东北境从此再无宁日。从1583年到1616年，努尔哈赤逐步兼并女真各部，创设八旗，创造文字，渐渐有了开国的气象。万历四十四年（1616），努尔哈赤在赫图阿拉正式建立"后金"，建元"天命"。尽管明朝的女真族只是昔日猛安谋克女真时代边缘部落的后裔，努尔哈赤以"爱新"（译名金）为国号，表明他试图接续金王朝统绪的志愿。建国、建元，意味努尔哈赤已干脆将"看管朝廷（明朝）九百五十余里边疆"的名义抛却，站到了明朝的对立面，而明清之间战争的大幕也就此拉开。两年后的万历四十六年（1618），努尔哈赤宣称与明朝有"七大恨"，公开决裂，进军辽东，直扑抚顺。抚顺游击李永芳没做太多抵抗便投降了，一同归顺的还有后来"赞太祖开国庙谟之汉人代表"的清代开国功臣范文程。抚顺失陷对明朝来说是奇耻大辱。明廷在次年派出以杨镐为经略的四路十八万大军进行征剿，双方在萨尔浒一带激战。结果，杜松、马林、李如柏、刘綎四路兵马被各个击破，损失四万五千人。《清史稿》中说，"萨尔浒一役，翦商业定"，将萨尔浒一战的胜利与周武文王翦商鸿业相提并论。明廷的御史袁化中则说，萨尔浒之战，朝廷"计饷八百万以剿，始欲保一隅以安天下"，结果却自此永无安宁之日，"疲天下以奉一隅"。此后，明朝对后金作战少有胜绩，东北防务日渐收缩。天启元年（1621），东北形势更趋恶化：沈阳、辽阳相继失守，明朝守将袁应泰自焚而死，辽东尽失。同年，努尔哈赤由赫图阿拉迁都辽阳，天启五年又从辽阳迁沈阳，不断逼近明朝东北前线。

1. 当努尔哈赤遇上袁崇焕

天启元年努尔哈赤连陷辽阳、沈阳不久，袁崇焕也开始出现在东北舞台上。袁崇焕（1584—1630），字元素，号自如，东莞石碣水南人，三岁左右离开东莞到广西藤县莲塘村生活。万历四十七年（1619），袁崇焕中进士，后出任福建邵武知县。在晚明军事形势日益窘迫的情况下，不少人喜欢谈兵。袁崇焕虽是一介书生，也不愿做一个腐儒，"为人慷慨，负胆略，好谈兵"。据说，他每遇上退休的将校或老兵，都要向他们讨教边塞形势，他自己也始终"以边才自许"。天启二年（1622），袁崇焕按惯例朝觐，向朝廷述职。当时朝廷正欲不拘一格起用军事人才，御史侯恂便向朝廷称赞袁崇焕"英风伟略"，"不妨破格留用"。于是,袁崇焕由正七品知县留在京城任正六品兵部职方司主事。任兵部主事期间,他曾经单枪匹马到山海关考察形势,从山海关回来就慷慨地说:"只要给我军马钱粮,我一人敢担当守关之任。"其气魄和胆量赢得了大家的赞许,"廷臣益称其才"。兵科都给事中蔡思充称袁崇焕"饶有才略",应让他到边线上指挥作战。于是,袁崇焕被破格起用,升任正五品佥事,到山海关监军。天启二年七月,袁崇焕从佥事升为正四品副使,后来又升任从三品参政。

经略王在晋派袁崇焕出关,充当驻守广宁中前所(在山海关东北面三十五里处)的参将周守廉的监军。袁崇焕却认为王在晋"无远略",在战略问题上两人有分歧。王在晋的想法是专守山海关,而为了配合山海关的防守,在山海关东北面不远的八里铺再修一座城池,派四万人防守,以为山海关之屏障。袁崇焕对此强烈不满。他向首辅叶向高说,王在晋专守山海关的做法是弃十三山(今辽宁锦州东北)十几万难民不顾,并请求朝廷在宁远设防,进可据锦州,以为十三山难民之声援,退可为山海关之屏障。朝廷对此犹豫不决,派大学士孙承宗出关督师。孙承宗出关不久,逐渐倚重袁崇焕,驳回王在晋在八里铺建重城的建议,力主经营关外。天启二年到天启五年(1625),孙承宗以大学士身份督师,使关外防务得到大规模拓展。在他的布置下,明朝修复城堡数十座,练兵十一万,裁汰冗军一万七千人,造甲胄,修器械,开屯田,一切井井有条。孙承宗认为,山海关系京师安危,辽东对山海关安危至关重要,"失觉华(今辽宁兴城菊花岛)、宁远(今辽宁兴城)必不能守辽左",故宁远一城"为必居必争之地"。因此,天启三年(1623)九月,孙承宗派他认为"英发有担当"的袁崇焕前往镇守宁远城。袁崇焕深感知遇之恩,"奔走风霜,驰驱险隘",不避辛苦。

袁崇焕到宁远后,第一件事便是筑城。此前孙承宗曾派祖大寿筑城。祖大寿凭个人直觉认为朝廷不会长期驻守宁远,城建了十分之一就停了下来。袁崇焕到宁远后,重定城墙规制:高三丈二尺,雉高六尺，址广三丈。他命令祖大寿、参将高见、贺谦分督修城任务。到天启四年（1624），宁远城修建完毕，"遂为关外重镇"。而且，因为孙承宗的布置，明朝防线已陆续往东北再推进了二百余里。因此，在天启五年初，宁远城已经成为东北防线的内地了：在宁远之外，是锦州、大小凌河、松山、杏山等城堡。一旦有警，宁远城可以尽早做出准备，收拢军队。此外，在袁崇焕的经营之下，宁远城不仅成了关外军事重镇，而且成了关外一个贸易集散地、移民定居点，"商旅辐辏，流移骈集"，在遭到攻击时不仅有城墙之险可以据守，而且城中的后勤供应也是相对充足的。从人和方面看，长期以来，无论孙承宗还是袁崇焕，均实施"以辽人守辽土"的征兵策略，故所部士卒都有保境安民之心。军民一心，战斗力自然上升。然而，天启五年，由于孙承宗被高第取代，而高第的战略像当初王在晋一样，力主守山海关，因此，高第尽撤关外诸城之防守，而袁崇焕表示不愿放弃宁远，遂使宁远成为远悬在前线的一座孤城。

　　天启六年正月，努尔哈赤率领的后金军队抵达宁远。宁远城的镇守将领有袁崇焕、满桂等人。袁崇焕当时官职是从四品参政，备兵宁前道，行使监军责任；满桂是都督佥事、总兵官，从二品。在明代以文制武的传统下，满桂等人均听袁崇焕调遣。战役一触即发，而双方主将的作战经验和能力似乎极为悬殊：一方是六十八岁骁勇善战、久经阵仗的后金国主努尔哈赤，曾经"不到半天就攻占沈阳，一天就攻占了辽阳，（攻占了）其他的城无数"；一方是四十三岁从未经过大战的书生袁崇焕，守着一座孤城。这场战役会有什么出人意料的结果吗？

　　2. 孤城抗后金

　　战斗警报在正月十八日响起。努尔哈赤的军队渡过大凌河，广宁右屯卫等地的明朝军队左辅、萧升等部为避其锋芒，纷纷向内收聚，汇集到宁远城。二十一日，城外收聚已毕，城中士卒共计不满两万人。总兵满桂、副将左辅、参将祖大寿等人深知后金军队擅长野战，不可与之争锋，乃共议塞门死守。原来布置在城外的西洋大炮也撤入城内，安放到城上。同时，宁远城外实行坚壁清野，城外民舍、草料均加焚毁，以免它们为后金军队所获。鉴于之前沈阳等城均有奸细内乱，宁远还实行城内戒严，由同知程维楧严查奸细。为了坚定全城必死之心，防止逃兵逃离宁远城，袁崇焕檄前屯所总兵赵率教、山海关总兵杨麒："将士逃至者，悉斩。"为加强城内防范，袁崇焕委派秀才们严守巷口，有一人乱行动者即杀，有一城上战斗人员下城者即杀。在这种严密戒严下，宁远城不像之前被攻下的城那样，"独无夺门之叛民、内应之奸细"。通判金启倧四处巡查，编派民夫，供给饮食，保证战时后勤供应。各位将领各有专责：总兵满桂提督全城并且负责东南城的防守；副将左辅负责西城；参将祖大寿负责南城；副将朱梅负责北城。为鼓舞士气，袁崇焕曾拿出一万一千一百两白银，放到城上。凡能正面敌军不避艰险者，立即能得到一锭赏银，据说后来战斗中军士们"见利在前，忘死在后"，有人脸上中箭依然奋勇战斗。更关键的是，主帅袁崇焕有必守必死之决心。战役前，袁崇焕"血书誓众"，表示要与城共存亡，加以平时"善抚将士"，"平日之恩威有以慑之维之"，故能三军用命。二十二日，全城防务布置妥当。

在努尔哈赤一方，已截断从宁远到山海关的大路，将宁远围成一座孤城。双方的心理战同时展开。努尔哈赤将途中俘获的明朝士兵放入宁远城，向城中守将转述："我以兵二十万来攻，破城是必然的事，如主动投降，将加以优待。"袁崇焕回书："之前你们攻破锦州、宁远之后又放弃，所以我们重加缮治，又怎么能再轻言放弃呢？况且你说来兵二十万，恐怕是假的，不过十三万而已。"即便据当时明朝兵部尚书王永光的奏报，当时攻城的后金军队在五六万人，远较守军为多。以不到两万的兵力，对付数倍后金军队攻城，若无与城共存亡的决心是绝对办不到的。

二十三日，后金军队逼近宁远城，扎营城北。袁崇焕的家人罗立懂得使用西洋大炮，发射炮弹，杀死数十人。后金军队遂移营城西。二十四日，后金军队对宁远发动攻击，骑兵、步兵带着用以攻城的车牌、爬城的勾梯，在炮箭保护下一拥而上。由于准备充分，城上守军以密集的箭雨回应，一时"城上箭如雨"，城下"悬牌间如猬"，更兼城上铳炮迭放，其间又偶发射西洋大炮。西洋大炮的威力巨大，所中之处，炸毁牌车如摧枯拉朽。即便偶尔有后金军队突至城墙之下，城上没有角度射击，就由两侧角楼的明军士兵向他们横向射击，或以小炮轰炸。在角楼的枪炮及箭矢无法远及的地方，来到城墙下的后金士兵开始凿城打洞，城上的士兵就往下丢火球火把，又用铁索绑上木柴，浇油燃烧垂下，专门焚烧近城的牌车。一天的战斗下来，城上纹丝未动，城下却尸积如山。到晚上二更，后金军队停止进攻，袁崇焕乘机命人率五十名勇士缒城而下，用棉花与火药将城下的战车尽行烧毁。一天战事结束，袁崇焕指挥若定。当时，有名朝鲜使者在袁崇焕军中，记载说："崇焕战事节制，虽不可知，而军中甚静。崇焕与三数幕僚闲谈，乃报贼至。崇焕乘轿至战楼，又与瑷（朝鲜使者）等谈古论文，略无忧色。"使者还谈到红衣大炮及其他守城器具："俄顷，放一大炮，声动天地。……贼（指后金军队）并力攻城，又放大炮，城上一时举火，明烛天地，矢石俱下。及战方酣，从每堞间推出甚大且长之木柜，半在堞内，半在城外，柜中伏甲士，俯下矢石。如是数次。又从城上投枯草、油物，及棉花无数。须臾，地炮大发，土石飞扬，火光之中，见胡人与胡马无数腾空乱坠。"看来，当时守城的武器除西洋大炮外，还有地炮，以及有巨大的可以伸缩并且藏人的木柜，用以俯击敌军，可见袁崇焕守城的准备是非常充分的。面对这样强悍的防守，擅长野战的满洲骑兵自然难逃失败的下场。

二十五日，后金军队进行新一轮攻击，一直到下午五时仍无进展。鉴于前一日在城墙底下的惨状，后金士兵"无一敢近城"，即使将领们拿着长刀驱使，也都是到城下便折回，而死伤较前一日更多。又打了一个晚上，也不能奈何宁远城。二十六日，后金军队仍将宁远围定，但攻势锐减，每次试图接近都被城上的西洋大炮轰回，最后只得放弃攻城，乘怒履冰渡海攻掠觉华岛，杀死岛上明军七千余人，焚掠而去。

虽然明朝损失了觉华岛的人马、粮草，但正如后来核实军功时蓟辽总督王之臣所说，如果宁远不保，觉华岛根本不可能单独存在，因此保住宁远城已是大功，觉华岛之败不足以论罪。更为关键的是，后金军队遭到了与明朝开战以来最大的挫折。从明朝的角度来说，是取得了与后金开战以来的第一次大胜，"虽未尽歼逆虏，然已首挫凶锋"。《清太祖实录》说："上（指努尔哈赤）自二十五岁起兵以来，征讨诸处，战无不捷，攻无不克，惟宁远一城不下，不怿而归。"努尔哈赤也在此役中伤重，后来不治而亡。据当时经略高第奏报，宁远城下"炮毙一大头目，用红布包裹，众贼抬去，放声大哭"。当然，努尔哈赤并未即时命丧，而是负了重伤，直到该年七月在清河温泉沐浴疗伤，八月初七日返回沈阳时在距离沈阳四十里的叆鸡堡逝去。《明实录》载袁崇焕奏疏，称努尔哈赤"耻宁远之败，遂蓄愠患疽死"。轻视宁远城和袁崇焕，最终使努尔哈赤付出了生命的代价。

二、名将的隐退

宁远一战，高第、杨麒等人拥兵山海关，坐视不救，以为宁远城必然失陷。因此，宁远大捷让当时所有人意外，也给明朝政府注射了一针强心剂。《明史》称："大清举兵，所向无不摧破，诸将罔敢议战守。议战守自崇焕始。"在袁崇焕之前，明朝将领对后金军队只有害怕，而根本没有决战的勇气。宁远大捷，改变了朝臣及将领们对后金的惧怕心理。时任兵部尚书王永光说："辽左发难，各城望风奔溃。八年来贼始一挫，乃知中国有人矣。"自此之后，明朝军队的自信心稍稍恢复了一些，才知之前其实并不是没有"可守之城池"，只是"无肯守之人与夫必守之心"罢了！因此，宁远大捷后，朝廷重用袁崇焕，委任他节制关内外军事。不言而喻，重用代表着期望，希望袁崇焕能够一鼓作气，不断复制宁远大捷这样的胜利，一劳永逸地解决东北战事。但是，这种想法现实吗？ 像宁远大捷这样的胜利，是可以不断地复制的吗？

1. 关内外军事尽付袁崇焕

朝廷酬功时，袁崇焕记的首功。在宁远战后，袁崇焕首先想到的是回乡守制。驻守宁远期间，他的父亲逝世，但朝廷以军务在身为由命他夺情视事。大捷后，袁崇焕估计后金一时半刻未能重整旗鼓来犯，因此请求朝廷允许他回乡终制。请求终制的奏疏同时也条陈关内外防守事宜。这份奏疏中谈及选兵、宁远布防、毛文龙等事宜。其一，他提出明朝在辽东的军事用兵不宜太冗太滥，相反要沙汰一些老弱，从现有的十万五千名官兵中精选出八万，其中两万人留在山海关内，六万人布置于山海关外；精兵的目的，就是要减少辽东战事在经济上对整个国家的拖累，以求达到"永以辽东护神京，不以辽东病天下"。其二，将官的设置最好精减，最好关内一总兵、关外一总兵。其三，至于兵源，袁崇焕认为"南兵脆弱，西兵善逃"，提倡使用辽人，继续孙承宗以来"以辽人守辽土"的策略。其四，在宁远防务上，他建议在宁远城附近增设两个辅城，以为犄角之势，临近各堡增设铳台，配置火器，朝廷也应该着速拨下铅子、火药银，以应付战事之消耗。其五，他从战略上提到毛文龙在辽东战事中的策应问题，认为毛文龙不应远居皮岛，"宜檄居近岛，侦奴虚实"。其六，他提到宁远一战中祖大寿等将领的赏功问题。当然，这些请求都得到朝廷的允许,"一切善后事宜,即与覆行",在此后他主政辽东的一年多时间里也陆续实施了一部分。唯有请求回家为父亲终制的要求被驳回。朝廷批复说:"袁崇焕移孝就忠,拼身固守,全城挫贼,劳绩可嘉,正当夫图恢复,以收全功,何得遂萌归念?不准辞。"的确,盛名之下、万众瞩目之时,怎可引身而退?

在朝野一片称颂声中,袁崇焕不断被委以重任。早在正月接到宁远大捷奏报时,天启皇帝即命"特赐奖谕,仍著该部从优升叙",并且发了白银十万两犒军。兵部尚书王永光更是对宁远之捷予以高度评价,说"恢边胜算,以宁远为第一功,而灭奴要会,以叙宁远为第一务。文武将吏从此立脚,富贵功名从此发轫",要求重奖宁远有功之臣。二月,王永光再次上疏请求优叙智勇双全的袁崇焕,"一切关外军事悉以委之"。同日,天启皇帝即命袁崇焕升都察院右佥都御史,专理军务,仍驻扎于宁远等处。参与宁远一战的满桂、赵率教,不久后也都实授总兵,加从一品都督同知。朝中有官员提出,既然袁崇焕以佥都御史的身份管理军务,何不干脆恢复辽东巡抚的设置,让袁崇焕充任辽东巡抚?皇帝批示:袁崇焕既已加右佥都御史衔,管事未尝不专,何必一定要任巡抚?表面上看,朝廷何必吝啬一个爵赏,实际上是朝廷鉴于之前经略、巡抚之间的矛盾而做的调整。天启初年经略熊廷弼与巡抚王化贞间的不和,最终导致了辽东战事的一败涂地。现在,朝廷担心既有高第任经略,再让袁崇焕任辽东巡抚,恐怕会重现当初经抚不和的局面。但是,朝廷终归在那一刻还是更倚重袁崇焕。因此,到三月,朝廷实授袁崇焕巡抚一职,不久加兵部左侍郎衔。

宁远大捷后,朝臣纷纷上疏追究当时不敢救援的高第、杨麒的责任,朝廷遂用王之臣取代高第出任经略,以赵率教取代杨麒出任山海关总兵。但是,经抚不和的矛盾果真出现了。因为在使用总兵满桂的问题上,袁崇焕与王之臣产生了嫌隙。最后,朝廷做了分工:王之臣专督关内军事,袁崇焕专督关外军事。按说,王之臣作为经略应节制关内外军事，袁崇焕作为辽东巡抚应受王之臣节制。然而，大功初成的袁崇焕更受朝廷器重。因此，这样的职责分工，显然提升了袁崇焕的地位而削弱了王之臣的权力。袁崇焕实权的增加，意味着原来的格局被打破。天启七年（1627），朝廷召还王之臣，罢经略之职，由袁崇焕节制关内外军事，实际上已完全取代了当初王之臣的位置，只是因资历之故，暂以辽东巡抚的身份节制关内外军事而已。

2. 偶然的胜利可以复制吗？

必须承认，宁远大捷有一定的偶然性。胜利的原因，既有地利、人和的因素，也有努尔哈赤轻敌的因素，还有武器的因素。但是，后金军队在受挫折之后，还会再那样轻敌吗？主持更大局面、承担更大责任时，武器的优势还会再有吗？

的确，新式武器红衣大炮的使用，在宁远战场上发挥了至关重要的作用。新式火炮的引入，是十七世纪初明朝军队一系列挫败后的一次自改革。明军在十七世纪二十年代开始引进荷兰人带来的巨型火炮。由于明人称荷兰人为"红毛夷"，所以把这种大炮称为"红夷大炮"，因为忌讳"夷"字，又改称为"红衣大炮"。红衣大炮不仅射程远，而且有量统规、炮表等辅助设施，命中率更高。天启初年，朝廷到澳门招募葡萄牙人带红衣大炮北上防御。红衣大炮到北方之后，被安置在抗金第一线。但是，这种火炮数量不多，形不成规模，而且会使用红衣大炮的军士也不多。宁远一战中，专门提及的善使红衣大炮的有袁崇焕的家人罗立、王姓喇嘛。通判金启倧在亲手施放红衣大炮的时候火伤而死，可见让普通军士掌握其施放技能有一定难度。而且，红衣大炮体型沉重，不利于运输和行军携带，只能相对固定地安放，作为守城或攻城的利器，在野战之中其实无法起到太多作用。而且，事物总是有两面性的。明军依仗的红衣大炮虽然厉害，能守城，也就能攻城，万一被后金军队缴获，恰恰会成为后金军队攻城的利器"。当时人就说红衣大炮用于攻城最有效果,"对城攻打,准如设的"。后来满清的军队逐渐掌握了火炮之后,其攻城的能力便迅速增强,之后明末的松山会战,清军之胜依赖的就是火炮。因此,从长远来看,新式武器的引进对于交战双方而言是公平的。这也就表明,新式红衣大炮可以帮助袁崇焕取得一时的宁远大捷,但并不足以帮助他收复东北和解决与后金之间的战事。

更关键的是,后金军队在宁远城下虽然遭受到挫折,但并未受重创。后金军队在宁远一役中伤亡的人数据称只是在2500人左右。如果袁崇焕所称后金军队不是20万而只不过13万人的说法属实,后金在宁远城下的损失虽大,也不过折损了2%左右的军队,并未"伤筋动骨"。相反,后金军队还曾血洗觉华岛,使明军也有数千人的损失。与后金的10万左右精兵相比,明朝在东北战场上能有多少人呢?袁崇焕提到战后东北战场明军约有10.5万人,但其中有不少老弱不堪作战的,沙汰之后大概只能剩下8万人。8万明军,与10万的后金军队野战,胜算能有几何呢?能够稳住相持的局面大概是最好的打算,恢复则是几乎不可能的事情。

但是,庙堂上的决策者却总是在想当然地要推进他们的想法。尽管在东北前线作战的明军将领对双方军事力量的对比是清醒的,之前的熊廷弼如此,如今的袁崇焕也是如此,但庙堂上的决策者却顽固地不承认现实,视已然非常强大的后金政权为疥癣之患,必欲除之而后快。鉴于熊廷弼传首九边的下场,袁崇焕又不能完全不理会朝廷中的舆论,不能不战。他提出对后金的作战方案,是守城与复地迭进。这是一种扎实稳步推进的积极防御政策,也可以说是攻守并重的策略。他在天启六年四月给朝廷的奏疏中详细谈了自己的设想:自己与赵率教、满桂诸人分驻各城,然后"逐堡修理,计地授田",一方面做军事上作战的准备,一方面恢复生产,并且不断地利用哨探与烽火台逐次向前延伸。他的原话是:"逐步而前,更迭进取。战则一城援一城,守则一节顶一节。步步活掉,处处坚牢。守关与复地,不得分作两截工夫。"这一战略,就是要在双方胶着与对峙的局面下,充分巩固和稳定既有的地盘,把控制区变成下一步进取的根据地,逐次进取。这已经是当时局势下所能做到的最现实的、最优化的战略了。

3. 庙堂掣肘与名将隐退

节制关外军事,使袁崇焕可以按照自己的方略做几件大事。其一,遣诸将巡历锦州、大凌河、小凌河,恢复之前相继失守诸城。其二,组织东北地区的屯田和移民。按照袁崇焕"以辽人守辽土"的战略,要使辽河两岸能成为抵御后金军队进攻的屏障,就不能光靠从内地调来的军队,而是要鼓励人们定居于此,从而增加本地居民抵抗后金侵略的恒心与决心。此外,要解决军粮问题,要实行屯田,实现军队自养。其三,遣兵援助毛文龙,从而保持明朝在侧后方对后金形成威胁。后金军队在天启七年初进攻毛文龙及朝鲜时,受朝廷之命,袁崇焕一方面派水军援助毛文龙,一方面派赵率教进逼三岔河以为牵制,只是因为后来朝鲜被迫臣服于后金,明军才回撤。其四,组织宁、锦之战。天启七年五月,后金军队进攻赵率教镇守的锦州。袁崇焕镇守宁远,按兵不动,但派出四千精兵驰援锦州。随后,袁崇焕又令满桂、祖大寿等人赴援锦州,在城外与后金军队大战,结果双方各有死伤,满桂还身负数处箭伤。后金攻锦州不下,撤兵时顺路毁了大凌河、小凌河二城。总体看来,袁崇焕负责东北战局时,明朝与后金互有攻守,处于一种均势。因为均势既已形成而不易打破,袁崇焕还尝试与后金议和。天启六年八月,他派人以吊努尔哈赤之丧的名义尝试与后金议和。虽然他向朝廷报告说是要借此名义探听后金虚实。然而,内心深处,袁崇焕应该知道对后金的战争将会漫漫无期,不能奢望短时间内结束,因此在战守的同时以议和的方式与后金打交道也是一种维持边境安宁的途径。用他的原话说，"守为正着，战为奇着，款（即议和）为旁着"。

但是，庙堂的决策者们显然不能理解袁崇焕的苦心，他们总在期待着下一个大捷。大捷会加强像魏忠贤那样的权贵们的地位，让他们加官晋爵。从决策者的角度，既然承诺给你足够的粮草人马，袁崇焕有什么理由不荡平后金呢？决策者们非但喜欢事事遥制，而且一时兴起还从宫中派了六名太监以"查勘钱粮"的名义来到宁远。这甚至引起了兵部尚书王永光和内阁大学士丁绍轼的不安。王永光说："迩者宁远一捷，中外稍稍吐气。当事者且议裁经略，裁总兵，专任袁崇焕，以一事权。而随以六内臣拥聚斗大一关，事权不愈棼乎？万一袁崇焕瞻回顾望，致误封疆，则此罪崇焕任之乎？内臣任之乎？"王永光的意思是，袁崇焕新胜，威望空前，皇帝却派出六名太监前往勘事，这不是让事权反而越发纷乱吗？万一袁崇焕因此心生不快，可能导致封疆之误，到时谁来承担责任呢？王永光还说，即便查核钱粮，也用不着派出六个太监吧。但是，天启皇帝是慵懒不理朝政的人，负责朝政的魏忠贤自然也不会把太监撤回。批回的圣谕中说："内臣镇守，系祖宗旧制，与文武诸臣并无掣肘。"内阁大学士丁绍轼也警告说：太监奉天子之命而行，文武将吏视其意而行，百方逢迎，将因此侵夺守将之权，为害一；内臣势盛，权力渐移，则必定会参与军事指挥，"将有不当战而速之战，宜用守而不与其守"，渐成掣肘之势，为害二。但是，即使是依附魏忠贤的内阁大学士丁绍轼的反对，也未得到魏忠贤的批准。袁崇焕还真是敢言，竟然直接向朝廷上疏，请求撤回内官。他说："兵，阴谋而诡道也，从来无数人谈兵之理。臣故疏裁总兵，心苦矣。战守之总兵且恐其多，况内臣而六员乎！"他说，兵法是诡道，从来都不适合一起讨论，因此自己之前请求裁撤总兵，而现在却反而添上六名镇守太监，将来怎么指挥打仗？但是，得到的回答仍然是：厂臣魏忠贤平时就警告内臣们不要参与政事，他们又哪里会干预边疆军事呢,你们不要多虑啊!几番下来,袁崇焕大概也要徒叹奈何了。

天启七年锦州一战,明与后金打了一个平手。在明朝那边虽称大捷,只不过是权贵们粉饰太平罢了,而朝中官员却又弹劾袁崇焕不敢尽遣宁远城的精兵往救锦州,是"暮气",是老气沉沉,是没有勇气。魏忠贤等太监及朝中高官因锦州之战小胜而加官晋爵,遗荫子孙,主将袁崇焕却不过加了一个都察院右都御史的衔。这样的厚薄不均,连魏忠贤的亲信霍维华都看不下去,上疏为袁崇焕请恩典,说宁愿把自己的恩典让出来。然而,皇帝批复说:"袁崇焕谈款一节,所误不小,朕不加谴责,尚著叙赉,分明念久在危疆,姑使相准耳。恩典出自朝廷,霍维华何得移荫市德?好生不谙事体!"在袁崇焕看来,"和"的旁着,是战和守的辅助,但是在朝廷看来,与后金之间从来都没有"和"的选项,"款为旁着"成了个笑话。功罪相抵,袁崇焕还想要什么酬报呢?于是,袁崇焕萌生退意。天启七年七月,袁崇焕辞官,取而代之的是督师兼辽东巡抚的王之臣,仍驻守宁远。

三、名将的悲剧

天启七年,明朝廷变动频繁。八月,天启皇帝朱由校逝世,其弟信王朱由检即位,改次年年号崇祯。同年十月,一直受天启皇帝宠信的权阉魏忠贤被崇祯帝除去。新帝即位,万象更新,皇帝本人也有励精图治的愿望。面对一直没有起色的东北战事,廷臣纷纷请求重新召用袁崇焕。崇祯元年(1628),皇帝罢免王之臣,任命袁崇焕为兵部尚书兼右副都御史,督师蓟、辽、登、莱、天津。广西地方官赶紧催袁崇焕上道,到北京任职。七月,袁崇焕复出,来到京城。

1. "五年平辽"：致命的许诺

袁崇焕很快就受到皇帝的接见。崇祯皇帝在平台召见内阁辅臣和袁崇焕，对袁崇焕大加激赏，慰劳他从广西不远千里赶到京城赴任。当然，接见袁崇焕时，崇祯皇帝心中想得最多的却是东北的战事何时能够平定。他问袁崇焕："边关何日可定？"袁崇焕回答说："臣受皇上知遇之恩，召臣于万里之外，倘皇上能给臣便宜行事之权，五年而辽东外患可平，全辽可复。"在场的内阁辅臣韩爌等人纷纷对袁崇焕的气概表示钦佩。袁崇焕五年平辽的保证，也让皇帝心中备感宽慰，于是更加信任袁崇焕。凡袁崇焕所请兵械粮饷，一律照准。袁崇焕鉴于天启末年事事受制朝中的教训，对皇帝说："边臣效命，动忧掣肘。吏部用人，兵部指挥，户部措饷，言路持论，皆与边臣尽相呼应，始可成功。"这无疑是说，要五年平辽，将来用人、指挥、筹措军饷等各方面，吏部、兵部、户部都要配合我，言官们还不能动辄指责我。这样的要求，皇帝也答应了。平台召见毕，赐宴。十天后，崇祯皇帝又赐给袁崇焕尚方宝剑，授他便宜从事的权力。所有的要求都满足了之后，苛刻的崇祯帝其实在等着袁崇焕完成自己的军令状。

然而，袁崇焕果真有五年平辽的信心吗？从宫中出来，过午门，兵科给事中许誉卿就问袁崇焕："既向皇帝许下五年之期，你应当胸中早有成算吧？"许誉卿是东林党人中最称敢言的人物。之前的天启五年，杨涟弹劾魏忠贤，许誉卿也曾上疏附和杨涟，且称"君侧不可不清，英断不可不决"。他见袁崇焕敢向皇帝做出五年平辽的保证，也很想知道袁崇焕有何方略。然而袁崇焕的回答让他失望。袁崇焕说："皇上对平辽的期望太大了，暂且以五年平辽一说来安慰圣心罢了。"许誉卿对袁崇焕说："皇帝英明，你岂可浪对？将来恐怕要按期责效的。"又叹息道："袁崇焕离祸不远了！"其实，此时明朝与后金的军事形势对比，可能较天启末年更加恶化了。后金皇太极即位之后，励精图治，施行改革，军力进一步增强。反观明朝，就在崇祯元年七月，宁远军队因四个月拿不到军饷而哗变，打伤了巡抚毕自肃，毕自肃向朝廷奏报之后引罪自杀。后来袁崇焕到任，对叛乱分子进行镇压，杀了六十人，同时也从朝廷那里拿到一些钱粮暂时缓解了一下局面，而朝廷相应惩办了在财政上表现不力的户部尚书毕自严和原任户部侍郎王家桢。但是，钱粮难措的问题，并不是靠人事更换便可以扭转的。在士气不振、粮草难继的情形下，能够稳定地维持宁远、锦州数城，已属不易，谈兴复全辽简直是痴人说梦。这也难怪许誉卿对五年平辽的承诺抱有疑惑了。然而，面对崇祯皇帝的眷顾，袁崇焕确实有些忘乎所以，以致夸下"五年平辽"的海口。这样的海口，对于十八岁年轻气盛的崇祯皇帝来说，是极好的鼓舞。然而，对于袁崇焕来说，他的大话无疑是给自己立下了一道生死状。五年若能平辽，自然是功高盖世。但是，五年不能平辽呢？恐怕结局就不妙了。

　　崇祯帝对袁崇焕无以复加的倚重与依从，已使袁崇焕完全没有退路：五年平辽，便是生路；五年不能平辽，必是死路。面对明末灾荒频仍、财政窘迫、内部不断爆发农民起义、外面强敌环伺的局面，一心想当英主的崇祯皇帝，时刻处在一种急躁的情绪中。急于求治，是崇祯帝最根本的弱点。如果他甘心当一个庸懦的皇帝，任由文官政府对各种危机进行修修补补，他也许不会成为明朝最后一个皇帝。但是，朱由检迷信自己的英明，即位不到数月清除了盘根错节的魏忠贤的阉党更使他信心爆棚。他完全不清楚，治理一个国家，尤其是一个病入膏肓的国家，较之政治斗争要复杂得多。相比于政治斗争中需要谨慎和猜疑，治理国家可能更需要信任和宽容，需要给具体的政务实施者们时间。然而，崇祯皇帝却一刻也不耐。五年平辽的承诺已经很夸张了，但崇祯皇帝却决定不给袁崇焕五年的时间，因为接二连三的事情使多疑的皇帝不仅对袁崇焕失去了耐心，还起了疑心。

2. 督师的三桩死罪

崇祯三年（1630）八月，督师袁崇焕被凌迟处死。三年间，从威权极重的督师，沦为阶下囚，再被残忍地处死，前后的反差令人唏嘘。其中原委，固有党争的背景，即阉逆余党欲借袁崇焕除去内阁大学士东林党人钱龙锡。然而，其间的因果是要厘清的。正是因为先有袁崇焕的下狱议罪，才会有人将钱龙锡与袁崇焕的书信往来翻出来加重袁崇焕的罪状，借此陷钱龙锡于死地。袁崇焕之死，罪状主要有三条：擅杀大将、私自议和、失误封疆。后来崇祯皇帝也正是以"擅杀，逞私谋款，致敌欺藐君父，失误封疆"为题命刑部议罪。三件罪状合力形成他的死局。

罪状之一，擅杀大将。宁远大捷让袁崇焕获得了更大的权力。但是，权力会让人的性情发生变化。天启年间他得到重任后，便一改昔日和衷诸将的行事风格，事事与僚友产生矛盾，与当初共事五年、同城抗敌的满桂产生了矛盾，与新任命的经略王之臣产生嫌隙。可见，权力部分改变了袁崇焕，和衷诸将的抚驭部下的方式虽未完全改变，更集权而不希望协作的性情也有所体现，所以才会有杀毛文龙的举动。毛文龙，字振南，浙江钱塘（今杭州市）人。万历三十三年（1605）武举乡试第六名，授安山百户，历千总、守备、都司、游击等职。天启元年，率部深入敌后，克复镇江，擒后金游击佟养真，升副总兵、总兵。天启年间，皮岛相对安定，成了毛文龙的独立王国。崇祯元年八月，袁崇焕单骑出关，赶赴宁远。他命赵率教镇山海关，何可纲镇宁远，祖大寿镇锦州，请求皇帝撤销辽东巡抚、登莱巡抚等职。这样，在袁崇焕的督师辖区，再无一人可以与他的权力相抗衡，唯独皮岛的毛文龙相对独立。袁崇焕对毛文龙的想法是：可用则用之，不可用则除之，并将此想法在出京前就与内阁大学士钱龙锡交流过。袁崇焕要对付毛文龙，首先要在经济上控制他，要求朝廷给毛文龙的军饷由宁远附近的觉华岛转运，而不是从登、莱转运，又要求朝鲜使节不经皮岛，改经觉华岛朝贡。这引起毛文龙的不满，认为袁崇焕之举无异"拦喉切我一刀"。崇祯二年五月二十九日，袁崇焕赶赴皮岛附近的双岛。次日，毛文龙从皮岛来船上谒见袁崇焕。袁崇焕虚意慰劳。六月初三，袁崇焕登上双岛，劝毛文龙告老还乡、改编部队、听从节制，但遭到毛文龙婉拒。六月初五，袁崇焕以十二条当斩之罪擒杀毛文龙，改编军队。六月初九，袁崇焕起航回宁远。诛杀毛文龙一事，袁崇焕布置周密，先斩后奏，解决了毛文龙专擅的问题。但是，诛杀毛文龙对明朝而言却是重大错误。毛文龙死后，其部将孔有德、耿仲明、尚可喜等人陆续叛降，后来在清初建国中各自立下赫赫功勋，由此即可知毛文龙军队之善战。杀毛文龙而激变其部属，无疑是将自己最精锐的部队赠予后金。而且，有毛文龙在皮岛，始终能起到牵制后金军的重任。崇祯二年后金军队敢于长途奔袭京师，后方不再有毛文龙的威胁也是一个原因。果然，五月毛文龙被杀，十月满洲军队便大举南侵。据《明史》记载，毛文龙被杀后，"帝骤闻，意殊骇，念既死，且方倚重崇焕，乃优旨褒答。俄传谕暴文龙罪，以安崇焕心"。然而，崇祯帝的本意，自然是不想让毛文龙死。袁崇焕擅杀毛文龙，加强了自己支配全辽战局的能力，却无疑也招致了崇祯帝的怨恨。

罪状之二是与后金议和。杀毛文龙后，袁崇焕事权虽已统一，但主要精力却又不放在恢复疆土上，反而向皇帝提议与后金谈讲和。早在崇祯元年七月辞别之际的上疏中，他就重弹过当初"守为正着、战为奇着、款为旁着"的老调。然而，赴任后，他在战守上并没有太多的作为，反而"力主款"。他说："臣亦不讳言款，即惠徽宗社之灵，还侵地，归叛人，而我存朝鲜，何惮不为。"他的意思是，通过谈判使后金与明议和，让后金还回侵占的土地，送回叛逃的文武将吏，保证朝鲜依旧向明朝朝贡。但是，这样的如意算盘可能完成吗？即便可能，袁崇焕可以不讳，"英明之主"崇祯帝的脸面何存呢？议和还要"惠徽宗社之灵"，朝廷豢养文臣武将干什么？因此，袁崇焕专力议和的做法引起朝中官员的不满。御史毛羽健就上疏说："袁崇焕许下五年平辽，应该逐渐向朝廷汇报他的计划，告诉大家他将如何守，如何进取，然而反复上奏却都在说议和。皇上应该问问他到底怎么回事！"

罪状之三是没有拱卫和保护好京城，把皇帝的颜面丢尽了。袁崇焕在辽东，战没有恢复一寸土地，议和也没谈成，守却最终也没守住。崇祯二年十月，十万后金军队绕开袁崇焕重点布防的锦州、宁远，从遵化大安口突破长城防线，进逼京师。十一月初一，京师戒严。袁崇焕闻信后，心急如焚，先命山海关总兵赵率教增援京师。十一月初四，赵率教在遵化城下与满洲军队血战，全军覆没。十一月初五，袁崇焕本人率兵入关，率军直趋北京，急于保卫京城。十六日，袁崇焕大军到达京师广渠门外。一时间谣言四起，说袁崇焕与后金有密约，引满洲军队入关。十一月二十日，满桂在德胜门、袁崇焕在广渠门同时与后金军队开战。满桂退守德胜门瓮城。袁崇焕身先士卒，在广渠门将皇太极逼退。二十三日，袁崇焕入城晋见皇帝，请求入城休整，被崇祯帝断然拒绝。皇太极与谋臣范文程密谋，实施反间计，纵放宦官杨某，让杨某将被俘后在金军营里听来的"密约"传报崇祯帝。二十七日，袁崇焕击退皇太极，京师外围局势趋于平静。十二月初一，崇祯皇帝在平台召见袁崇焕、祖大寿、满桂三人。皇帝责问袁崇焕杀毛文龙的事，又问他为什么战斗结束了还在京城"逗留"，袁崇焕皆"不能对"，其实大概也是无颜以对吧！至此，崇祯帝命锦衣卫拿下袁崇焕。同样的平台召对，一年前的宠遇，变换成一年后的镣铐入狱！八个月后，崇祯三年八月，袁崇焕被凌迟处死，时年四十七岁。做出处以极刑的决定之前，皇帝特意在平台召见了文武大臣，说："袁崇焕付托不效，专事欺隐。市粟，谋款，不战，遣散援兵,潜移喇嘛僧入城,卿等已知之。自当依律正法。今特流其妻子、兄弟,余不问。"

3. 主上有好杀之"德"

崇祯皇帝朱由检是明代的第十六位皇帝,也是明王朝的末代皇帝。如果在他即位不久时告诉他,他将会是明朝最后一位皇帝,他自己无论如何是不会相信的。这位皇帝自视是一个唐太宗之类的人物。大臣因为皇帝俭约,将他比喻为汉文帝,他的驳斥是:"何得以汉唐中主比朕?"他倒是愿意拿自己与唐太宗做比较,说:"唐太宗才,朕万分不如,若论德行亦不让似他。"这样的比较,自今日看来非常可笑。崇祯帝自认的"德"是什么呢?如果我们把皇帝平台召见袁崇焕时的种种礼遇看作他优秀的品性,那么又该如何看待他两年之后残忍地处死袁崇焕?

确实,崇祯帝似乎有很多好的品性。他很勤政,章奏亲自批阅,夜深不眠;他似乎很优礼大臣,对内阁大学士谦恭地称"先生"而不直书其名;他很节俭,不像别的皇帝隔夜便要换新的衣服,而通常要洗三遍,穿三次,以至崇祯一朝,江浙织造每年的任务都减去了二分之一;每月膳食的开支大约在九千两白银,相比他的祖父万历皇帝每月一万二千两的膳食开支,节省了四分之一;他不爱大兴土木,不爱声色犬马,先朝矿役、珠役、杂榷全部停罢,宫室一切仍旧,乐舞减省;国家遇有灾情,他会避居外殿,布袍蔬食,不近女色;他也没有什么特殊的癖好,最大的兴趣是像个文人雅士那样抚抚琴、写写字,书法造诣不错,字写得"矫健绝伦"。然而,问题是,勤政、节俭、不近女色固然是一个优秀帝王所应该具备的品格,但从皇帝的角色来看,知人善任、宽容大度、刚毅果断的品格却更重要一些。然而,崇祯皇帝恰恰缺少这些。孟森先生曾很客观地说,崇祯帝"苛察自用,无知人之明"。他的性格是苛刻、多疑和优柔寡断的。他对大臣们的优容，多只是一种虚伪的笼络。在其内心深处，却潜藏着凡事以功利来衡断的残酷心态。他用人之拙、疑心之重、驭下之严，是加速明王朝覆亡的催化剂。即位不久，御史陕嗣宗上疏指出崇祯帝性格之"五不自知"——"渐近于予圣而不自知""日涉于猜疑而不自知""日习于尊倨而不自知""渐流于訾窳而不自知""日趋于纷苛而不自知"。总之，陕嗣宗批评崇祯帝即位以后越来越自大，越来越刚愎自用，越来越急躁、纷苛，而自己却浑然不知。崇祯帝没有惩罚陕嗣宗，但却并未反思。在处理袁崇焕的问题上，崇祯皇帝从极度信任转而生疑，以致自毁长城。

袁崇焕之死，固然有袁崇焕个人的问题，也有党争的背景，但崇祯帝猜忌多疑的性格更是一个重要的原因。若不是崇祯皇帝素来多疑，皇太极的反间计未必能成功。杀袁崇焕的决定，毕竟是由崇祯帝亲自做出的，而且立即就派刑部侍郎涂国鼎执刑，更可怕的是实行残忍的凌迟之刑。据说逮系袁崇焕时，内阁大学士成基命在旁，跪下连连叩头，说："慎重！慎重！"崇祯帝呵斥："慎重就是因循。"袁崇焕有罪，但用当时人的话来说，却是一个"不怕死、不爱钱、曾经打过"的足以与后金匹敌的军事干才，为什么就不能让他戴罪立功呢？仅仅要彰显自己的英明与果决，便处死一个功勋之臣，何异于自毁长城？《明史·袁崇焕传》说，袁崇焕一死，辽东战局更趋恶化，无人可以收拾。这样的事情在崇祯朝发生了不止一次。崇祯十五年（1642），猜疑的崇祯帝曾密令孙传庭杀了李自成的同乡贺人龙。贺人龙是镇压农民起义过程中颇为悍勇的将领。他被杀后，农民起义军酌酒相庆："贺疯子死，取关中如拾芥矣！"崇祯皇帝的多疑与擅杀，一次又一次地自毁长城。

崇祯帝确实不因循，他的果决有点变态，杀边臣从不手软。由于求治之心太切，崇祯帝对臣僚很苛刻。晚明著名的学者刘宗周就在批评崇祯皇帝的奏疏中这样说："求治之心操之过急，不免酿为功利；功利之不已，转为刑名；刑名之不已，流为猜忌；猜忌之不已，积为壅蔽。"在一个过分苛求的皇帝之下，是很难出现敢于担当的大臣的。所以，无为而治的明代皇帝如弘治皇帝、隆庆皇帝统治时代，倒是名臣辈出，而事事亲为的崇祯帝一朝，光内阁大学士就如弈棋一般，轮换了50人，而做得时间最长的，却是"外曲谨而中猛鸷，机深刺骨"的温体仁，以及周延儒，没有出名臣，倒是出了两个《明史》中的奸臣——周延儒与温体仁。后代历史学家有时错误地感叹崇祯朝"有君而无臣"！其实，只是因为崇祯皇帝过分苛责大臣，大臣们动辄得咎，哪里敢有什么作为呢？崇祯朝十七年，大学士被杀了2人，分别是薛国观和周延儒，被遣戍的大学士2人，即钱龙锡和刘鸿训。作为皇帝最亲信的大臣，内阁大学士轻易得到这样的下场，实在令大臣寒心。孟森先生说："自有阁辅以来，戮死者惟一夏言，崇祯间则再见，岂复有敬大臣之意？"17年中，刑部尚书换了17人，而处死1人，下狱5人；兵部尚书中有2人被处死。地方督抚中，总督中被诛者7人，即郑崇俭、袁崇焕、刘策、杨一鹏、熊文灿、范志完、赵光抃；巡抚被戮者11人，即蓟镇王应豸、山西耿如杞、宣府李养冲、登莱孙元化、大同张翼明、顺天陈祖苞、保定张其平、山东颜继祖、四川邵捷春、永平马成名、顺天潘永图，另外还有河南巡抚李仙凤被逮自杀。袁崇焕的命运，只不过是崇祯帝刚愎自用和好杀大臣性格在政治上应用之滥觞。

崇祯帝的猜疑与苛刻，导致了明末君臣关系的解体。从杀袁崇焕那一刻起，崇祯帝的猜疑与苛刻之性就开始那样的刺目。然而，君主视臣下如草芥，则臣民也会视君主如寇仇。苛刻的态度，最终也就导致了朝中大小臣工对一切事情都噤不敢言，从而形成刘宗周所称的"壅蔽"的状态。皇帝督责越严，臣下们越不敢担当；皇帝焦劳越勤，臣下就越偷安怠慢。崇祯朝的政局，就这样慢慢地恶化。如此一来，崇祯十七年（1644）景山的歪脖子树上孤零零地挂着一个自己上吊的崇祯皇帝，身边只剩下一个贴身宦官的陪伴，而北京城中一千二百多位官僚投降，殉节的只是少数，就不难理解了。

参考文献

阎崇年：《袁崇焕传》，北京：中华书局，2016年。

阎崇年、俞三乐：《袁崇焕资料集录》，南宁：广西民族出版社，1984年。

袁崇焕：《袁崇焕集》，上海：上海古籍出版社，2014年。

钱谦益

在党争与国难的旋涡中

钱谦益履历表

姓名	钱谦益
字号	字受之,号尚潮、牧斋、蒙叟、东涧遗老
籍贯与出生地	南直隶苏州府常熟县(今江苏常熟)
家庭出身	官宦家庭,祖父钱顺时中嘉靖三十八年(1559)进士
生卒年及所处时代	1582—1664,明末清初
生平履历	万历三十八年(1610),会试中式,殿试一甲第三名探花,授翰林院编修,丁父忧,家居
	泰昌元年(1620)八月,还朝任翰林院编修
	天启元年(1621),典浙江乡试,以科举弊案失察自检举,次年归里
	天启四年(1624),回朝,任左春坊左谕德兼翰林院编修,直经筵日讲
	天启五年(1625),《东林点将录》指钱谦益为"浪子燕青",除名为民
	崇祯元年(1628),起任礼部右侍郎兼翰林院侍读学士。十一月,以"阁讼"入阁未果,被革职为民
	崇祯九年(1636)春,于吴江盛泽初会柳如是。是年以张汉儒疏讦,有旨逮问。次年六月,温体仁致仕,狱渐解。十一年(1638)五月,得赦,出狱南还
	崇祯十三年(1640)三月,移居常熟西北之半野堂。是年柳如是访半野堂;次年六月七日娶柳如是
	崇祯十七年(1644),崇祯帝自杀,钱谦益复出,任南明礼部尚书
	南明弘光元年(1645)五月,清兵攻陷南京,钱谦益出城迎降
	清顺治三年(1646),授礼部侍郎,任官五月即归
	清康熙三年(1664)五月,钱谦益卒,六月柳如是自缢

钱谦益是晚明清初著名的文学家、藏书家、文人领袖，也是一个大官僚，明、清两朝都做过大官。他的生活，是晚明大官僚富庶与奢侈生活的一个面相。他娶了江南名妓柳如是，引起人们很多的话题。他变节投降了清朝，让人们对他的人品很反感，而清朝统治者却又不买账，转眼也讥讽他是一个"贰臣"。不过，试图维护他的人却又尽量找出他在清初与反清复明势力的联系，要证明他的变节不过是权宜之策。他的天资让他幸运地始终处在人们的注视之下，但他不幸生活在一个纷乱的时代。从晚明激烈的党争到天崩地裂的明清易代，他虽然不在旋涡中心，却总是不幸被卷入，一次次承受。显赫的家世与不可一世的才华，让他成为诗文领袖，人们更寄望他成为一名政治领袖，正所谓"流俗相尊作党魁"。然而，他终归让晚明的人们失望了。他缺乏对于政治的敏感，也缺乏政治人才的魄力、坚毅和牺牲精神。相比权力，他更爱吟风弄月和诗酒风流。因此，他更像是一个误入政坛的文人。

一、东林党：钱谦益的政治标签

十七世纪上半期明朝政治的重要特点之一，就是党争加剧。凡有重大的政治事件，背后通常隐含门户之争。在晚明党争之中，最著名的一个派系是东林党。东林党的名称来自无锡的东林书院。十六世纪末，因为"争国本"（请求神宗皇帝尽早立长子朱常洛为太子），一大批正直官员被罢黜。1594年，因会推阁臣忤旨，吏部文选司郎中顾宪成（1550—1612）被罢黜，回到无锡。很快，在他身边围绕的一批因进谏被罢黜的官员形成了小团体，包括无锡人的高攀龙、安希范、刘元珍、叶茂才，以及武进人钱一本、薛敷教等人。1604年，顾宪成、高攀龙在无锡重建东林书院讲学，同时在邻近的武进（今江苏常州)、常熟、宜兴、金坛等地均有书院与东林书院相呼应,形成一个讲学的网络。

1. 东林书院与东林党

东林书院讲学,在学术上反对王阳明后学中"性无善无恶"的思潮,提倡回归程朱理学,重建社会秩序和社会道德。在书院的讲会上,东林讲学强调不谈论时政。但是,东林领袖顾宪成等人的声望太高,他们经常会以书信方式与朝中士大夫交流,引起了对立派的不满,而以"东林党"的称谓加在他们头上。在封建时代的政治中,"党"是一个贬义词。东林人士之所以被加上"党"的名称,是因为总有一批官僚士大夫在十七世纪初政治生活持有相近立场,以君子相标榜,互相援引。因此,虽然东林书院讲学本身不涉及政治,但在明末政治生活,东林党毕竟是存在的。学术上的东林书院与政治上的东林党,在晚明社会中是交织在一起的。后来被称为"东林七君子"之一的江阴缪昌期,对顾宪成的东林讲学曾有一评论:"东林诸君子有为讲学,而有意立名,党锢、道学之禁,殆将合矣。"党锢之禁是指发生在东汉末年政治上对清流的镇压与打击;道学之禁是指南宋庆元年间指斥朱熹学说为伪学并禁止道学人士参与科举考试和干政之事。缪昌期认为,东林书院讲学与东林党人在政治上的活跃,将招致政敌的仇视,党锢与道学之禁将在晚明合二为一重现。缪昌期的预计,在天启年间化为现实。

东林讲学的中心在无锡东林书院,邻近武进传经堂、金坛志矩堂、常熟虞山书院、宜兴明道书院均是这一讲学网络的节点。这一讲学网络对附近的读书人有很大的吸引力,各府县的生员都是讲学的重要参与者。钱谦益是万历十年出生的人,在万历十七年(1589)入常州府学,东林讲学最热闹的时候,他恰巧还是常州府学的一个生员。他的家庭与顾宪成有密切关系。钱谦益是苏州府常熟县人。祖父钱顺时曾中过进士,但做官时间很短,二十九岁就逝世了。他的祖母含辛茹苦培养他父亲钱世扬读书。钱世扬不负母亲所愿,虽然一辈子没有考上举人或进士,但读书入学,最后做了一名贡生,以擅长《春秋》闻名于江南一带。康熙《常熟县志》载:"钱世扬,字景行。……年十三,能谙记五经、《史记》、《文选》数万言,世授《胡氏春秋》,妆拾旁魄,搜逖疑互,既成,以授学者,学者咸师尊之。"在父亲的挚友中,对钱谦益影响最深的是顾宪成。钱谦益十三岁时,就曾随父亲钱世扬谒见顾宪成,而顾宪成也极口称道这位小友的博雅。在顾宪成、高攀龙主教的常熟虞山书院讲会中,从相关的《虞山书院会语》《虞山书院志》中总能找到钱谦益的名字。或许因为这重关系,钱谦益在将来的岁月里很自然地被视为东林党人。崇祯十六年(1643),钱谦益在为顾宪成夫人所作铭文中说:"余年十五,从先夫子以见于端文,……今老矣,白首屏废,实与东林党论相终始。"严格说,钱谦益的学术态度跟东林是有区别的。比如在对待佛教的立场上,顾宪成、高攀龙等一向是站在儒家立场上予以排斥,而钱谦益则因为祖母卞氏佞佛,对佛教有十分的好感。钱谦益晚年号"如来白衣弟子""虞山俗衲"等,均能见到他所受的佛教的影响。二十六岁时,钱谦益还向崇信佛教的学者太仓管志道执贽为弟子,又曾经从晚明四大高僧之一的憨山大师游,而管志道提倡无善无恶之说,与东林顾宪成、高攀龙等人进行过激烈的辩论。由此可见,晚明政治上的东林党,与东林讲学以及学术倾向有一定的关系,但更多场合下,政治其实只是政治。

2.《东林点将录》的"浪子燕青"

钱谦益的政治生涯并不顺利。万历三十八年(1610),钱谦益以一甲第三名进士(探花)的身份开始进入仕途。作为朝廷优养人才的惯例,进士一甲第三名将授翰林院修撰之职。正如之前反复提到,明代的内阁大学士多出自翰林院，因此翰林院官员既清且要，被视为"储相"。钱谦益官任翰林修撰，前途一片光明。然而为官不到两月，父亲钱世扬逝世，钱谦益便回乡丁忧守制。守制期间，朝廷上发生了万历三十九年（1611）的辛亥京察。京察是明代六年一次考察京官的制度，通常由吏部与都察院负责，言官们可以通过"拾遗"的方式参与其中，对考察结果进行干预，而最后由皇帝决策。这样的一次人事大考察，往往是派系之间博弈的关键时刻。辛亥京察，负责考察的官员吏部尚书孙丕扬、吏部侍郎萧云举、都察院副都御史许弘纲都是东林党人。但是，言官有不少人站在东林党人对面，有昆党、宣党，如御史徐兆魁、乔应甲，给事中王绍徽、姚宗文等人。最后，孙丕扬的考察之疏奏上，并在内阁大学士东林党人叶向高的主持下很快得到皇帝批复，宣党领袖汤宾尹等人被纠，而王绍徽等人由京官转外任，但东林党人之中的丁元荐，也去官归乡了。这次斗争激化了东林党人与其他派系之间的矛盾。东林党人的对立面，便将攻击矛头直指顾宪成与东林书院，指责他们遥执朝政。1612年，顾宪成逝世。但是，党争在万历朝后期日益激烈。丁忧结束后的钱谦益一直没有起复，而是乡居在家，正是受到这种党争的牵连。当然，除了党争，那位著名的懒惰的明代万历皇帝对朝政毫无兴趣，也可能是他没有丁忧起复的原因。万历皇帝既不愿上朝，也懒得理朝政，六部尚书、侍郎等官缺了都不愿意补，一个翰林院编修起复不起复，更无关紧要。

万历四十八年七月，万历皇帝逝世。八月初一，东林党一直支持的太子朱常洛正式即位。投桃报李，朱常洛大量起复东林党人，钱谦益也获得了重新回朝任官的机会，还朝复任翰林院编修。同年八月底，朱常洛暴毙，他的儿子朱由校即位，是为天启皇帝。天启初年延续了泰昌年间"众正盈朝"的局面，内阁大学士有韩爌、刘一燝、叶向高、高攀龙、邹元标、冯从吾、杨涟、左光斗等人也都占据了朝中重要位置。回朝任官的钱谦益，在天启初年展现了他的博学。天启皇帝御经筵，要与儒臣讲学论道。但是，由于之前神宗皇帝久不上朝，不接见大臣，更不要说御经筵了。因此，在朝大臣对于久已不行的经筵礼仪并不明白。鸿胪寺和内阁、吏部进呈的仪注，"皆乖舛不可行"。司礼监太监王安为此深感不安，四处命人打听外廷有没有博通礼仪的人。有人向王安推荐了钱谦益。钱谦益乃"具述故事、位次、仪式以进"，把天启初年的经筵仪式弄得完善而妥帖。钱谦益有诗《经筵记事十首》，其中有诗"袖中仪注中官讶，啧啧词垣尚有人"，自注云："讲筵初启，中官聚语哗然，余讲论仪注，出之袖中，颇为敛容。"钱谦益的博学，为翰林院的词臣们赚了点面子。

然而，随中宫中太监内斗中魏忠贤战胜王安并取得了左右皇帝的地位，整个政治形势急转直下。宣党、昆党为了与东林党进行政治较量，改投魏忠贤门下，结成阉党，专与东林党为敌。例如，王绍徽、姚宗文等人在天启年间都投奔到宦官魏忠贤门下。东林党人以君子小人之辨，对异己分子排斥太广，也结下了太多的敌人。魏忠贤因遭到东林党人杨涟、左光斗的攻击，决心对反对自己的人以东林党的名目进行清洗，先后杀害杨涟、周顺昌等十几人。天启六年，高攀龙被逮系之前选择赴水自杀，以全名节。在这场阉党对东林党的杀戮中，钱谦益虽然因为为官时间短而没有受到重点的打击，但也正式成为东林党的一员。王绍徽为魏忠贤炮制的《东林点将录》中，将东林人士比之《水浒传》的一百零八将，如当初东林顾宪成力荐入阁的李三才被喻为"托塔天王晁盖"，内阁大学士叶向高被喻为"及时雨宋公明"，而钱谦益则是"浪子燕青"。甚至，一位名叫钱受益的官员差点受到牵连，只是因为他的名字跟钱谦益"沾亲带故"。不过，相对那些被下狱杀戮的东林党人来说，钱谦益在天启五年五月的除名为民，"破帽青衫出禁城"，而且可以"摊书舟中"，开始写自己一直准备要写的《开国功臣事略》，已经是很好的结果了。

二、阁讼与崇祯帝对党争的猜忌

在相当长时间里只是在党争旋涡周边被波及后，钱谦益终于在崇祯元年被卷入旋涡中心。先一年，崇祯皇帝朱由检继承了兄长朱由校的皇位，并几乎以一人之力剪除了朝野内遍布亲信的魏忠贤，对"阉党"进行打击。在此情形下，此前被阉党打压得奄奄一息的东林党重新崛起。内阁中原来的几位阁臣，黄立极、施凤来、张瑞图等人，因天启年间依附魏忠贤，均于崇祯元年三月被罢黜，新补阁员——首辅李标、次辅钱龙锡及刘鸿训等人——不是东林人士便是与东林有渊源的清正之士。因此，崇祯初年的内阁，称为东林内阁也不为过。更由于阉党被清除，朝中占据重要岗位的官员多是东林人士或者同情东林的人。

1. 卷入政治旋涡的中心

钱谦益在崇祯元年春被起用，升任礼部右侍郎兼翰林院侍读学士。钱谦益的学生瞿式耜同年也丁忧起复，任户科给事中。在东林领袖顾宪成、高攀龙等人相继凋谢之后，钱谦益的博学、与东林领袖间的渊源、出身翰林院且任礼部右侍郎，使他成为东林人士新的政治希望。他们希望钱谦益能入阁成为大学士。然而，东林想完全把持内阁，也引发了其他官员的不满，进而引起了崇祯帝对东林人士结党的怀疑，遂引发了崇祯元年的一个大事件——"阁讼"。

崇祯帝朱由检十八岁即位，即位前被封为信王。天启年间，他冷眼旁观朝局，对朝中党争洞若观火。他对魏忠贤擅权结党自然不能容忍，所以即位后数月之内即展开其政治智慧，清除了魏忠贤及其影响。但是，他在起用大批东林人士的同时，却对大臣结党有深深的警惕。因此，在内阁大学士任用问题上，他力主破除门户之见。为了避免受大臣各种意见的干扰，他主张在内阁大学士的简用上使用"枚卜"之法，即对候选人抽签决定。清人郑达的《野史无文》中记载说："枚卜阁臣，必焚香告天，各置官职名于玉瓶中，以金箸拈之。"枚卜的做法，是皇帝想要摆脱各种意见的干扰，把这种选择权交由"天意"。这是在党争激烈的背景之下出现的相对奇特的用人选人之法，后来事实证明也不是很有效。当然，这种靠天意的选择既然无从操纵，相关政治集团如果要追求自身政治利益最大化，只能在枚卜的名单上下功夫，就是在候选人的推选上下功夫。

崇祯元年十一月初三日，吏部按照皇帝指示组织会推阁员，提出了一个十一人的内阁候选人大名单，分别是：吏部左侍郎成基命、礼部右侍郎钱谦益、郑以伟、吏部尚书王永光、都察院左都御史曹于汴，以及李腾芳、孙慎行、何如宠、薛三省、盛以弘等人。这些人的资历与声望自然都符合入阁的标准。然而，名单刻意排除了两个人，即周延儒和温体仁。温体仁是浙江湖州府乌程县人，万历二十六年（1598）进士。他比钱谦益早十二年中进士，在崇祯初年又刚刚升任礼部尚书，是钱谦益的上级。论资历，论官职，温体仁都应该在礼部侍郎兼翰林侍读学士钱谦益之上，但却不在枚卜名单内，这不能不引起温体仁出奇的愤怒。周延儒，字玉绳，常州府宜兴县人，万历四十一年（1613）会试第一名、殿试第一名，时任礼部右侍郎，而且在不久前的召对中深得皇帝欢心，皇帝也有意让周延儒入阁，可谓是引人注目的政坛新星。按说，会推虽然要从公推举，但也要兼顾公平（比如资历与官阶），更要考虑皇帝的倾向。如果连皇帝的好恶倾向都不顾，自然要引起皇帝疑心。而且，平心而论，温体仁与周延儒二人不在名单内，显然是被刻意排斥出去了的。温体仁被排斥，除了其人城府过深不为东林人士所喜外，还因为他是之前浙党领袖沈一贯门下，所以才会在会推中以"无素望"而被摈斥。这不能不说主持会推的东林党人有结党之嫌。于是，温体仁便与周延儒联合，决定对这份名单进行反击，而反击的要害则选择了当时声望最隆的东林党人钱谦益。

温体仁揭发会推有弊的奏疏叫《直发盖世神奸疏》。他直言枚卜名单有猫腻。他说，像钱谦益这样的之前在科举中卖题舞弊的人都可以成为入阁的候选人，定是朝中有人结党营私的后果。温体仁翻出来的科场旧事，其实只是一件已经结案并且与钱谦益没有太多关系的事情。天启元年，钱谦益到浙江主持乡试。钱谦益的同科状元浙江人韩敬，久与钱谦益有隙，故意下套，找人假扮钱谦益的手下人，私下找人卖题。他们找到名士钱千秋，告诉他一句话"一朝平步上青云"，并说如果这七个字巧妙地分别出现在第一场的七篇制义文的结尾，考官就可以辨识并录取他。钱千秋原本很有才学，该科考试果然中举。参与策划此事的人却因为分赃不均而把舞弊情节透露出来。钱谦益得知后，采取果断措施，主动检举揭发。事件的处理结果是钱千秋被剥夺了举人功名，遣戍，而设套的徐时敏、金保元等直接关系人被充军，钱谦益作为主考官被罚俸三月。与之前的程敏政案不一样，在这次科举弊案中，钱谦益的道德人品其实均无可议之处，只是承担一个不能及时发现舞弊行为的领导责任而已。但是，温体仁的奏疏想要让皇帝知道的是：钱谦益这样曾经卷入过科举案的人能够成为内阁大学士候选人，是外廷大臣党同伐异的结果。他说，因为外臣结党，所以钱谦益才能够一路顺风顺水，"欲卿贰则卿贰"，升为礼部侍郎，"欲枚卜则枚卜"，成了入阁人选。

2."有党"和"无党"

崇祯帝未必真信温体仁，但多疑的他对外臣结党的指控不免下决心要查一查。即便查无实证，以钱谦益为突破口警告一下朝中党同伐异的风气也好。十一月初六,皇帝在文华殿召见相关人员。温体仁的斗争策略是一口咬定天启元年的科举案中钱千秋"不曾到官",所以当初的科举案其实"未结"。按照这样的逻辑,既然科举案未结,作为案件中受牵连的钱谦益的人品就还没有定论。当然,这是不符合事实的。刑部尚书乔允升、吏部尚书王永光都证明科举案已结,钱谦益清白。双方各执一词。于是,皇帝命人从刑部调来案卷。当然,案卷取来后,事实应该就变得明白了。这时,温体仁进行他的第二步策略,就是由攻击钱谦益本人改为攻击朝中诸臣结党,把皇帝的注意力引向结党的问题上。他抓住吏部尚书王永光与吏科都给事中章允儒在得知温体仁上疏弹劾钱谦益时曾专门命人重新调取钱谦益科举案中的招供稿之事,说这些大臣曾经"在外商议来着",似乎这些人都曾为了保护一个钱谦益而进行了密谋与协商。温体仁撕开脸皮说:"钱谦益之党甚多,臣还不敢尽言。"章允儒作为六科言官之长,是一个敢说话的人。他指责温体仁上疏时间有玄机。章允儒说,既然钱谦益像温体仁所说那样劣迹斑斑,温体仁就应该在枚卜之前弹劾他,并且还说温体仁这样拿结党来打击钱谦益跟之前魏忠贤的做法没两样。后面的话激怒了皇帝,因为这无异于把皇帝比之于当初那个像傀儡一样的天启皇帝。于是,章允儒被锦衣卫拿下。盛怒之下,十九岁的皇帝已无法理性思考。面对内阁大学士李标、钱龙锡为钱谦益案的辩护,皇帝偏激地说,如果像你们所说的钱谦益与科举案无关,"(试卷上的)批语是谁批的"?试卷上的"'中'字是谁写的"?如果说科举案都是那些不要脸的光棍们干的,难道是"光棍作主考么"?"光棍'中'他的么"?皇帝接过温体仁的棒子,开始胡搅蛮缠起来。到此为止,钱谦益的人品与政治前途,自然已是漆黑一片,再无半点光明可言了。

温体仁的第三步策略,就是引导皇帝将整个枚卜名单推倒重来。周延儒在这个时候说话了。周延儒说,从来的会议公推看似公道,其实"只是一两个人把持住了,诸臣都不敢开口,就开口了也不行,徒是言出而祸随"。皇帝由心地赞扬周延儒说了句公道话。温体仁再加一把火,说自己这次得罪人太多,请求辞官,"以避凶锋"。皇帝却说,温体仁你这是"为国锄奸,何必求去"?到这时候,温体仁成功达到了自己的目的,既赶走钱谦益,又废掉了枚卜名单,还让皇帝更欣赏自己。年轻的皇帝不能说多昏庸,但却能看到有多刚愎自用。最后,御前会议结束,皇帝在内阁拟写的结论上写下圣旨:"钱谦益关节有据,受贿是实,且又滥及枚卜,有党可知。"于是,入阁呼声最高的钱谦益被革了职,反而成了东林党中最薄弱的被攻击的一个环节,"破帽青衫又一回",再次被罢黜。事至此时,钱谦益对自己的复出有了悔意,"事到抽身悔已迟,每于败局算残棋"。

若干年后,钱谦益感慨地说:"丁卯(1627)之阉祸,即辛亥(1611)黜幽之伏戎也。戊辰(1628)之阁讼,即丁卯媚阉之遗种也。"崇祯元年从可能入阁到最后革职为民,依然是党争的遗祸。众望所归的钱谦益倒下了,不仅自己倒下了,吏科都给事中章允儒、御史房可壮以及钱谦益的学生户科给事中瞿式耜都被降三级调处。李标、钱龙锡、刘鸿训等人组成的东林内阁也自此不复受到崇祯帝的信任,并逐渐在崇祯二年、三年中掺入周延儒、温体仁等人,致使东林内阁迅速垮台。另一方面,温体仁因为被皇帝深信为"无党"而大受赏识,于崇祯三年入阁。温体仁在内阁八年,"未尝敢于上前救一人,争一事,上弥信其公忠",然而国家大事却江河日下。到崇祯十年(1637)六月,温体仁罢相,一时京师"欢声雷动,虽妇人孺子,皆举手相庆",可见温体仁之人品。也正是在这同一年,黄道周疏辞左春坊左谕德兼翰林院侍讲管司经局事一职时,向崇祯皇帝推荐钱谦益。黄道周《三罪四耻七不如疏》中说:"文章意气,辙轲拓落,臣犹不如钱谦益、郑鄤。"他请求恢复钱谦益的官职,让这位博学的才华之士可以为朝廷效力。然而,刚愎自用的崇祯帝岂能用一弃臣?有一点大概是可以确信的,钱谦益的重望,确实是虚誉,他委实不具有力扶乾坤的政治能力。但是,即便虚誉,也将在不久后国事残破之际捐弃殆尽!

三、国破复出:失节

崇祯九年(1636),钱谦益在一篇叙文中写道:"今天下北患插,东患奴,中原患寇,独东南无恙,而苏、松以区区二郡,当天下财赋之半,京、边皆仰给焉。苏、松之肥瘠安危,天下肥瘠安危也。"江南财赋之地,成了明末最后一块安宁富庶的区域。江南身系天下之安危,天下之安危反过来难道就不影响江南吗?不过,身处江南的士大夫们依然诗酒风流。

1. 诗酒风流还能延续多久?

革职为民的钱谦益,政治上既无前途,除了把心力倾注在文学与史学上外,生活中诗酒风流,好不得意。来到江南的皇亲国戚,借着为皇帝进香的名义经由江南,也无不愿结纳钱谦益,诗文唱和。钱谦益好酒,自称"我亦爱酒人,致酒每盈几"。当然,钱谦益也自不负其"浪子"的美名。南京的秦淮河,他与龚鼎孳(1634年进士)等人都是常客。"秦淮一曲水亦娇",他从不讳言。秦淮河畔的丁家水榭,钱谦益题咏甚多。崇祯十三年(1640)三月,钱谦益从城东坊桥外的故居移居常熟西北的半野堂,一同迁往半野堂的只有十二岁的"稚子"钱孙爱和"小姬"。在这一年,名妓柳如是访半野堂,开启了钱柳间的姻缘。有了柳如是,钱谦益开始毫不掩饰地称半野堂为诗酒场、温柔乡。嘉兴门人给他寄来了一份禅师语录,请他作序,他不仅不看,还命书童烧了,扬其灰于溷厕,目的是要"勿令污吾诗酒场也"。次年六月七日，柳如是嫁给了钱谦益，伉俪情深，偕游镇江、苏州，为一段佳话。儿子钱孙爱也在崇祯十二年（1639）入常熟县学读书。政治上失意的钱谦益在社会与家庭生活中怡然自乐，非常适意。但是，优雅恬静的岁月随着政治经济形势的全面严峻，也很快就面临窘境了。崇祯末年的钱谦益不得不开始变卖他的图书来维持生活。崇祯十六年，钱谦益将自己最喜欢的宋版《两汉书》以一千两银子的价格卖给了宁波谢象山，所得银两用以支付刻印自己的诗文集《初学集》以及建造藏书楼绛云楼之用。以常情推理，出售最珍贵的藏书前，他的部分藏书应该已经卖过。

江南富足而奢侈的盛世在崇祯十七年也结束了。伴随着李自成大顺农民军攻陷北京、崇祯皇帝自杀、清兵入关的消息相继传来，江南的奴变、民变使末世的暴戾之气陡增几分。驻守江南的官员、削职在家的士绅，乱世中纷纷要趋时而动，南京作为大明留都这时候成了政治的中心。四月底五月初，崇祯帝自杀的消息得到证实，剩下的半壁江山交付予哪位朱氏宗室，一时成为争议焦点。延续了数十年的党争与门户，在国难之际依然未消，集中就体现在迎立潞王或福王的问题上。

2."以门户荐非门户"

按照伦序当立的原则，既然朱由校（熹宗）、朱由检（崇祯帝）兄弟都死了，他们两人中前者没有子嗣，后者几个皇子下落不明，最近的皇位继承人就应该从他们的祖父万历皇帝的儿子中去找，而福王朱常洵之子朱由崧作为熹宗和崇祯帝的堂兄弟，无疑是最近而且最合适的继承人。但是，东林党当初争国本时站在朱常洛一方，曾千方百计地抵制郑皇贵妃企图谋立福王朱常洵为太子的企图。这样的政治立场也一直带到了明末清初的特殊时期。作为东林党领袖，钱谦益提出迎立潞王。但是，这样的一个带有党派偏见的提案，却引起了很多人的不安。毕竟，此一时，彼一时。为了某一政治派系的利益而漠视天下大法，自然得不到大多数人的支持。李清在《三垣笔记》中说："北都变闻，在籍钱宗伯谦益有迎潞王议，……时草野闻立潞，皆不平，及（福）王监国，人心乃定。"李清是与钱谦益有交情的，钱谦益曾对他寄托了很多的修史期望，因此李清的话不应该有太多的偏见，是可信的。这表明，东林党人在国亡之际仍然只顾派系利益，实为失策。而且，乱世之际，谁控制军队，谁就有更大的话语权。在得到凤阳总督马士英和江北四镇刘泽清等武将的支持后，福王朱由崧在南京监国，不久即位，改次年为弘光元年（1645），即南明弘光政权。大势已定，东林党人之后的失利也就在可以想象之中了。

　　马士英拥立福王后，自己出任东阁大学士兼兵部尚书、都察院右副都御史。当初他之所以能被起用并出任凤阳总督，是出于阮大铖向首辅周延儒的推荐。阮大铖是魏忠贤阉党案中的人物，崇祯一朝一直郁郁无所作为，且被东林人士一贯折辱。马士英掌控南明弘光政权之后，投桃报李，想要起用阮大铖。崇祯十七年六月，钱谦益复出了，出任弘光政权礼部尚书。马士英知道钱谦益的影响力，便对他说："党人不谓不抑矣，今需人之日，破格为先。"意思是说，当初阉党一案并不是不重要，阉党分子也不是不要压制，但现在国家破碎，急需用人，所以要破格使用。或者是为了弥补自己迎立潞王之失策，或者是真的想要试图捐弃门户之见，钱谦益竟然承马士英之意上了一道奏疏，为阮大铖、蔡奕琛、杨维垣等阉党分子开脱。蔡奕琛是温体仁之心腹。然而，在晚明门户甚深的背景下，钱谦益"以门户荐非门户"并不为人所理解，反而被人嘲笑。杨维垣等人也不领情，说我本也不靠钱谦益才能得到起复。后人更猜测他不过欲以此获得马士英等人认可，借此入阁。夏完淳《续幸存录》中说："（钱）谦益素称儒林之望，至是有使过一疏，名节扫地。谦益不过欲得揆望，为此丧心之事。士英借谦益以用群奸，而愈疑谦益，反绝揆望。"结果是，升任兵部尚书并重新获得权力的阮大铖等人反而又炮制了《蝗蝻录》，要将当初与自己为敌的东林人士一网打尽。

受马士英、阮大铖等人的排挤，钱谦益入阁的愿望也依然没有实现。郁郁不得志时，钱谦益再次萌生隐退的想法。但是，钱谦益隐退的想法不彻底。他的朋友文震亨，在受到马士英等人排挤时，义无反顾地回到苏州，后来在清军攻陷苏州时投河不死，再绝食六天而死。相比而言，钱谦益显然更留恋富贵与权力。他在弘光元年三月上疏，请求在自己家中开史馆修国史，显然是想以退为进，但即便是这个想法也遭到拒绝。到此地步，他仍然不能决绝地离开他已经失望的弘光政权。可见，钱谦益一生留恋的东西太多。他将来未能遽死，大概也是出于这个原因。因此，明亡时钱谦益的复出，没有给他带来任何好的政治效果，只收获了尴尬。两个月后，弘光政权在清将多铎的攻势之下瓦解，晚明多年的党争也随着明王朝的彻底结束而结束。

四、做不成遗民，却成了"贰臣"

弘光元年五月的南京，城内非常混乱。十一日，马士英带家丁百余人拥着老母亲逃出南京城，百姓们一哄而上拥入宫城中抢掠御用物件，满朝文武官员隐匿不见。钱谦益在黎明时分在马士英府第前见到马士英。马士英向钱谦益拱了拱手，说："我有老母，不得随君殉国矣。"在马士英看来，东林人士向来标榜节义，殉国尽忠是他们的本分，就像北京陷落时的周镳等人一样，钱谦益的殉国是必然的。

1. 果真是"生难死易"吗？

然而，钱谦益果真愿意为一个虚无缥缈的道义殉葬吗？正如赵园先生在《想象与叙述》一书指出的那样，向来人们将明末清初的殉难者看得太轻松了,以为殉难者在乱世之际为节义戕害自己的生命是如此容易。相反,他们殉难前的文字中其实有太多的沉重、痛苦乃至犹豫。"生难死易"只是人们对他们当时心境的想象,而对于生的追求却是人的本能。更何况,殉难者们飞蛾扑火一般的行为,很多情况下不仅有殉道成分,更有感念君恩与国恩"不忍坐视"的成分。然而,钱谦益没有这样的负担。崇祯帝没给过钱谦益任何的恩情,倒是有过一场难堪的折辱。钱谦益虽然在阁讼被黜的诗中掩饰地说崇祯帝"责薄恩多",其实真实的情形不过是"责多恩薄"罢了。只是为了一个道义和虚名,钱谦益还真舍不得死。没有父母在堂的钱谦益,毕竟却有娇妻弱子,他又是一个一贯追求享乐的人,所以他没有像人们预想的那样选择殉国。其实,南京陷落时,时在钱谦益家中教其子读书的西宾沈明抡曾经劝钱谦益死节。沈明抡,字伯叙,是苏州府长洲县人,精于《春秋》,崇祯六年(1633)参加顺天府乡试,中乙榜,被钱谦益"延主讲席"。乾隆《长洲县志》载:"南都破,(沈明抡)曾劝尚书(指钱谦益)殉身,曰:'公受恩深,毋游移也。'尚书不能从,明抡不复相见。后幅巾布袍,绝意科名,仍以《春秋》教引生徒终。"沈明抡说钱谦益"受恩深",是指崇祯帝的恩,还是弘光帝的恩?大概都谈不上,能拿来说事也只是虚无缥缈的"国恩"吧!这些打动不了钱谦益。更何况,自己的友人龚鼎孳、陈名夏不是也都在北京投降清朝了吗?虽然龚鼎孳、陈名夏等人因为失节而为人不齿,但未必对于钱谦益来说不是一种前人已经走出来了的路径。劝不动钱谦益,沈明抡只得自己遁世做了个遗民。但是,钱谦益能置身事外,做一个遗民吗?当然不能,从后来吴伟业等名士在顺治年间被迫出山应清朝之用来看,清朝统治者对于明朝名士们的延揽是不惜动用手段的。因此,如果不死,名士钱谦益其实只有一条路可走,那就是向清朝投降。

五月十三日,清兵入南京通济门,因为一度依附魏忠贤而为士大夫不齿的阉党分子杨维垣等五人，城破之日俱自缢而死，而钱谦益这位东林贤者却在五月十五日与大学士王铎、守备赵之龙率着南明文武众臣，捧着舆图册籍，出郊向清军多铎跪降！时人感叹说，生死相反如此，可见平时对于一个人物的道德评价并不足凭。后人因此说，看来东林人士中并非皆是君子，非东林者也并非尽是小人。钱谦益投降了，遗民做不成了。然而，在清朝的日子会好过吗？

谁也不知道在决定投降时，钱谦益的心中闪念过谁，也许有范文程、洪承畴，但肯定不会有文天祥。然而，他注定不会像范文程、洪承畴那样受清人重用，因为前者是在清朝开国伊始参与到政权建设，而后者之降则使明清间的力量均衡进一步被打破，都有很重大的意义。相比较而言，钱谦益之降于清朝统治者而言不过是锦上添花，绝非雪中送炭。钱谦益倒是"以招降江南为己任"，曾致书各地督抚乡绅，书内有"名正言顺，天与人归"之语。但是，钱谦益虽然在明末有巨大的声望与影响力，门生弟子遍天下，包括后来在南明隆武、永历等政权中主政的郑成功、瞿式耜等人，但他的影响力一则因向马士英、阮大铖妥协而打折扣，二则更因为降清而降到了低谷。因此，钱谦益为清军招降江南之路并不顺利。他的家乡常熟就成了抵抗清兵的主战场之一。顺治二年（1645）七月清军攻陷常熟并屠城时，也全不给钱谦益面子，将藏匿在绛云楼中的读书人尽数屠戮，"皆儒巾儒服者"。江阴等地的抗清斗争也如火如荼。钱谦益的投降，既不能"安定"江南，也不能保护桑梓，只落得个独善其身，完成了一个由声誉颇隆的气节之士向降臣转变而已。

2. 在降臣与遗民之间徘徊

顺治三年（1646）正月，钱谦益被清廷授予礼部右侍郎之职。这样的一个官职，离他的期望太低了。受到冷遇之后，他对清朝统治者也失望了。五个月之后，他离开了北京，带着悔恨之心回到了家乡常熟。人们送他一副对联，写道："南北三朝元老，清明两代词臣。"到此钱谦益知道，自己并没能落得五代时期冯道那样政坛"不倒翁"的实际好处，却得了跟冯道一样的骂名。他的投降也违背了父志。康熙《常熟县志》记载说，他的父亲钱世扬"志节激昂，好谈古忠节奇伟事，每称述杨忠愍、海忠介诸公，嚼齿奋臂，欲出其间，尝戒子谦益必报国恩，以三不朽自励，毋以三不幸自狃"。三不朽，指立德、立功、立言，除了立言之外，立德、立功于钱谦益全然无干。即便立言，也未必顺利。钱谦益的文学，自然在明清之际为人景仰，然而他一直以来的为明朝修国史的愿望并未能完全实现。钱谦益是有史才的。他在明天启四年开始作《皇明开国功臣事略》，天启七年完稿。他还写过《国初群雄事略》，记载元末明初起事诸雄的历史。他还写过《太祖实录辨证》之类考异的著作。在南明弘光元年三月，他一度上疏要退居林野，请朝廷允许他在自己家开馆修《明史》，没能得允。入清之后，修史的打算依旧没得到清朝政府的支持，他只能以一己之力尝试修史。然而，他私修的《明史》二百五十卷在顺治七年（1650）冬天绛云楼的一场大火中也化为灰烬。

清朝统治者并不完全信任他。顺治四年（1647），钱谦益被怀疑与山东起兵案有牵连而被捕，后经柳如是斡旋出狱。顺治五年，抗清志士黄毓祺被捕，后查出黄毓祺曾在钱谦益家中居住，"且许助赀招兵"，钱谦益因此又被捕，次年春才出狱。据说案情侦办下来后发现，黄毓祺将起义前曾"遣江阴徐摩致书钱谦益提银五千，用巡抚印钤之"，但钱谦益心知其事不密，必败，拒绝提供资助。不过，此狱过后，明朝遗民转而同情起钱谦益来，纷纷前来慰问，给钱谦益于悔恨之余带来了新的慰藉。从此，他的诗文中反映出来与清廷的距离更远，而离遗民的心绪更近了。正因为此，后来的乾隆皇帝在乾隆四十一年（1776）指斥钱谦益等人历事明、清两朝，是没有骨气的"贰臣"，要求修史时将钱谦益等人列入《贰臣传》。也正因此，后来多有为他曲讳的声音，说他当初的投降是为了之后的反清复明。钱谦益的学生瞿式耜甚至在上南明永历皇帝的奏疏也还谈到钱谦益与南明暗中联系之事。易代之际的史料，错综复杂，难辨真伪，但想来那种由悔恨而来的故国之念，是真切的。章太炎先生《訄书》中公允地说："初明之亡，有合肥龚鼎孳、吴吴伟业，皆以降臣善歌诗，时见愤激，而伟业辞特深隐，其言近诚。世谓谦益所赋，特以文墨自刻饰，非其本怀。以人情恩宗国言，降臣陈名夏至大学士，犹拊顶言不当去发，以此知谦益不尽诡伪矣。"同样是降臣，同样是明清之际文坛的风云人物，龚鼎孳、吴伟业的诗歌中也常见愤激之音，降臣陈名夏官至大学士而内心深处依然抵制清朝薙发的政策，降臣和遗民的复杂心态，在那一批人的心中是共存的。因此，钱谦益诗文中流露出的故国之思，真非掩饰，而是自然的心态流露。康熙三年（1664）五月二十四日，八十三岁的钱谦益病卒；六月，因为族人之欺凌逼债，柳如是自缢。党争、国难之后，继之以"家难"，而易代之际的爱情，在复杂的政治与形势中磨砺二十年后戛然而止。

参考文献

方良：《钱谦益年谱》，北京：中国书籍出版社，2015年。

樊树志：《明代文人的命运》，北京：中华书局，2013年。